[MIRROR]
理想国译丛
043

想象另一种可能

理
想
国
imaginist

理想国译丛序

"如果没有翻译,"批评家乔治·斯坦纳(George Steiner)曾写道,"我们无异于住在彼此沉默、言语不通的省份。"而作家安东尼·伯吉斯(Anthony Burgess)回应说:"翻译不仅仅是言词之事,它让整个文化变得可以理解。"

这两句话或许比任何复杂的阐述都更清晰地定义了理想国译丛的初衷。

自从严复与林琴南缔造中国近代翻译传统以来,译介就被两种趋势支配。

它是开放的,中国必须向外部学习;它又有某种封闭性,被一种强烈的功利主义所影响。严复期望赫伯特·斯宾塞、孟德斯鸠的思想能帮助中国获得富强之道,林琴南则希望茶花女的故事能改变国人的情感世界。他人的思想与故事,必须以我们期待的视角来呈现。

在很大程度上,这套译丛仍延续着这个传统。此刻的中国与一个世纪前不同,但她仍面临诸多崭新的挑战。我们迫切需要他人的经验来帮助我们应对难题,保持思想的开放性是面对复杂与高速变化的时代的唯一方案。但更重要的是,我们希望保持一种非功利的兴趣:对世界的丰富性、复杂性本身充满兴趣,真诚地渴望理解他人的经验。

理想国译丛主编

梁文道 刘瑜 熊培云 许知远

[英]保罗·科利尔 著　刘波 译

资本主义的未来

PAUL COLLIER

THE FUTURE OF CAPITALISM:
FACING THE NEW ANXIETIES

上海三联书店

THE FUTURE OF CAPITALISM by Paul Collier
Copyright © 2018, Paul Collier
All rights reserved

著作权合同登记图字：09-2020-142

图书在版编目（CIP）数据

资本主义的未来 /（英）保罗·科利尔著；刘波译．
—上海：上海三联书店，2020.7（2024.6 重印）
ISBN 978-7-5426-7072-4

Ⅰ.①资… Ⅱ.①保… ②刘… Ⅲ.①资本主义—研究 Ⅳ.① D033.3

中国版本图书馆 CIP 数据核字 (2020) 第 098138 号

资本主义的未来

[英]保罗·科利尔 著　刘波 译

责任编辑 / 殷亚平
特约编辑 / 魏钊凌
装帧设计 / 陆智昌
内文制作 / 陈基胜
责任校对 / 张大伟
责任印制 / 姚　军

出版发行 / 上海三联书店
　　　　　（200041）中国上海市静安区威海路755号30楼
邮　　箱 / sdxsanlian@sina.com
联系电话 / 编辑部 021-22895517
　　　　　　发行部 021-22895559
印　　刷 / 山东临沂新华印刷物流集团有限责任公司

版　　次 / 2020 年 7 月第 1 版
印　　次 / 2024 年 6 月第 6 次印刷
开　　本 / 965mm × 635mm　1/16
字　　数 / 227千字
印　　张 / 17.5
书　　号 / ISBN 978-7-5426-7072-4/D·452
定　　价 / 68.00元（精装）

如发现印装质量问题，影响阅读，请与印刷厂联系：0539-2925659

献给休

生活使我们分离，焦虑令我们相聚

目 录

第一部分 危 机

第一章　新的焦虑..003

第二部分 重建道德

第二章　道德的基础：从自私的基因到道德的团体..............027
第三章　道德的国家..051
第四章　道德的企业..075
第五章　道德的家庭..103
第六章　道德的世界..119

第三部分 重建包容性社会

第七章　地域分化：繁荣的大都市，破败的普通城市............133
第八章　阶层分化：享有一切的家庭，分崩离析的家庭........163
第九章　全球分化：赢家和落后群体..............................203

第四部分　重建包容性政治

第十章　战胜极端派 213

致　谢 229
注　释 233
参考文献 239
索　引 245

第一部分

危 机

第一章
新的焦虑

激情与务实

深刻的裂痕正在撕裂我们社会的肌体。裂痕给我们的民众带来新的焦虑与愤怒,给我们的政治带来新的激情。这种焦虑的社会基础包括地理、教育和伦理因素。各地区皆在反叛大都市:英格兰北部在反叛伦敦,内地在反叛沿海地区。受教育程度低的人在反叛受教育程度高的人。辛苦拼搏的劳动者在反叛"不劳而获者"和"寻租者"。受教育程度较低、艰辛工作的乡下人和小镇居民已经取代劳工阶层,成为社会的革命力量:"无酷汉"取代了"无裤汉"。* 那么,这些人在为什么而生气呢?

---

* "无裤汉"(sans culottes),或译"无套裤汉",指法国大革命初期的革命者,主要来自法国社会底层,因穿着长裤以区别于上层阶级的套裤(culottes)而得名;"无酷汉"(sans cool),是化用此语来形容乡下人与大都市人的生活方式差异,后者的生活更"酷"。——译者注

地域已经成为造成新的不满的重要因素之一。在此前相当长的一段时期里，区域经济差距不断缩小，但近年来差距迅速拉大。在北美、欧洲和日本，大都市区域将其他地区甩在身后。大都市不仅变得比其他地区富裕得多，在社会意义上也变得疏离，不再能代表通常以它们作为首都的国家。

但即使在充满活力的大都市里，这些非凡经济成果的分配也严重失衡。新的成功者既不是资本家也不是普通劳动者，而是受过良好教育、拥有新技能的人。他们组成了一个新阶层，他们在大学里相遇，形成新的共同身份，基于技能对彼此心怀尊重。他们甚至形成了一种独特的道德，将少数族裔、性取向等特征上升为群体身份，将其视为受害者。他们宣称只有自己关心受害者群体，从而对受教育程度低于自己的人主张道德优势。受过良好教育的人组成了一个新的统治阶层，比以往任何时候都更信任政府并彼此信任。

一方面，受过良好教育的人财富飙升，拉高了全国平均水平，另一方面，在大都市区域和全国范围内，受教育不足者已陷入危机，被污名化为"白人劳工阶层"（white working class）。衰退的首要表现是有实质意义的就业机会消失。全球化已经导致许多半熟练岗位转移到亚洲，技术变革正在使许多其他岗位消失。受失业冲击最大的是两个年龄范围的人群：大龄劳动者和找第一份工作的年轻人。

在大龄劳动者中，失业经常导致家庭破裂、吸毒、酗酒和暴力。这导致失业者心理崩溃、失去生活目标，在美国的表现是没上过大学的白人的期望寿命不断**降低**；与此同时，医疗技术以空前的速度取得进步，处于有利地位的群体的期望寿命正在迅速提高。[1] 欧洲虽因为有社会保障体系的存在，后果没有这么触目惊心，但这种现象也很普遍，在布莱克浦（Blackpool）等最破败的城市，期望寿命也在下降。50多岁的失业者无所事事，喝着绝望的苦酒。但受教程度低的年轻人也好不了多少。在欧洲很多地区，年轻人面临着大规模失业：目前有三分之一的意大利年轻人处于失业中，上一次出现如此大规模的岗位不足还是在1930年代的大萧条时期。调查显示，年轻人空前悲观：大多数年轻人觉得自己未来的生活水准将低于父母的。这并不是错觉：过去40年来，资本主义的经济表现不断恶化。2008—2009年的全球金融危机把这一点凸显了出来，但其实从1980年代起，悲观情绪就一直在缓慢滋长。资本主义赢得人心的核心理由——所有人生活水平的稳步提升，威信已经受损：一些人依然在从资本主义中获益，但其他人没有。在资本主义的象征性核心美国，1980年代出生的人中，有一半在绝对意义上比他们的父辈在同年龄时过得差。[2]资本主义并没有帮助到他们。考虑到1980年以来科技与公共政策取得的巨大进步，这场失败令人震惊。这些进步本身依赖于资本主义，本来完全可以显著改善**所有人**的生活。但多数人现在预计子女将来会比自己过得差。在美国白人劳工阶层中，持这种悲观看法者的比例升到了惊人的76%。[3]而欧洲人比美国人更悲观。

受教育程度较低者的怨恨中夹杂着恐惧。他们认识到，受教育程度更高的群体在社会上和文化上都在疏远他们。他们断定：这种疏远以及（被视为利益攫取者的）更受偏爱的群体的兴起，都在削弱他们求取援助的呼声。正当他们更需要社会保障的时候，他们对社会保障的前景却日益失去信心。

焦虑、愤怒和绝望粉碎了人们的政治忠诚、对政府的信任，甚至还有对彼此的信任。受教育程度较低者是一系列反叛的核心：在美国，唐纳德·特朗普（Donald Trump）击败希拉里·克林顿（Hillary Clinton）；在英国，脱欧派击败留欧派；在法国，玛丽娜·勒庞（Marine Le Pen）和让-吕克·梅朗雄（Jean-Luc Mélenchon）领导的反叛政党赢得了逾40%的选票（使当政的社会党的选票缩减到不足10%）；在德国，基督教民主联盟与社会民主党组成的联盟得票数大减，导致极右的德国新选择党（Alternative for Germany, AfD）成为联邦议会的最大反对党。除教育水平鸿沟外，地域鸿沟也造成影响。多数伦敦人投票支持留欧，多数纽约人投票支持希拉里，巴黎人不支持勒庞和梅朗雄，法兰克福人不支持德国新选择党。激进反对力量来自大都市之外的地区。这些对立与年龄有关，但不是简单的年长者和年轻者的对立。自身技能失去价值从而被边缘化的老工人变成了极端党派的支持者，刚开始找工作便面对黯淡就业市场的年轻人亦然。大量法国年轻人投票给以新面目出现的极右翼政党，英国和美国年轻人则投票给以新面目出现的极左翼政党。

大自然厌恶真空，选民也一样。现实与可能性之间的鸿沟导致的挫折感为两种伺机而动的政客提供了动力——民粹主义者和意识形态分子。上一次资本主义脱离正常轨道的时候——1930年代，发生了同样的事情。1932年阿道司·赫胥黎（Aldous Huxley）的《美丽新世界》（*Brave New World*）与1949年乔治·奥威尔（George Orwell）的《一九八四》精准刻画了这些新出现的危险。1989年冷战的结束似乎带来一种可信的前景：所有这样的灾难都已经过去，我们已经抵达"历史的终结"，一个永久的乌托邦。然而，我们现在却面临另一个非常可信的前景——我们即将见证反乌托邦。

人们很快用各种旧意识形态来解答新的焦虑，导致左派与右派陈腐而过激的对抗再次出现。意识形态提供了一种诱人的组合，简单的道德确定性和无所不能的分析，能够为任何问题提供自信的答案。几种复兴的意识形态，诸如20世纪的法西斯主义和17世纪的宗教原教旨主义，都曾引诱着社会走向悲剧。由于这些意识形态失败了，失去了大多数追随者，所以能领导这场复兴的意识形态型政客少之又少。仅存的一些此类人从属于小型的残余组织：他们持狂热的偏执心理，太过沉溺以至于不愿直面已经发生的失败。有的马克思主义者认为自己生活在"晚期资本主义"（late capitalism）的时代，这使得共产主义复兴成为可能：关于"晚期资本主义"的书又开始大批出现。[4]

还有一类政客拥有与意识形态分子类似的诱惑力：克里斯马式的民粹主义者。民粹主义者连意识形态的粗略分析也不做，直接跳向只有两分钟说服力的解决方案。因此，他们的策略是通过花样百出的娱乐表达来吸引选民，使其不进行深入思考。拥有这些技能的领导人来自另一个小群体：媒体名流。

尽管意识形态分子和民粹主义者都因新裂痕导致的焦虑与愤怒而如鱼得水，但他们没有能力解决这些问题。这些裂痕不是历史的重现，而是复杂的新现象。但这些政客在实施其充满激情的蹩脚"疗法"过程中，可能造成巨大的伤害。对于我们社会中出现的破坏性进程，确实**存在**可行的补救方案，但这些方案无法从意识形态的道德激情和民粹主义的牵强附会中得出。这些方案建立在分析和证据的基础之上，因此需要实用主义的冷静头脑。本书提出的所有政策都是务实的。

但激情有其用武之地，而且这本书就充满了激情。我的人生跨越了我们社会中出现的三种严重裂痕。尽管我保持着冷静的头脑，但这些裂痕让我百感交集。

我经历了繁荣大都市与破败的地方城市之间新出现的地理裂痕。我的家乡谢菲尔德（Sheffield）成为典型的破败城市，电影《光猪六壮士》（*The Full Monty*）反映了其钢铁业的毁灭。我就经历过这样的悲剧：我们的邻居失业了，一位亲戚找了一份清扫厕所的工作。而我搬到了牛津,那里是争取大都市成功的首选之地：我的邮编所在区域现在有着全国最高的房价与收入之比。

我经历过极度成功的家庭与陷入贫困的家庭在技能与志气方面的鸿沟。14岁时,我和表妹情况相同：出生于同一天,父母都没有受过多少教育,都凭自己的努力考入文法学校。她父亲的早逝使她的生活走上歧途：没有了父亲的管教,她十几岁就怀孕生子,失败和污名随之而来。而我先是念完了中学,然后又获得牛津大学的奖学金,生活节节上升。*接着我又一步一个台阶,在牛津、哈佛和巴黎获得教职；我还获得了更多让我感到自豪的荣誉,工党政府授予我大英帝国勋章,保守党政府授予我爵士头衔,英国科学院的同僚们授予我院长奖章。分化一旦开始就愈演愈烈。我表妹的女儿们在17岁时也怀孕生子,我17岁的孩子则获得了英国最好的学校之一的奖学金。

最后,我经历过富得流油的美、英、法（我曾在这几国舒适地生活过一段时间）与穷得令人绝望的非洲（我现在在这里工作）之间的全球鸿沟。我的学生以非洲人为主,他们在毕业后做出人生抉择时都要面对这一强烈反差。一位一直在英国做医生的苏丹学生最近要决定是留在英国还是回到苏丹去总理办公室工作。他已决定回去。他是个例外,在伦敦做医生的苏丹人比苏丹全国的医生还要多。

这三种可怕的分化不仅是我研究的问题,这些悲剧让我明白了

---

* 像我一样,英国著名剧作家艾伦·贝内特（Alan Bennett）的父母也是没有受过什么教育的约克郡人。《历史系男孩》(*The History Boys*)讲述了他以卑微的出身进入牛津大学的阶层跃升故事,与我颇为相似。但他是在更时尚的利兹（Leeds）长大的。为了强调他跨越的社会鸿沟,他把这部剧的故事发生地设定在我的家乡,而不是他的家乡。在第一幕结尾,主人公以不断升高的语调罗列自己的弱势："我个子矮,是同性恋,来自谢菲尔德！"来自谢菲尔德的是我,不是他。事实上,贝内特把该剧的故事发生地设定在我就读的中学,与贝内特本人相比,我更像货真价实的"历史系男孩"。

第一章　新的焦虑

我的人生目标是什么。这就是我写这本书的原因：我想改变这种状况。

社会民主主义的胜利与衰退

谢菲尔德是一座过时的城市，但居民之间的纽带却因此而增强，这些纽带曾经是强有力的政治力量。英格兰北部城市最早经历工业革命，此地居民也最早面临工业革命带来的新焦虑。谢菲尔德等地的社群认识到，他们都同样依赖自己成长的地方，所以他们成立了合作组织来解决这些焦虑。他们利用这种亲密关系成立了从互惠中获益的组织。住房合作社使人们能为买房而储蓄，在约克郡的另一座城镇哈利法克斯（Halifax），诞生了后来英国最大的银行，保险合作社使人们能降低风险，农业与零售业合作社赋予农民和消费者相对于大企业的议价权。从英格兰北部诞生的合作社运动迅速扩展到欧洲大部分地区。

通过联合，这些合作社成为中左翼政党即社会民主主义（social democracy）政党的基础。随着社群扩大为国家，社群内互惠的好处也扩大了。像合作社一样，新的政策议程也是务实的，针对困扰普通家庭生活的焦虑。在二战后，许多这样的社会民主主义政党在欧洲各国上台，利用这一政策议程实施一系列务实的政策，有效缓解了人们的焦虑。医疗、养老、教育、失业保险通过立法不断涌现，改变了普通人的生活。事实证明这些政策很有价值，所以得到了政治中间派的普遍接受。中左翼与中右翼政党交替上台，但这些政策一直在实施。

但现在，作为一股政治力量的社会民主主义面临着生存危机。过去十年里，各种灾难接踵而至。中左翼方面，因伯尼·桑德斯

（Bernie Sanders）拉走一部分选民，希拉里·克林顿输给了唐纳德·特朗普；曾以布莱尔（Tony Blair）与布朗（Gordon Brown）为代表的英国工党已经被马克思主义者接手。在法国，奥朗德（François Hollande）总统甚至决定不寻求竞选第二任期，而接替他成为社会党候选人的贝努瓦·阿蒙（Benoît Hamon）仅获得了8%的选票，惨败出局。德国、意大利、荷兰、挪威和西班牙的社会民主主义政党的选民支持率都大幅下降。通常这会是中右翼政客的好消息，但在英国和美国，此类政客丧失了对本党的控制，而在德国和法国，他们的支持率也遭受重挫。这是为什么呢？

原因是，左翼和右翼的社会民主主义者都偏离了自己的本源——社群中的实践性互惠，而被一个截然不同的、影响力超出应有程度的群体所俘获，那就是中产阶级知识分子。

左派知识分子被19世纪哲学家杰里米·边沁（Jeremy Bentham）的思想吸引。在边沁的功利主义中，道德从理性原则中推导出，与人的本能价值观相分离——判断一个行为是否道德，要看它有没有促进"最多数人的最大幸福"。因为人的本能价值观达不到这条神圣标准，所以社会需要道德健全的技术官僚作为先锋队来治理国家。这支先锋队、父爱主义的社会守护者，就是柏拉图在《理想国》中描述的"卫国者"的更新版。另一位为功利主义奠基的思想家、边沁的门徒约翰·斯图尔特·穆勒（John Stuart Mill），在八岁时就开始读希腊文原文的《理想国》了。

遗憾的是，边沁和穆勒并不是近代的道德巨人，无法与摩西、耶稣和穆罕默德相提并论；他们都是奇怪的不合群的个体。边沁行为怪异，今天人们认为他可能是自闭症患者，无法形成任何团体意识。穆勒也无法像常人一样：他从小就被有意地与其他孩子隔开，他对古希腊也许比对自己所处的社会还熟悉。考虑到这两位创始人的情况，他们的追随者信奉的伦理观与其他人大相径庭也就不足为奇了。[5]

边沁怪异的价值观如果没有被经济学采纳的话，本不会产生任何影响。我们将会看到，经济学形成了一套针对人类行为的描述方式，与功利主义道德观大相径庭。**经济人**（economic man）完全自私，无限贪婪，只关心自己。这是关于人类行为的经济学理论的基石。但为了评估公共政策，经济学需要一种衡量方法，把所有这些心理反常的个体的幸福感（或曰"效用"）加总。功利主义成为这种计算的理论基础："最多数人的最大幸福"这条原则，碰巧适用于求最大化的标准数学方法。"效用"被认为来自消费，随着消费的增加，效用的增量越来越小。在社会总消费量固定的情况下，要实现效用最大化，只需以一定方式进行收入再分配，以使每个人的消费完全相等。社会民主主义经济学家认识到，消费"蛋糕"的大小并不固定，税收会降低人的工作热情，使蛋糕缩小。为解决激励问题，"最优税收"和"委托—代理问题"这两套高阶理论逐渐成形。本质上，社会民主主义的公共政策就是利用税收进行消费再分配，同时尽量减少税收对工作热情的负面影响，其具体方式在变得越来越复杂。

事实很快就证明，以机械的方式从个体的"效用"出发，推论出关于社会福祉的理论，是无论如何也达不到理论连贯性的基本标准的。经济学界赞同这一点，但做法并没有改变。大多数学院派哲学家抛弃了功利主义，认为该学说具有诸多不足之处，但经济学家对此视而不见。他们发现功利主义是一套极为好用的学说。公允地说，功利主义对解决许多公共政策问题确实很有用；该学说的不足之处会不会导致严重后果，取决于具体的政策是什么。对于像"应不应该在这里修公路"这种相对简单的问题来说，功利主义有时是可用的最好的方法。但对许多更大的问题来说，功利主义是绝对不适用的。

有了功利主义计算法后,经济学迅速渗透进公共政策领域。柏拉图设想的"卫国者"是哲学家,但实际上通常是经济学家扮演了这一角色。他们设想普通人是精神反常者,借此使自己有权充当道德优越的先锋;他们认为国家的目的是实现效用最大化,因此应该把消费再分配给"需求"最大的人。不经意间,社会民主主义政策发生了往往难以察觉的变化,不再关注构建所有公民的互惠性义务了。

这两种假设结合在一起,产生了有害的结果。所有的道德义务都由顶层的国家承担,责任由道德上可靠的先锋肩负。公民不再被视为负有责任的道德行动者,而仅仅扮演消费者的角色。社会规划者和作为先锋的功利主义天使们是最高明的——父爱主义的社会管理取代了社群主义。

这种自信的父爱主义管理的典型例证是二战后的城市政策。汽车越来越多,需要立交桥,人越来越多,需要住房。为解决这些问题,人们用推土机把成片的街道、居民区夷为平地,代之以现代化的立交桥和高楼大厦。但令功利主义先锋困惑的是,这样的做法遭到了强烈抑制。假如改善穷人的居住条件是唯一的问题,那把社区推倒重建就是合理政策。然而,这一政策危害了真正为人的生活赋予意义的社区。

最新的社会心理学研究使我们能更好地理解人们的这种反对态度。乔纳森·海特(Jonathan Haidt)在一本精彩著作中考察了世界各地的基本价值观。他发现几乎所有人都珍视六种价值观:忠诚、公平、自由、等级制、关爱和圣洁。[6] 合作运动(co-operative movement)构建的互惠性义务是基于忠诚和公平的价值观。推倒社区这种由功利主义先锋队实施的父爱主义管理手段,违背了忠诚、公平、自由的价值观。而且在神经科学帮助下进行的最新的社会心理学研究发现，规划者钟爱的现代主义设计违背了人们共同的审美标准，故而降低了人们的幸福感。对于这些做法中存在的道德缺陷，功利主义先锋为什么认识不到呢？海特对此也有回答：他们的价值观是反常的。大多数人都有那六种价值观，但这些功利主义先锋的价值观只剩两种——关爱和平等。他们不仅价值观有异于常人，他们的特征也与众不同这些特征有：西方的（Western）、受过教育的（Educated）、工业化的（Industrial）、富裕的（Rich）、发达的（Developed）*，可以把五个词的首字母连在一起简写为"怪异的"（WEIRD）。关爱和平等正是功利主义者的价值，所以那些"怪异的"人信奉的是怪异的功利主义者的价值观。在最好的情况下，教育能扩大人的同理心，让人能设身处地地为他人着想。†但事实上教育经常产生与此相反的效果，让成功者意识不到普通人的焦虑。功利主义先锋相信自己才德兼备，凭着这样的自信，他们毫不迟疑地自视为当代的柏拉图"卫国者"，有权否定其他人的价值观。我怀疑，海特若再深入研究将会发现，尽管这些"怪异者"表面上蔑视等级制，但蔑视的却是历史流传下来的等级制。他们认为一种新的等级制天经地义：他们成为新的精英领导。

1970年代出现对父爱主义管理的反抗。这种反抗本来可以批评对忠诚与公平的蔑视，恢复社群主义，但功利主义先锋没有这么做，而是抨击了对自由的蔑视，并要求通过恢复个人的**自然权利**（natural

---

* 乔纳森·海特提到的"怪异者"（WEIRD）概念来自于 Joseph Henrich 等人所著的文章"The Weirdest People in the World?"其中"D"指的是"民主的"（Democratic）。此处应系作者笔误。——编注

† 19世纪中叶大众识字率提升，阅读小说成为一时的风尚，平克（Pinker, 2011）对此做过精彩的论述。通过阅读小说，人们培养了同理心，学会从他人的角度看问题，之前常见的大众围观绞刑的场面因此而消失了。

rights）来保护其不受国家侵犯。边沁曾将自然权利这个概念斥为"离奇的胡言乱语"，在这一点上我认为他是对的。但想赢得选举的政客发现了宣布新权利这种方便的手段。比起承诺增加政府支出，权利听起来更有原则性，而且具体的承诺可能受到成本与税收方面的质疑，而在宣布权利时，实现这些权利所需承担的义务则可秘而不宣。合作运动把权利和义务紧密联系在一起；功利主义则将二者与个人分离，将其转移给国家。现在，自由至上主义者（Libertarians）把权利归还给了个人，但没有把义务归还给个人。

这场主张个人权利的行动与一场同样主张权利的新政治运动结盟，即为弱势**群体**主张权利的的运动。非裔美国人是这场运动的先锋，女权主义者紧随其后。他们也有自己的哲学家：约翰·罗尔斯（John Rawls）。罗尔斯反驳边沁对自然权利的批评，提出了另一项总括性的理性原则：判断一个社会是否道德，要看其法律制度是否有利于最弱势的群体。这两场运动的根本目的是在与他人平等的基础上推动社会包容，而且非裔美国人和女性都有主张深刻社会变革的充分理由。正如我们将看到的，社会模式的惯性很强大，因此要实现平等包容，就必然需要一个反歧视的过渡阶段。50 年后的今天我们依然没有完成这场转型，但在这个过程中，最初争取包容的运动（也许不经意地）变得僵化，演化出相互对立的群体身份，人们通过设想某个敌对群体来激发斗志。* 关于权利的话语激增，包括个人反对父爱主义政府的权利，政客周期性地承诺给选民的权利，寻求特殊待遇的新受害者群体的权利。这三类权利几乎没有共同点，但都与社会民主主义在坚持其社群主义根源时的做法——实现权利与义务的包容性匹配——背道而驰。

---

* 这是法西斯主义等采用的政治策略。

功利主义事业由经济学家推动,权利事业由职业法律人推动。这两支先锋队在一些问题上观点一致,这使他们成为两股极强大的游说力量。在另一些问题上他们有冲突:罗尔斯及其追随者认同,某些虽能让小的弱势群体掌握自己的命运,但会使其余所有人的境况变差的权利,而这种权利不符合功利主义的标准。在经济专家与职业法律人的竞争中,形势最初有利于经济学家:实现"最多数人的最大幸福",这一承诺吸引了追求选票的政客。但握有法庭这个核武器的职业法律人后来逐渐占了上风。

尽管这两种意识形态的差异越来越大,但它们都没有给曾引导合作运动的思想留下多少余地。功利主义者、罗尔斯主义者和自由至上主义者都强调个人而非集体;功利主义经济学家和罗尔斯主义的职业法律人都强调群体之间的差异,前者是基于收入的,后者是基于地位的高低。他们都影响了社会民主主义政策。功利主义经济学家要求按需求进行再分配;逐渐地,福利制度被重新设计,以使权利与贡献不再相关,在此过程中,公平这一常规的人类价值被摒弃。没有做出过贡献的人比做出过贡献的人更受优待。罗尔斯主义的职业法律人要求以弱势者为导向做纠正。例如,对德国的社会民主党人来说,在 2018 年的联合政府谈判中,难民权利成为最受关注的诉求。该党领袖马丁·舒尔茨(Martin Schultz)坚称:"不管国民情绪如何,德国必须遵守国际法。"[7] 这句"不管国民情绪如何"是道德先锋的典型表达方式;边沁和罗尔斯都会为舒尔茨喝彩,但不到一个月,一场大众反叛就把他赶下了台。这两种意识形态都摒弃互惠与应得性的常规道德本能,抬高一个单一的理性原则(尽管二者的理性内涵内容不同),并主张由专家组成的先锋队来将这项原则强加于社会。而合作运动是建立在那些常规道德本能之上的,是可以追溯到大卫·休谟(David Hume)和亚当·斯密(Adam

Smith）那里的哲学传统。事实上乔纳森·海特明确承认自己受益于这个传统，并把自己的工作视为"恢复休谟学说的第一步"。

当左派知识分子放弃实践性社群主义的社会民主主义，转奉功利主义与罗尔斯主义的意识形态时，中右翼政党要么僵化地怀旧，在思想方面无所建树，要么被另一群同样误入歧途的知识分子所俘获。以西尔维奥·贝卢斯科尼（Silvio Berlusconi）、雅克·希拉克（Jacques Chirac）和安格拉·默克尔（Angela Merkel）为代表的欧陆基督教民主党人，大多数走了怀旧路线；英语世界的保守党和共和党则选择了意识形态。罗伯特·诺齐克（Robert Nozick）反驳了罗尔斯的哲学，他认为个人拥有凌驾于集体利益之上的自由权利。这一思想自然地与诺贝尔奖得主米尔顿·弗里德曼（Milton Friedman）领衔的新经济学说结盟。该派学说认为，追求自身利益的自由在仅受竞争制约的情况下能产生比公共监管和规划更好的结果。该学说为罗纳德·里根（Ronald Reagan）和玛格丽特·撒切尔（Margaret Thatcher）的政策革命奠定了思想基础。尽管左右派的新意识形态呈现出截然对立的面貌，但它们都强调个人，并推崇精英统治：左派推崇的道德优越的精英与右派推崇的经济能力优越的精英竞争。左派眼中的超级明星是很有德行的人，右派眼中的超级明星则是极为富有的人。*

那么，社会民主主义究竟有什么大问题，乃至于同时被左派和右派抛弃？在社会民主主义如日中天的1950年代和1960年代，它没有什么大问题。但尽管社会民主主义当时是公共政策领域的主导性思想力量，它仍是那个时代的产物。社会民主主义并不是对普遍

---

* 相应地，那些不合常规的既有德行又很富有的人，如我的老朋友乔治·索罗斯（George Soros），成为两边都不信任的超级恶棍。

真理的概括（那是所有意识形态的标志性主张），而是建立在独特的社会条件之上，只有在这种条件下才是有效的。随着情况的变化，它曾具有的普遍真理表象也被粉碎了。到1970年代末，英美的社会平等程度达到顶峰时，社会民主主义所依赖的条件已经开始动摇了；把里根和撒切尔送上权力宝座的大众反叛如火如荼。社会民主主义之所以从1945年到1970年代末行之有效，是因为它依赖于二战期间积累起来的一项巨大、不可量化的无形资产——在一场至高无上的、成功的国家努力中形成的共同身份。随着这笔财产逐渐贬值，父爱主义政府掌握的权力也越来越遭人憎恨。

像它的社会基础一样，社会民主主义的思想基础也动摇了。随着公共选择理论（Public Choice Theory）这一新领域的兴起，像柏拉图式"卫国者"那样无所不知的社会规划者也被人唾弃。公共选择理论认识到，公共政策决定通常不是由超然的圣人做出的，而是通过平衡包括官僚集团自身在内的不同利益集团的诉求而形成的。只有当决策者像二战那一代人一样对国家利益充满激情时，才能确保社会规划者是无私的。在哲学界，功利主义依然有少数追随者，但尖锐的批评意见越来越多。[8] 此外，还有社会心理学家如海特也在批评功利主义，揭示出功利主义所主张的价值观根本不是普遍真理。绝大多数人类并不像功利主义经济学描绘的那样是自私的愚人，人们不仅珍视关爱，还珍视公平、忠诚、自由、圣洁和等级制。他们并不比社会民主主义先锋更**自私**，而是更为**全面完满**。

当事实证明右派的新自由至上主义比预期更具破坏性且更低效时，左派重新掌权，但没有恢复社群主义，而是被新的意识形态分子控制了。这支新先锋队取代了社群主义者，甚至可能连他们自己都没有意识到这一点。但普通家庭注意到了，主要原因是，这支先锋队支持的一些政策脱离了社群，具有破坏性且不受欢迎。他们在繁荣的大都市治理整个国家,把援助分给被认为最需要帮助的群体——"受害者"。陷入新焦虑的人群常常不符合"受害者"的标准,但无论在绝对意义上还是相对于更受青睐的"受害者"群体来说,他们的境况都在恶化。人被归为"受害者",必然意味着他们不能再对自己的处境负责了。即使当劳工阶层符合一些"受害者"的特征时,他们也只因此而有权享受一些额外的经济救济,那正是功利主义再分配的焦点。但诸如归属、应得性、尊严,以及因履行义务而应受到尊重这样的观念因为与功利主义过于不相容而彻底从专业讨论中消失了。但白人劳工阶层通常是无法得到"受害者"地位的,例如,绝对"怪异"的《国家评论》(National Review)杂志关于白人劳工阶层期望寿命下降是这么说的:"他们就该死。"[9] 显然,尽管所有受害者都是平等的,但一些受害者比另一些更平等。

我们生活在一场悲剧中。我这一代人经历了受社群社会民主主义约束的资本主义所取得的辉煌成就。新的先锋队取代了社会民主主义,带来了他们自己的伦理观和优先议题。随着新经济力量的破坏性副作用不断冲击我们的社会,这些新伦理观的缺陷昭然若揭。由新意识形态统辖的资本主义当前遭遇的失败与之前社会民主主义取得的成功一样明显。错误已明,是时候研究该如何纠正它了。

纠正错误

我们的政客、报纸、杂志和书籍有很多听起来很明智的建议,比如我们应该对劳动者进行再培训,帮助陷入困境的家庭,对富人增税。很多这样的建议在精神上是正确的,但只针对了新焦虑的一个方面;这些建议不能为我们社会遭遇的情况提供系统性的解决方案。这些建议很少能形成可执行的战略,展现出令人信服的效果。

而且和意识形态分子的建议不同,这些建议并不是明确地建立在某种伦理框架之上的。我则想要做得更好一些,一方面努力对社会中出现的问题做出系统性的评判,另一方面试图就如何弥合我们社会的三大裂痕提出切实可行的解决方案。

社会民主主义需要在思想上得到调整,摆脱生存危机,重新成为跨越政治光谱、左派和中右派都支持的思想。我开启这项听起来很宏伟的计划是因为,60多年前一本很有影响力的书曾经做到了这点。安东尼·克罗斯兰(Anthony Crosland)的著作《社会主义的未来》(*The Future of Socialism*)在社会民主主义处于全盛期时连贯系统地阐述了它的思想基础。这本书决绝地和马克思主义意识形态分道扬镳,因为它承认资本主义非但不是普遍繁荣的障碍,反而是必需的。资本主义催生并约束企业,人通过企业利用规模生产与专业化中蕴含的生产力。马克思认为这会造成异化:在大企业里为资本家工作将不可避免地剥夺劳动的乐趣,而专业化"(把人)禁锢为整体的一小部分"。然而异化并不是社会为实现繁荣所必须付出的代价,接受资本主义并不是和魔鬼做交易。许多好的现代企业赋予员工一种使命感,并给予他们足够的自主权来承担实现这种使命的责任。这些企业的员工不仅是从赚的钱中,更从自己做的事中获得满足。还有很多企业不是这样,许多人陷入效率低下、让人没有动力的工作中。要让资本主义对所有人都有利,就需要治理资本主义,使之除生产商品以外还能提供使命感。而这正是我们要做的事:我们需要治理而不是打倒资本主义。

克罗斯兰是一位实用主义者:评价某种政策要看其是否行之有效,而非是否符合某种意识形态的信条。实用主义哲学的一项核心主张是,因为社会在不断变化,所以我们不应期待有永恒的真理。《社会主义的未来》并不是指导未来的圣经,而是适合其所处时代的战略。这本书尽管对功利主义先锋队傲慢的父爱主义作风持健康的怀疑态度，但它自己的幸福观也是经过简化的，它将幸福等同于个人消费的均衡化。《资本主义的未来》并不是《社会主义的未来》的翻版。本书试图提供一系列成体系的补救方案，以应对我们时代的新焦虑。

学术界日益被分割为相互隔绝的专业领域。这对于增进知识的深度有好处，但目前的任务跨越了多个专业领域。我从与众多世界知名专家的合作中学到了很多，没有他们就不会有这本书。新的社会分化在一定程度上是由社会身份的变化驱动的；从乔治·阿克洛夫（George Akerlof）那里，我学到了关于人在群体中如何行动的新的行为经济学知识。新的社会分化在一定程度上是由出了问题的全球化驱动的；从托尼·维纳布尔斯（Tony Venables）那里，我理解了关于大城市聚集效应的新经济动态，以及城市为何会崩溃。这种现象在一定程度上是由企业行为的败坏导致的；从科林·迈耶（Colin Mayer）那里，我了解了对于企业使命感的丧失，可以采取什么补救措施。导致这种现象的最根本原因是功利主义者接管了公共政策；从蒂莫西·贝斯利（Tim Besley）那里，我学到了道德理论与政治经济学的一种新融合，从克里斯·胡克韦（Chris Hookway）那里，我了解了实用主义的哲学源头。

我努力把这些思想大师的深刻见解结合在一起，为我提出的务实的补救措施提供基础，但最终的结论仅由我本人负责。[10] 批评家会在阅读本书时寻找可以质疑的地方，而且肯定能找到。但本书是在严肃地试图用学术分析的新潮流来应对困扰我们社会的新焦虑。我希望，像《社会主义的未来》一样，本书能为陷入困境的政治中间派提供一个重建的基础。

资本主义社会必须既合乎道德又繁荣昌盛。在下一章里我将质疑把人类描述为贪婪而自私的"**经济人**"的做法。遗憾的是，目前

第一章　新的焦虑

有无可争辩的证据表明，经济学学习者事实上已经开始按这种行为模式行事，但这样是反常的。对大多数人来说，人际关系对生活有根本性的意义，而人际关系必然涉及义务。至关重要的是，人们会做出互惠性承诺，这是社群的根本要素。自私与互惠性义务之间的斗争，即个人主义与社群之间的斗争，在三种主导人类生活的组织中展开：国家、企业和家庭。近几十年来，个人主义在这三种组织中迅猛扩张，而社群则节节败退。我会就这三种组织提出建议，该如何恢复社群道德，以及该如何通过重新平衡权力的政策巩固这种道德。

我将基于这种实操性的社群主义探讨那些撕裂我们社会伦理的分歧。繁荣的大都市和破败的中小城市之间的新地理裂痕是可以弥合的，但这需要崭新的思维。大都市产生了巨大的经济租金（economic rents），这些租金应当由社会享有，但要实现这一点，就需要对税制进行大规模的重新设计。破败的城市可以恢复生机，但迄今为止在这方面的尝试成效不佳。市场和公共干预都不是很有效。要取得成功，就需要系统性地实施并维持一系列的创新政策。

受教育程度高的富人和受教育程度低的绝望者之间的新差距也是可以缩小的。但单一的政策无法消除绝望：它不像功利主义坚持认为的那样只要靠消费就能解决，这个问题的性质很复杂，通过提高福利来增加消费是无法解决的。我们需要采取一系列政策来改变人们的生活机遇，不仅针对个人，还有人与人之间的关系，这比解决破败城市问题所需要的政策还要广泛。这种社会干预旨在支持承受压力的家庭，而不是亲自扮演家长的角色。受过良好教育、有优秀技能的人所采取的自以为是的策略，也致使一些绝望的问题变得更复杂。对最具破坏性的问题加以缓解，是有一定可能的；同样，这也不仅仅是因为消费过度，只需要以税收来抑制消费就可以了。

至于全球的差异，自信的父爱主义先锋队一直对全球化很放心，全球化诱使他们展望一个超越国家的未来。然而，面对全球性机会做出的基于个人利益的理性选择，未必对社会也有益。经济学家本来有充分的理由反对高贸易壁垒，这种反对已简化成了对自由化的毫无保留的热情。贸易通常会带给各国足够的好处，使受益者**能够**完全补偿利益受损者。但尽管经济学家大力支持贸易，却对补偿问题却三缄其口。没有补偿，就没有任何理由说社会境况良好。与此相似，本来有充分的理由支持少数族裔权利，也被简化为无条件支持移民。然而，贸易和移民尽管都贴着全球化的标签，却是两个大不相同的经济过程，前者由**比较**优势驱动，后者由**绝对**优势驱动。我们不能默认移民会给他们加入或离开的社会带来收益，唯一明确的收益是移民自己的收益。

一项宣言

资本主义制度取得了很多成就，是获得繁荣的关键，但它不是邦葛罗斯博士（Dr Pangloss）*的经济学。三种新的社会裂痕都无法单靠市场或个体利己主义力量来弥合。只呼吁人们"振作起来，享受征程"不仅是无视现实，而且是自鸣得意。我们需要积极的公共政策，但父爱主义社会管理已经一再失败。左派以为政府最了解情况，但很不幸，这是错的。由先锋队引导的政府被认为是三种组织中唯一以伦理为指导的，这严重夸大了政府的伦理能力，相应地也贬低了家庭与企业的伦理能力。右派坚信，打破国家监管的枷锁（这是自由至上主义者的口头禅）就能释放利己主义的力

---

* 伏尔泰小说《老实人》中的人物，乐观主义的代名词。——译者注

量，让所有人都富裕起来。这严重夸大了市场的魔力，相应地也否定了伦理约束。我们需要政府发挥积极作用，但也需要政府接受一种更为有限的角色；我们需要市场，但也要用植根于完备伦理的坚实方向感来驾驭市场。

因为没有更好的术语，我姑且把我提出的这些弥合分歧的政策统称为"**社会母爱主义**"（social maternalism）。我主张政府在经济和社会领域发挥积极作用，但政府不能公然给自己授权。政府的税收政策应遏制强者攫取其不应得的收益，但不能热衷于把富人的收入分给穷人。政府监管应赋予"创造性破坏"（竞争驱动经济进步的过程）中的受损者索取补偿的权利，而不能试图阻挠这个赋予资本主义惊人活力的进程本身。*政府倡导的爱国主义应当具有凝聚力，取代对支离破碎的受害者身份认同的强调。要讨论这些问题，首先得拒斥意识形态。我不是指把一堆杂乱的观点一股脑儿都扔掉，而是指要接受人们多样化和本能的价值观，并接受基于这种多样性而做出的务实取舍。诉诸某种单一的绝对原则，使其凌驾于各种价值观之上，这种做法注定会导致分裂。接受人们多样化的价值观是基于大卫·休谟和亚当·斯密的哲学。本书提出的政策跨越了左右两派，左右之争是上世纪最有害的特征，如今正卷土重来。†

---

* "创造性破坏"是指高效企业通过市场竞争挤垮低效企业的过程。这是平均收入持续增长的主要源头。这个术语是约瑟夫·熊彼特（Joseph Schumpeter）在1942年创造的，他将其描述为"资本主义最基本的事实"。这也是为什么所有其他"主义"，无论具有何种浪漫的吸引力，都充其量是无关紧要的。我们社会的未来有赖于改革资本主义，而不是推翻它。

† 这些政策的所有基石，包括实用主义、繁荣、社群、伦理和社会心理学，都是连贯一致的，因为它们都可以追溯到大卫·休谟和他的朋友亚当·斯密。正如为斯密作传的杰西·诺曼（Jesse Norman）所说（2018年）：斯密是一位实用主义者。同时，在斯密那里也能看到实用主义的源头："皮尔斯（Peirce）的著作，对他牛顿主义科学哲学的含义进行了最杰出的现代探索。"皮尔斯是实用主义的奠基人。明白无误的是，斯密和休谟都持社群主义的伦理观；正如诺曼细心阐明的那样，二人并不是功利主义者的鼻祖。

20世纪诸多灾难的制造者包括两类政治领袖（通常是男性），一类狂热地拥护某种意识形态，即有原则的人，另一类兜售民粹主义，即有领袖魅力的人。与这些意识形态分子和民粹主义者不同，20世纪最成功的领导人都是实用主义者。面对一个腐败泛滥、贫困不堪的社会，李光耀迎难而上，处理腐败问题，把新加坡变成了21世纪最成功的社会。面对一个内部矛盾重重、濒临分裂的国家，皮埃尔·特鲁多（Pierre Trudeau）平息了魁北克的分离主义，建设出一个自豪的国家。在种族灭绝的废墟之上，保罗·卡加梅（Paul Kagame）重建卢旺达，使其成为一个运转良好的社会。在《国家挑战》(*The Fix*)一书中，乔纳森·泰珀曼（Jonathan Tepperman）研究了十位这样的领导人，探寻他们各自解决严峻问题的方式。他总结说，他们的共同点是避开意识形态，专注于针对核心问题寻找务实的解决方案，并根据情况的变化进行调整。[11] 他们在必要时保持强硬，坚决拒绝给强大的集团输送利益以换取支持，这是成功者的共同特征之一。李光耀不惜把他的朋友们送进监狱；作为一个魁北克人，特鲁多拒绝给予魁北克人渴望的独立；卡加梅不让与他同族的图西族人按惯例享受军事胜利后的战利品。在最终取得成功之前，他们都曾面临激烈的批评。

本书所持的实用主义始终坚定地建立在道德价值观的基础之上。但本书拒斥意识形态，所以必然会让信仰各种意识形态的人感到不满。这样的人正统治着媒体。"作为左派"的身份认同已成为一种自觉道德优越的懒惰方式，"作为右派"的身份认同已成为一种自以为"现实"的懒惰方式。我们即将开启一场对道德资本主义（ethical capitalism）未来的探索：欢迎加入"务实的中间派"（hard centre）。

第二部分

重建道德

第二章
道德的基础：从自私的基因到道德的团体

现代资本主义有潜力让全人类走向空前的繁荣，但它在道德上已经破产，正在走向悲剧。人类需要一种目标感，这是资本主义目前没有提供的。但它能够提供。现代资本主义的正当目标是实现普遍富裕（prosperity）。也许是因为我出身贫寒，而且工作涉及贫困的社会，所以知道这是一个有价值的目标。但这还不够。在成功的社会里，人们**繁荣富足**（flourish），既享受富裕的生活，也拥有归属感和自尊。富裕可以用收入来衡量，其对立面是令人绝望的贫困；目前而言与繁荣富足最接近的概念是幸福（well-being），其对立面除了贫困，还有孤立和羞辱。

作为经济学家，我知道资本主义的核心——分散的、以市场为基础的竞争，是实现富裕的唯一途径，但幸福的其他方面其源头是什么呢？尽管"**经济人**"被认为是懒惰的，但像工作这样有目的的行为是尊严感的重要来源。*尽管"**经济人**"是以自我为中心的，但归属感依赖于相互尊重。一种符合道德的资本主义，在实现富裕的同时，既支持尊严感又支持归属感，这并不是自相矛盾的。但可以理解的是，许多人认为它是矛盾的。在他们看来，资本主义有一个致命的污点：它依赖贪婪这个唯一的驱动力。

遭到这种批评时，资本主义的支持者经常借用马克思主义的信条"目的正当则手段正当"（the end justifies the means）。这是一个根本性大错；仅以贪婪为驱动力的资本主义一样会出现严重问题，造成羞辱和分裂，而不是普遍富裕。事实上，资本主义目前正把社会带向这条道路。本书提出另一条道路，其中的各种手段都充满了道德目的。这场资本主义的重启，不能只靠企业公关部门或"达沃斯人"（Davos man）精心设计的暖心口号。

本书将在第二部分阐述这些解决方案的伦理基础，在第三部分提出弥合日益扩大的社会裂痕的实际方案。本章探讨的是人类道德如何与情感联系在一起，它们如何发展演变，以及事情是如何出错的。[1]

愿望与义务

主张"目的正当则手段正当"的圆滑的资本主义支持者会援引亚当·斯密在《国富论》中提出的著名命题：追求私人利益会使公众受益。"贪婪是好事"是里根和撒切尔改革的拥趸的理论基础。斯密的主张可贵地纠正了一种天真观念——唯有动机良好的行为才

---

* 目前，衡量幸福最好的实践方法是使用一种描述"生活阶梯"（从最糟糕情况到最理想情况）的十级量表。事实证明，这是一种比直接询问幸福感更稳定的方法，后者会受到被访者当时情绪的影响。《2017年世界幸福报告》记录了用"生活阶梯"做的调查的结果。

是好的。但由《国富论》于 1776 年开启的现代经济学，是以一种完全可鄙的人性为基础的。"**经济人**"自私、贪婪、懒惰。世界上确实有这样的人，你可能也会碰到他们。但即使亿万富翁也不是这么生活的，我认识的亿万富翁都是工作狂，他们的人生目标远远超出对消费的追求。许多经济学家愿意承认这些局限性，但他们的自称无辜在残酷的事实面前黯然失色：学习经济学课程的学生会变得比常人更自私；[2] 同时，我们用以指导政策的经济模型，其有害假设也影响了严肃的讨论。*

但斯密并不认为我们是"**经济人**"。[3] 他认为屠夫和面包师不仅是追求自身利益的个体，也是受道德观驱动的社会人。电脑会根据理性利己主义的原理来预测"**经济人**"的行为。我们在预测屠夫和面包师的行为时，会设想自己处于他们的境地时会怎么做，这被称为"心智理论"（theory of mind）。斯密认识到，从内心看别人，不仅能让我们理解他们，还能促使我们关心他们，评估他们的道德品质。斯密认为这种同情和评价的情感是道德的基础，把我们**想做**的与我们觉得**应该做**的区分开来。道德源于我们的情感而非理性。他在 1759 年的著作《道德情操论》（*The Theory of Moral Sentiments*）中阐述了这一点，描述了三种不同强度的义务。

最强烈的义务来自亲密关系。对我们的子女和近亲来说，这种义务最为深广，而且是无条件的，但它也会扩展到我们认识的人身上。最弱的义务是帮助远方处于困境中的人。在一段著名的文字里，斯密举例说，如果中国发生了一场地震，一个 18 世纪的英国人不会为此悲伤得吃不下饭，而在 21 世纪，尽管有社交媒体和非政府组织，中国的地震也不会太影响夜晚去酒吧取乐的英国人的兴

---

* 一个例子是将奖金文化引入公共服务领域。

致。在探讨难民危机的《难民》(*Refuge*)一书中,亚历克斯·贝茨(Alex Betts)和我提到了这一义务,称之为"**援救义务**"(duty of rescue)。斯密认为该义务与**公正感**有关:客观来说,我们知道在像地震这样的情况下,我们应该提供帮助。在《最底层的10亿人》(*The Bottom Billion*)一书中,我提到了另一种援救义务。有10亿人面临着令人绝望的贫困,即使你不是圣人也会认识到,我们应该尽己所能地为他们创造希望。

　　介于亲密关系与援救义务之间的是斯密在他的书中重点关注的情感:温和的压力,如羞耻和尊重,促使我们交换义务——如果你愿意帮助我,我就愿意帮助你。使上述交换成为可能的信任,是建立在某种令人不愿违背诺言的情感上的。这些情感并不是"**经济人**"心理的组成部分,那么人为什么会有这样的情感?答案是,根据人会感到歉疚等事实来看,用"**社会人**"(social man)一语来描述人类才更妥帖。"社会人"关心别人怎么看待他:他想得到别人的尊重。"社会人"仍然是理性的(他追求效用最大化),但其效用的来源不只是自身消费,还包括别人的尊重。就像贪婪和归属感一样,这是一种基本的驱动力。

　　在诺贝尔奖得主弗农·史密斯(Vernon Smith)看来,《国富论》和《道德情操论》建立在一个共同的理念之上:交换的互利性。交换商品的场所是市场,交换义务的场所是网络化群体,即本章探讨的主题。两百年来,经济学家曾以为亚当·斯密写了两本互不相容的书,于是忽略了《道德情操论》。近年来,斯密才被人正确理解:并没有两个斯密,他被忽视的思想具有深远的重要性。[4]

　　人既受《国富论》中描述的"愿望"驱动,也受《道德情操论》中描述的"义务"驱动。无论愿望还是义务,斯密都认为,从自给自足到互相交易的转变是革命性的,但他自己似乎认为《道德情操

第二章 道德的基础：从自私的基因到道德的团体

论》更重要，义务的交易比愿望的交易更重要。"义务"仅仅是心中喋喋不休的低语吗？行为难道不是像教科书和资本主义的批评者所暗示的那样，仅仅是由"愿望"或贪婪塑造的吗？

社会科学现在有证据揭示二者在心理上的相对重要性，行为学实验也发现，义务和愿望都很重要。下面举一些非常简单的新证据来证明何者更重要。人们被要求回忆他们曾做过的最**后悔**的决定，并将其排序。我们都会犯错误，最严重的错误令人痛心；人们的回答被分成几类。我们知道"**经济人**"会对什么最后悔："假如我当初买了那栋房子"，"假如我没有把那次面试搞砸"，"假如我当初买了苹果公司的股票"——我们的后悔源于未能实现自己的"愿望"。但在这项调查研究中，这种回答很少出现。人们犯下过很多这样的错误，但他们很少为此悔恨不休。让人们耿耿于怀的绝大部分是未能履行"义务"的情形，如辜负别人的期待或失职。[5] 我们从这样的自责中汲取教训，更好地履行未来的义务。尽管我们容易一时犯蠢，但当我们评估自己的行为时，"义务"通常都是比愿望更重要的因素。

社会心理学也证明斯密的观点是正确的，即道德源于价值观而非理性。[6] 乔纳森·海特已找到证据显示的确如此。人们试图通过举出理由来证明自身价值观的正当性，但当这个理由被推翻时就会想出其他理由，而不是修正自己的价值观。研究揭示，这些理由是一种自我欺骗的假象，一种叫做"**动机性推理**"的假象。[7] 理性基于价值观，而不是价值观基于理性，或者正如斯密那句形象的话："理性是激情的奴隶。"对"**理性经济人**"来说，这种反差就更强了。在被公认为做出了重大突破的《理性之谜》(*The Enigma of Reason*)一书中，雨果·梅西耶（Hugo Mercier）和丹·斯珀伯（Dan Sperber）证明，**理性本身**是为说服他人而进化出来的，而不是为了改进我们自己的决策。[8] 动机性推理是我们培养推理能力的原因所在，并且我们通常也正是这样使用推理能力的。而更根本的是，过去200年间人类大脑的大规模扩容是由社交需求驱动的。[9] 斯密的观点看起来一点也不古旧，相反，这些观点勾勒出了经济学教科书的未来发展方向。

价值观通常相互补益，进而形成各种规范。海特发现很常见的两种价值观——公平与忠诚，共同支撑着**互惠**的规范；我们追求尊重的基本动力与我们在违反义务时感到的羞愧内疚，就是由互惠的规范联系在一起的。实验显示，互惠是一个最佳点，即使苛刻的义务也能因之持续。虽然援救义务的基础是关爱的价值观，但当乐于助人者组成一个团体时，他们可以利用公平与忠诚的价值观来构建相互承诺："如果你愿意帮助我，我就愿意帮助你"。就像我们学着将愿望排序一样，我们也会将价值观排序。通过务实的思虑，我们可以调整改进乍看上去相互冲突的价值观，根据具体情况进行折中协调。

斯密和休谟的想法也是这样。以此为基础，实用主义哲学主张将共同的道德价值观与实践理性相结合。实用主义从一开始就持社群主义观点，认为道德的任务是尽可能地使我们的行为符合所处社群的价值观以及具体的情况。* 我们应运用实践理性来判断应采取什么样的行动；实用主义拒绝意识形态，没有一种价值观是至高无上、绝对和永恒的。在现实的社群中，不同价值观的相对重要性不断

---

* 实用主义的奠基人之一威廉·詹姆斯（William James）写道："无论大小，任何一种社会组织的存在，都是因为每个成员在履行自身义务的同时，相信其他成员也会同时履行其义务。每当众多独立个人以这样的合作取得预期的结果，实现结果的原因都纯粹是，那些与该合作直接相关的人彼此间先已有信任。一个政府，一支军队，一套商业体系，一艘船，一所大学，一支运动队，都是以此为前提而存在的，没有它，人们不仅无法做成任何事，甚至都不会尝试。"（James, 1896）本章将展示这种信任是如何建立起来的。

发生变化；实用主义会问："对于当前的具体情况，怎么做最可能奏效？"

与此相反，每一种意识形态都自称源于理性，凌驾于不同意见者之上。至高无上的意识形态的守护者是由专家组成的先锋队。宗教原教旨主义者认为某个独特的神圣存在是终极权威，马克思主义者认为是阶级体系中的"无产阶级"专政，[10] 功利主义者认为是个体效用的加总，罗尔斯主义者认为是（他们自己定义的）"公正"。[11] 实用主义既与意识形态对立，也反对民粹主义。意识形态把某种"理性"置于多姿多彩的人类价值观之上；民粹主义无视基于证据的实践理性，粗鲁地从激情直接跳跃到政策。我们的价值观与实践理性交织在一起，是心与脑的结合。民粹主义提供给人们的是无脑之心，意识形态提供给人们的是无心之脑。

实用主义也有其危险性。根据具体情况推断什么样的行为符合道德，在发挥这样的自由时，我们应当考虑到自身固有的局限性。推理是需要下功夫的，但我们的毅力和能力都是有限的。更糟糕的是，我们经常倾向于为自己的价值观寻找理由。而最糟糕的是，正如我们的知识有限一样，我们的判断力也有限。实用主义者承认这些局限性：个体的道德判断是可能出错的。所有社会都形成了应对问题的方式：我们运用经验法则，有一些被固定下来，成为制度。在最好的情况下，制度是对累积的社会认知的概括，这些认知来源于林林总总、非单个人所能知晓的经验。在做出许多道德决定时，以制度为指导是最好的途径。有些政治哲学家对个体的实践理性能力极度怀疑，他们看重蓄积在制度里的智慧，这是**保守主义**。*有些

---

* 有的人滥用"保守主义"这个词来指代各种道德败坏，不要将这些人口中的"保守主义"与这个词的真实含义混淆。

政治哲学家信任个体的理性,且看重其带来的自由,这是**自由主义**。*这两种考虑都有充分的依据,我们应该做的是折中平衡。

互惠是如何出现的

互惠义务对幸福有决定性的意义,但这些义务是如何产生的呢?任何解释都必须符合进化论,包括作为互惠基础的欲望与价值观。不难理解,贪婪的人会在争夺食物的竞争中胜出,而利他主义者则会被淘汰。但我们为什么也渴望归属感与尊重呢?我们为什么会珍视忠诚、公平和关爱,或者说,我们为什么会有价值观?进化一直是一个残酷的过程,具备优势特征者胜出,所以自私的物质主义似乎是我们需要的:尊严和归属感是不能吃的,价值观也会让你束手束脚。表面上看起来,"**经济人**"似乎是"**自私的基因**"的放大版。

但我们知道这不对,自私的基因并没有创造自私的人。千万年来,人类唯有通过群体合作才能生存,单干就意味着死亡。不渴望尊重与归属感的"**经济人**"太自私,群体容不下他,会将他放逐。自然选择淘汰"**理性经济人**"(rational economic man),挑出"**理性社会人**"(rational social woman):我们天生就既渴望食物,也渴望归属感与尊重。但这些共同的价值观从何而来?

早期人类是生活在一个个群体中的,这些群体构成了许多网络,人们可以在其中相互交流,通过模仿来传播共同的行为方式。智人出现以后,我们仍然是生活在群体中,彼此模仿,至今依然如此。人们会不经意地影响自己朋友的行为,而且会进一步影响**朋友的朋**

---

* 有的人滥用"自由主义"这个词来指代各种道德败坏,不要将这些人口中的"自由主义"与这个词的真实含义混淆。

第二章　道德的基础：从自私的基因到道德的团体

友的行为。[12]但智人发展出了一种独特而有力的交流工具——语言。语言为什么是一种巨大的优势？因为唯有语言能传递叙事。当人们交谈时，传开来的叙事传递了一系列想法。这种活动是人类区别于其他物种的根本特征。笛卡尔的"我思故我在"弄颠倒了：我们不是从自身推导出世界，而是从所处的世界推导出自身。构成人类社会的最小单位不是思虑的个体，而是我们自出生就居于其中的关系。"狼孩"（由狼养大的孩子）身上的反常情况能帮助我们理解这一点。他们真的像罗慕路斯（Romulus）与雷穆斯（Remus）的神话所说，长大后会创建罗马吗？如果把罗马时代的故事放到现代，我们可能会认为它在逻辑上推翻了安·兰德（Ayn Rand）的假说。安·兰德认为，如果人能不受社会束缚长大，就会成为像阿特拉斯（Atlas）一样有独立思想的创新者。但事实上，狼孩变成了悲剧性的生物，没有了人的样子。一个著名例子是18世纪在法国森林里发现的一个九岁大的孩子。尽管接受了大量训练，他也未学会说话，更不用说像正常人一样生活了。当代的类似例子是东欧剧变之前罗马尼亚那些在国家寄养所里长大的婴儿。

在不断接触的叙事中，儿童会快速形成对一个群体和地方的归属感。我们获得这种感觉的时间远在形成推理能力之前。家庭认同是在幼儿时期建立的，即使是国家认同通常也在11岁时就形成了，而推理能力则要到14岁左右才发展起来。[13]我自视为约克郡人，我在千百种关于约克郡身份的叙事中长大，这样的叙事代代相传：写到这里我想起，每晚我都会用约克口音给我11岁的儿子亚历克斯读《约克郡童话集》（*Daft Yorkshire Fairy Tales*）。

绵羊没有复杂语言的能力，但它们也会形成归属于某个地方的某个群体的意识。一旦这种意识形成，牧羊人的工作就容易多了，因为它们会老老实实地待在山坡上不乱跑，这个过程称为"定坡"

（hefting）。我们知道，一旦一群羊被定下来，这种归属认知就会从母羊传给羊羔。"定坡"过程发生得很快，不可能是通过遗传塑造的，而是后天习得的行为。但尽管如此，这种行为模式也需要许多代羊才能定型。羊为什么学得这么慢？在此我提供一种基于社会科学的解释，而不是牧羊人的解释。* 羊群中的羊面临一个协调问题。羊互相模仿，因此要让羊群待在山坡上，它们都需要明白不要走开，也不要追随任何走开的羊。现代实验心理学告诉我们，解决协调问题的关键是"共同认知"；也就是说，从"所有人都知道一件事"，发展到"所有人都知道我们知道这件事"。[14] 一个群体要产生共同认知，可以通过共同观察（所有人同时看一件事），也可以通过共同叙事。我估计绵羊需要几百年时间来形成共同认知，因为它们只能用共同观察这种方式，因此会面临一个"先有鸡还是先有蛋"的问题。羊需要观察到，所有其他羊都待在山坡上，但在羊群学会这么做之前不会出现这种情况以供它们观察；要等到一次很巧合的行为偶然发生，羊才会学到这一点。而智人可以通过用语言来传播"我们属于这里"的叙事，从而很快塑造出共同的归属感。†

叙事不仅让我们产生归属感，还能告诉我们应该做什么，即形成群体准则。童年时我们就学会了这些，并学会为了获得尊重而遵守准则。当我们把这些准则内化为自己的价值观时，通过遵守准则，我们也获得了自尊。违背准则会让人得不到尊重，正如我们已看到的，这样做会令人产生悔意。我们的一些价值观是先于语言的，比如父母关心孩子是本能，并不以一个群体有语言为前提。但大群体之间形成互惠义务，需要很复杂的协调，这样的协调需要叙事，因

---

* 我不否认另一种解释：绵羊非常笨。

† 绵羊会说"咩"，许多其他动物也能使用基本语言，但只有人类掌握了塑造叙事所需的复杂语法。见 Feldman Barrett（2017），第五章。

第二章　道德的基础：从自私的基因到道德的团体　　　　　　　　037

而需要语言。*

　　叙事还有第三种功能：我们通过把行为与结果联系起来的故事来了解世界是如何运转的。我们的行为因而变得有**目的性**。实验表明，与直接观察或直觉相比，我们更依赖故事。我们把行为连接成**一个因果链**，于是不符合我们眼下利益的行为就有可能变为看起来理性的行为，这就创造出一种**开明的**自利。在最好的情况下，这能拓展我们的知识；在最糟的情况下，这导致我们相信的东西与现实脱节，即"假新闻"这样的叙事。[15]故事无论真假，都很有影响力。诺贝尔奖得主乔治·阿克洛夫和罗伯特·席勒（Robert Shiller）在对本次金融危机的惊人分析中总结道："故事已不仅仅是在**解释**事实了，故事**就是**事实。"[16]这既适用于金融危机，也适用于爆发大规模暴力行为的情形。新的研究发现，预测这种爆发的最好途径是密切关注媒体上流传的叙事。[17]

　　归属感、义务和因果关系，这三种叙事结合在一起，形成一张互惠义务之网。义务叙事给我们灌输公平观和忠诚观，告诉我们为什么要去履行互惠性义务。关于共同归属的叙事告诉我们参与者都有谁：互惠义务只适用于接受这些义务的确定群体。因果关系叙事告诉我们，为什么我们必须采取的行动是有目的性的。三者结合构成一套**信念体系**，改变我们的行为。信念体系能将地狱般的混乱转变为团结，把"肮脏、粗野、短命"的人类社会变成"繁荣"的社会。叙事是智人的独特能力：我们不只是类人猿。

　　处在同一个网络中的人会听到同样的叙事，并且知道彼此都知

---

* 有一段时间，生物社会学家认为基于族群的自然选择本身可能产生天生的亲社会价值观（如互惠），但现在大量研究表明，我们的亲社会价值观的形成不能以此来解释。蜜蜂的亲社会行为只需用身体语言就能形成，但那是因为它们的繁殖方式不同。最近关于这一问题的明确讨论参见 Martin（2018）。

晓这些叙事。在一个网络里，关于归属、义务和因果关系的具体叙事往往会和谐契合。具有潜在破坏性的叙事可能被视为禁忌，从而被禁止流传，或由于人们一致否定而被排挤。[18] 人们不断调整观念，在此过程中观念彼此强化。这些观念将一种共同身份与一项目标和关于如何实现这项目标的主张联系起来。"虔信者"通过"经常祈祷"来寻求"天堂"，"牛津教授"渴望通过"注重教学"来"打造一所了不起的大学"。[19]

信念体系可能导致一些可怕的后果，最明显的例子就是民族主义，我将在下一章探讨这些问题。但信念体系也有一种不可估量的好处：它将自私的"**经济人**"变成以义务为驱动力的人，他们自视为某个团体的一分子，在这样的团体中，人们不是恐惧或冷漠地看待彼此，而是认定存在着相互尊重。经济学教科书设想的世界似乎只需要一个个自利的个人就够了，但一个完全由"**经济人**"组成的世界将不会像其设想的那样成为和谐美好的乐园。这些教科书预设了社会中已经存在人们一致认可并尊重的规则。初级经济学的起点，奠基于高级的社会心理学与政治学研究之上。经济学家正在承认这一点，尽管有些迟，这方面的先行者是乔治·阿克洛夫和他的学术搭档蕾切尔·克兰顿（Rachel Kranton）。[20] 但经济学在追赶的过程中，也带来了一些有益的洞见。

最近的一项有巨大影响的研究与伦理规范的演变有关。提出者是蒂莫西·贝斯利，他从生物学中获得灵感：规范像基因一样，是从父母传给子女的，[21] 但具体过程很不一样。蒂莫西先是提出，在一个想象的社会中，一些人保持一种规范，另一些人保持另一种规范。人们选择婚姻伴侣时倾向与跟自己持相同规范的人交往，但有时丘比特之箭会乱射，所持规范不同的夫妻结婚后，他们的子女会采用谁的规范呢？蒂莫西假设了一个简单的过程，这也是一个人通过调整观念以避免不协调的观念产生精神压力的例子。蒂莫西假设，孩子会倾向于接受父母中更快乐的一方的观念。至于父母谁更快乐，在一个多数派得势的政治体系中，通常是观念更主流的一方更快乐。[22] 由此出发，可以得出两项引人注目的有趣结果。

在自然选择过程中，如果一座岛屿有白色的峭壁，那么生活在岛上的鸟类就会演化成白色，无论它们从其他岛屿飞来时有多少种颜色的羽毛。生物演化是为了适应栖息地。而与此相反，即使在两个完全相同的居住地，人的**规范**也可能演变出很不同的样貌，这是由不同规范的遵循者初始比例的微小差异造成的。人群就是环境，人们演化是为了相互适应。* 一个社会的起点决定了它的终点，在演化过程中，初始差异被放大。这显然符合我们在世界上观察到的现实：不同社会有非常不同的主导性规范，每一种规范在其所处的社会中都具有持续性。但第二句话才是要害。在自然选择过程中，种群最终形成"最适合于"栖息地的特征。在白色峭壁的环境里，白色的鸟活得更好。但绝不能说人的规范也一定会这么演化。尽管一些规范对每个个体来说都是好的，但考虑到其他人所持的规范，最终对整体来说却会很糟糕。为了说明社会规范的演化与自然选择过程相比有多怪异，可以试想：如果最初大多数鸟是蓝色的，所以所有鸟都进化成了蓝色，但在白色峭壁的环境中，这样的鸟都更容易被捕食者吃掉。† 这两个有趣结果合在一起暗示着，一个人类网络最终很可能形成某种稳定但僵化失调的规范结构。它是稳定的（即不会发生进一步的变化），但这仅仅是因为所有人都被其他人持有的

---

* 自然选择过程中与此最接近的类似情况是"生态位构建"（niche construction）现象，如海狸改造其所处的自然环境。

† 有时（如生态位构建的情况），栖息地也会逐渐发生变化以适应这些特征。蓝色的鸟不会把峭壁涂蓝，但海狸会改变溪流的流向。但是，人类调整规范的方式与生态位构建截然不同：人类的"栖息地"只不过是他人所持的规范。

规范锁住了。

这些结果可以产生一个很重要的推论：保守主义政治哲学不可能是完全正确的。保守派推崇历史沉淀下来的社会制度，视其为经验智慧的浓缩，但制度也很可能将一些高度僵化失调的规范正式化了。然而这不等于反过来承认理性至上就是对的：有动机的理性思考也可能导致灾难。

规范在组织中的战略性使用

过去的几千年里，大多数人不再以结成小型群体进行采集狩猎的方式生活。现代物质生活的前提是，人们在大型组织中合作，得以收获规模和专业化带来的效率。

三种类型的组织支配着我们的生活，每一种都适合于一类不同的活动。最小但最基本的是家庭：86%的欧洲人与家人同住，大多数儿童都是在家庭中长大的。尽管家庭是常态，但一些意识形态敌视家庭。社会主义"基布兹"（kibbutzim）彻底废除了家庭；共产主义时代的罗马尼亚也曾让成千上万的儿童与父母分离，以集体的方式抚养他们。斯大林主义和原教旨主义教派的领袖都鼓励儿童告发自己的父母。我们将要看到，资本主义目前也没有促进家庭的发展，在很多地方家庭正在解体。但家庭主导着儿童养育，这是有充分理由的。事实证明，任何其他抚养儿童的方式都不成功。

当人们工作时，他们通常会组成企业：规模是现代生产率能达到如此水平的关键。美国94%的人在企业中工作，英国为86%。*

---

* 这两个数字低于实际水平，因为许多个体经营者（即非受雇者）实际上是为企业工作的，为了避税而申报为个体经营。

一些意识形态像敌视家庭一样敌视企业。怀旧浪漫主义者主张回到一个由工匠、农民和公社组成的社会。新潮浪漫主义者对亚马逊、爱彼迎、优步、易贝等能让人们直接交易的电子平台热情高涨。但亚马逊和优步本身也已成为大雇主。在非洲社会，大多数人以工匠或小农身份独自工作。这种方式有其优点，但后果是生产率长期处于低水平，所以人们贫困不堪。我们需要现代企业，非洲人也需要：非洲不仅是世界上最不繁荣的地区，也是最不幸福的地区。[23]

在最宏大的层面上，许多事项由国家来组织是最好的，如监管、公共物品与服务的供给和收入再分配。这方面的数据更为惊人：**所有繁荣的社会都是以国家形式组织起来的**，**所有**不以国家形式存在的社会都极度贫困。* 像对家庭、企业一样，一些意识形态敌视国家。马克思主义者在实践中建立了历史上最为国家中心主义的社会组织形式，但他们理论上的目标截然不同：他们认为国家将"逐渐消失"。但目前最有影响的反国家意识形态是硅谷的自由至上主义者们所持的意识形态。根据他们的说法，比特币将取代国家发行的货币，大家会逐渐放弃官方货币。拥有此类新电子设施的超人们将各自独立决定如何最好地使用它们，无视或挫败国家强加的管制。人与人之间在技术支持下的全球性联系将取代有明确边界的民族国家社会。"工业世界的各国政府，你们这些令人生厌的钢铁巨人，别干涉我们。"从政府手中解放出来后，我们都将融入一个巨大的整体："隐私不再是一种社会规范。"[24] 这个结果在道德上和实践上都更好。但是，我觉得恐怕未必。

已经把全世界联系在一起的"硅谷"巨头们想象，他们正在

---

* 少数社会在没有经济繁荣的情况下实现了幸福，最引人注目的例子是不丹。但不丹绝不是无政府社会的例子，它只是与其他国家不同，将人生意义和归属感（特别是强调保存民族文化）而不是收入作为优先目标。不丹是亚洲居民幸福感最高的国家。

通过这种方式开启一个团结在其自由至上主义价值观周围的全球社会。这是很难实现的。连接人与人的新技术正在取代偶然地由地域决定的人类网络化群体（地方社会或国家）。新的电子网络群体的成员，其身份是基于自我的选择而非偶然形成的：在"回音室"里，人们更喜欢与观点一致者建立联系。[25] 在该过程中，叙事创造信念，信念与人们共同生活的空间日益脱节。但我们的**政治**单位依然是由我们的居住地决定的。我们的选票是按地域划区计票的，源于政治的公共服务和政策是按地域提供和适用的。所以，之前导致不同**政体之间**的规范存在巨大差异的过程，在新技术带来的地域连通性下，正在导致各政体**内部**出现巨大的规范差异。政体内的观念变得更加两极分化；分歧更容易转化为人身攻击；几百年来导致政体之间对立的仇恨，正在每个政体内部导致信念体系的对立。历史上政体之间的仇恨演变为大规模的有组织暴力。政体内部的仇恨将产生不同结果，但同样可能是令人悲伤的。

家庭、企业和国家是塑造我们生活的重要场所。构建家庭、企业和国家最快捷的方式是建立层级结构，顶层向基层发布命令。这样的结构虽然很容易建立，但运行效率通常都不高：只有在指挥者的监督下，人们才会遵守命令。渐渐地，许多组织认识到更有效的做法是将层级软化，构建具有明确目标感的相互依存的角色，赋予人们扮演这些角色的自主性和责任。从依靠权力管理的层级结构变成目标化管理的相互依存结构，意味着领导方式的相应改变。领导者不再是总指挥，而是总沟通者。胡萝卜加大棒演变成了叙事。

在现代家庭里，父母和孩子地位平等，要哄着他们承担责任。企业和政府里的层级结构已经大幅度地扁平化。例如，英国央行过去有六个不同的餐厅，如此程度的区别对待放在现在是不可想象的。领导机制并没有被废除，但领导的角色变了。保留领导机制是有充分理由的,因为其他空想式的做法都失败了。

在家庭、企业与国家里处于更高层级的人比下面的人拥有更多权力,但通常他们要负的责任远远大于掌有的权力。为了履行职责,他们需要组织里的其他人服从,但他们的执行手段有限。作为父亲,我试图要求亚历克斯晚上上床睡觉。但纯粹的权力用起来很不容易,而且不是很有效:亚历克斯会躲在被窝里看书。在所有成功的组织中,包括家庭、企业和国家,领导者发现通过创造一种义务感,他们能使遵从的情况大大改善。亚历克斯不想睡觉,而想看书,但如果我能说服他他**应该**去睡觉,执行的难度就会降低。当实现了这一点时,我的权力就会转化为权威。更宏观地说,这是出于战略目的构建道德规范。领导者的关键权力不是指挥权,而是他们位于网络中心的地位。他们有说服别人的力量。* 说领导者在战略性地利用道德来塑造我们的生活,这听起来有些居心不良,但通常事实恰好相反:这是健康的过程,使现代社会变得比所有以前的社会都要好。我们还可以让社会变得更好。

但在实际情况中,领导人如何战略性地利用语言来创造义务感呢?请看1943年强生公司董事长罗伯特·伍德·约翰逊(Robert Wood Johnson)的例子。他把强生的道德准则刻在石头上,名为"我们的信条"。开头是:"我们相信,我们的首要责任是对使用我们产品的人负责。"注意用词:是"我们"和"我们的",不是"我"和"我的"。这是强生公司里每个人的信条。接着是以降序排列其他责任:对雇员的,对当地社会的,最后是对股东的责任。通过使用叙事的方式,该信条已经延续了三代人的时间:现在访问强生的网站仍然能看到

---

* 这也不是最近才出现的情况:这是政治学家理查德·诺伊斯塔特(Richard Neustadt)在1960年分析美国总统权力时的名言。

这个围绕着"故事"组织起来的信条。这有没有让公司成员的行为发生变化？

1982年强生遇到一场祸事。芝加哥有七人死亡，经追查死因是被放在泰诺瓶子里的毒药，泰诺是强生的畅销产品。强生接下来的做法不同凡响，直到今天仍被商学院作为案例来研究。不等高管做出反应，当地分部的经理就主动行动，把所有的泰诺撤下超市货架，并承诺对商店进行全额赔偿。这在今天看起来并不特别，那是因为，自此事件起，这已经成为商业界的标准做法。但在1982年之前，企业并不召回产品，通常做法是拒绝承担责任。强生的基层员工之所以有信心主动采取这一给强生造成约1亿美元损失的举措，是因为他们从公司的信条中明白，泰诺的使用者是他们的优先服务对象。[26] 后来最高管理层完全支持他们采取的快速行动。这样的行动不仅符合道德，还被证明是良好的经营之道。与预测相反，强生很快就恢复了市场份额。*

亚当·斯密所接受的经济学的坚实基础是承认非互惠性的利他主义只限于援救义务：这不足以对抗利己主义。互惠义务至关重要，但得由人来构建。这就是关于归属感、义务与目的性行动的叙事结合在一起后可以实现的。[27] 我按归属感、义务、目的性行动的顺序展开论述，但顺序并不重要；如果一项共同行动能给许多人带来好处，它就有可能同时成为共同身份与共同义务的基础。

叙事有强大的力量，但不能太偏离现实：领导者既向众人讲话，

---

* 强生的信念体系分为三部分：围绕一个共同的道德目标建立的共同身份，其内容是强生"信条"中规定的向客户提供物美价廉的健康产品；员工为实现这一目标而努力的互惠义务；一条通往开明自利的因果关系链——这一模式是企业和员工就业可持续性的基础。正如强生的网站指出的，它是为数不多的存活了一个世纪的公司之一。我要感谢约翰·凯（John Kay）提供这个例子。

也受众人观察,所以他们不能言行不一,否则后果严重。他们的行为必须与叙事保持**一致**。一边说你和我都是"我们",一边把你自己放在我们之上,会显示归属感叙事是谎言;说我们对彼此都负有义务,行事却自私,会显示义务叙事是谎言。假如强生的 CEO 一直在剥削基层员工,他们就不可能当机立断地主动行动,把泰诺撤下货架。相反,这位 CEO 的行为堪称楷模:他甚至连在荣获总统自由勋章时都是以所有员工的名义接受的。

领导人会因言行不一而破坏信念体系,也可以通过战略性地规划自身行为的方式强化信念体系。假设听众怀疑你心口不一:"信条"上说"用户重于利润",但这么写是不是为了讨用户开心?面对这样的怀疑你能怎么办?经济学家迈克尔·斯宾塞(Michael Spence)用信号传递理论(Theory of Signalling)解决了这个问题,从而赢得了诺贝尔奖。显然,只说"这**真**是我的本意"是没用的,因为即使你不这么想**也会**这么说。**行动**胜于**言语**。具体而言,如果你真的认为"用户重于利润",那就应该做一件成本高得令人无法接受的事。即使在你确实怀有这样信念的情况下,仅有的行之有效的行动也可能是令人痛苦的,但这是你为树立信誉而必须付出的代价。这样的信号能增强信念体系的可信性,但叙事仍然至关重要:信号带来可信性,但叙事带来精确性。二者相辅相成。

权力转变为权威,对于在庞大人群之间构建互惠关系(如所有人都接受纳税义务)至关重要。领导者不是人类灵魂的工程师,但他们能驾驭我们的情绪。只依赖强制力的领导是危险的。可贵的领导会利用自身处于网络化群体中心和作为总沟通者的地位,通过规划叙事与行动来取得影响力。所有领导者都会增加并改进符合团队信念体系的叙事,但伟大的领导者会构建一套完整的信念体系。[28]

近期一个在网络化群体中使用叙事发挥领导力的典型例子是

"伊斯兰国"（ISIS）。"伊斯兰国"的领导人认识到了通过社交网络传播有力的新叙事的力量。归属叙事让之前自认为是瑞典人、摩洛哥人、比利时人、突尼斯人、澳大利亚人等身份各异的年轻人，结成一种新的共同身份——"虔信者"。关于互惠义务的叙事使他们为赢得战友的尊重必须不断采取野蛮行为。新的叙事把他们的恐怖行为与"哈里发国"的现实目标联系在一起，从而打造了一条因果链，让他们的服从有了目标感。由于炮灰供应源源不断，加上支持者的资金，"伊斯兰国"迅速成为世界舞台上的重要角色；该组织像法西斯主义一样，唯有在压倒性武力的打击下才被打垮。作为一套信仰体系，它具有内在一致性，因而有稳定性。孤立地看"伊斯兰国"的每个成员都很令人反感，而这正在他们和其他人之间划出一道鸿沟，从而强化了其团体认同。

"伊斯兰国"战略性地利用叙事让社会回到12世纪。而我们的领导人可以利用叙事更好地达成目的。

软性义务

我们从现代资本主义正在面临的道德危机开启本书：一个社会可以没有道德，因为利己主义会让我们进入普遍繁荣的天堂；"贪婪是好的"，因为欲望越旺盛，人们工作就越努力，我们所有人都会变得越富裕。事实与此截然不同。我们是**社会性**的存在，既不是**"经济人"**，也不是**无私的圣人**。我们渴望尊重和归属，这是我们道德价值观的基础。全世界的人有六种共同的价值观，没有一种是由理性创造的。从进化角度看，关爱和自由也许是原始观念。忠诚和圣洁也许是作为支撑群体的规范演化出来的；群体成员将其作为准则来遵守，并将其内化为价值观，因为这样做能换来归属感。同样，公平与等级规范也许是为维持群体内秩序而演化出来的，这样做能换来尊重。

我们的价值观很重要，这是因为价值观所要求的行为，即我们的义务，重要性胜于愿望。值得注意的是，从这六个价值观中，我们学会了如何借助叙事塑造的信念体系，在具有信号作用的行动的支持下，创造出无限多的义务。处在网络（家庭、企业与社会）中心的领导者可以有意识地构建这些信念体系。根据叙事的具体内容，他们可以创造截然不同的群体行为，我们的共同价值观和共同愿望是这些行为的最终支撑。

所有这些都关系到我们社会目前面临的抉择。各种意识形态吸引着人们：每一种都把道德从我们共同的价值观中剥离出去，每一种意识形态都把理性放在了首位，把一种价值观凌驾于其他价值观之上。因此，每一种意识形态都不可避免地与我们的一些价值观及其心理基础发生冲突。如果对更高目标的追求破坏了归属感，那也没关系；如果这使一些人遭受羞辱，那又怎样？所有意识形态都觉得"伤及一些无辜"、"打破几个鸡蛋"不是什么事。所有意识形态都主张理性至高无上，但具体是**哪种**理性，它们却有分歧。因此意识形态道路必然会导致不可化解的社会冲突。意识形态不太可能把我们带入想象中的乌托邦，更可能重现"肮脏、粗野、短命"的人类生活。

民粹主义者也在争取我们的支持。他们以我们的价值观和渴望为荣，但不顾反映在我们实践理性与制度中的、历经千百年积累的社会认知，忽视我们构建互惠关系的能力。他们也会导致社会倒退。

本书提出了一条不同的路径：一种符合特定标准的道德资本主义，这种标准建立在我们价值观之上，经过了实践理性的磨砺，而且社会本身可以再生。这句话看起来简单，却存在许多复杂、极具争议性的问题。意识形态分子不赞成"建立在我们的价值观之上",民粹主义者不赞成"经过实践理性的磨砺"。此外,"社会本身可以再生"这句话意味着什么?我**不是**指永恒完美的乌托邦,无论是柏拉图的理想国、马克思主义者们的天堂,还是"历史终结"的胜利宣告,这些都是荒谬的。我说的"再生"是指社会规范不会走向自我毁灭。用社会科学的语言来说,我们在寻找有**局部**稳定性的东西。社会周期性地遭受冲击,比如气候变化的自然冲击、新兴宗教的思想冲击,这样的冲击可能导致社会偏离其局部平衡,转向完全不同的规范。但我们的规范不应因自身矛盾的重压而崩溃。

我们现在有了一幅连贯的图像,显示义务如何塑造个体行为,个体行为为什么重要,为什么会恶化,以及如何纠正。很快我就将把这些见解应用于支配我们生活的三种组织——家庭、企业和社会。**我将展示这些群体的领导者可以怎样构建互惠义务以重建资本主义,使其与我们核心的共同价值观相辅相成而非相互对立。**

我对互惠义务的强调与流行的政治话语截然不同,后者把道德的内涵缩小为对个人权利与应享权利的主张,义务归由政府承担。但要一个人有权利,就必须要另一个人有义务。一项新义务迫使人的行为发生变化,使一项新权利的行使成为可能:如果没有相应的义务,新权利就是空洞的。互惠义务能确保这一点,每一项新权利都与其相应的新义务搭配。

权利意味着义务,但义务不一定意味着权利。父母对孩子的义务远远超越他们享受的法定权利。援救义务也不需要与权利搭配:我们援救一个池塘中溺水的女孩是因为她遭难,不是基于她的权利。一个能够成功创造义务的社会可能比一个只依赖权利的社会更慷慨和谐。义务之于权利,正如税收之于公共支出,也就是说,是必需的。大多数西方选民明白,在讨论公共支出时必须考虑福利与资金来源的平衡，否则，政客在选举期间承诺增加公共支出，选举后支出超过财政收入的问题只能靠通胀来解决。[29]新的义务就像提高财政收入，新权利的创设就像增加支出。权利的规模可能是合理的，但确定这一点的唯一途径是对相应的义务进行公共讨论。

假如没有这样的讨论，那么从旧文本中演绎出新权利的过程就像印钞一样：个人权利会像钞票一样源源涌出。我们必须创设新义务以与之匹配，否则为了弥补赤字，一些东西就得被牺牲。如果人们不愿承担为满足新的法定权利而出现的义务，那些不与法定权利搭配的义务——如互惠默契和一些援救义务，就可能被损害。

对权利的关注给了职业法律人特殊的地位。通常职业法律人从一些书面文本（如一项法律或条约）出发，试图推论出其中可能隐含的权利。然后，每一项判决都可能成为判断是否隐含某种新权利的先例。这个职业法律人"发现"旧文本隐含的新权利的过程，已导致社会面临一个不断扩大的鸿沟：他们"发现"的权利，日益超过大多数人视为道德上合理的权利。举一个近期在英国发生的小案例：法院裁定学校不得再使用"父亲"和"母亲"这两个词，因为这侵犯了一项被"发现"出来的同性伴侣享有的权利。在这个案例中，法官为少数人的利益创设的一项新权利，破坏了帮助无数其他家庭抚养子女的基本叙事模式。这项要求造成了广泛的害处，带来的好处则很小，显示出意识形态战胜了实用主义，自私的权利主张妨碍了相互尊重。

当我们承认对他人负有的新义务时，我们的社会更有希望实现繁荣；当我们忽视这些义务时，社会便会远离繁荣。资本主义社会经历了一个忽视义务的过程，其主要症状是社会信任度的下降。要预测未来几十年信任度的演变趋势，首要的指标是目前美国青少年的信任度发生的变化，因为今天的青少年就是明天的成年人，而美国的趋势会影响欧洲。在美国青少年中，信任度已经下跌了40%。*所有社会阶层的信任度都在下滑，但穷人的情况最明显。如罗伯特·帕特南（Robert Putnam）所说，这揭示的不是日益加重的心理偏执，"而是他们生活在其中的丑恶社会现实"。[30] 现代资本主义社会非但未能实现造就繁荣的承诺，反而为当下带来了欺凌、羞辱与恐惧，一种"罗威纳社会"†。为了实现承诺的繁荣，我们就必须恢复相互尊重。实用主义告诉我们，这需要考虑具体背景和基于证据的推理。这就是我在下一章要做的。

---

* 具体而言，调查的时间区间是过去35年，青少年被问及是否同意"大多数人是可以信任的"这句话。

† Rottweiler，罗威纳犬是一种猛犬，攻击性强，给人咄咄逼人的感觉。科利尔以罗威纳犬的特点来形容西方社会，认为生活在这一社会中的人自私自利，忽视对他人的义务，缺乏彼此尊重。——译者注

第三章
道德的国家

将良好理念与道德目标联系在一起的国家总会创造奇迹。我这一代人就是在这样一段时间里长大的,即1945—1970年。我们经历了迅速的繁荣,而实现这种繁荣的手段,是国家有意识地驾驭资本主义为社会利益服务。这并不常见,也不是现在的情况。

我的父母在1930年代时还是青年,通过他们,我了解到那时国家崩溃的情况多么严重。通过他们讲述的故事,我明白了国家崩溃导致大规模失业的悲剧。国家,以及国家所反映的社会,缺乏把充分就业视为自身职责的道德使命感。当时国家也缺乏这方面的理论指导,因此对资本主义的管理严重失当。虽然法西斯主义仅在德国和意大利得手,但已足以引发一场全球性灾难。在毁灭惨景的冲击下,各国及各国社会才找到了这种迟来的使命感。在美国,罗斯福总统接受了国家有义务提供就业的理念,即他的"新政"。他能够当选是因为民众认同"新政"是符合伦理的。新的理论也出现了:凯恩斯(Keynes)的《就业、利息和货币通论》(*General Theory* of Employment, Interest, and Money）提供了解决大规模失业问题的学说。但各国政府最初并不愿接受。尽管这本书出版于1936年，但大萧条的结束是因为各国重整军备刚好提振了需求。正如保罗·克鲁格曼（Paul Krugman）调侃的那样，二战是有史以来规模最大的经济刺激计划。但在战后，凯恩斯的学说被用于维持充分就业，1970年代通胀上升后，该学说逐渐变得不足为用。

在1930年代，国家辜负了国民，现在又发生了同样的情况。目前，一提到"资本主义"这个词，人们便普遍心怀鄙视。但这个被人怨恨的词汇代表着一种市场、规则与企业网络体系，它既创造过1945—1970年的奇迹，也制造了1929—1939年的悲剧。我这一代人没有经历那场悲剧，我们生活在奇迹年代，而且满心以为奇迹必然会延续下去。当前这代人认识到事情并非如此。新的焦虑植根于经济差异。繁荣的大都市和衰败的中小城市之间的地域差距正在扩大；一道不断拉大的鸿沟两个群体分隔开来，一边是拥有受人尊重和富有成就感的工作的人，另一边是职业前景黯淡甚至失业的人。

就像1930年代"大萧条"时的情况一样，资本主义造成了这些新焦虑。国家需要弥合这些由结构性变化导致的社会分裂。但就像1930年代一样，国家，以及国家所反映的社会，迟迟不愿承认它们负有应对这些新问题的道德义务；这些新问题不仅没有被消灭在萌芽状态，反而在纵容之下演变成危机。国家不可能比国民更有道德，不过国家可以巩固互惠义务，可以逐渐说服我们接受新的义务。但如果国家试图将一套迥异的价值观强加给它的公民，就会失去国民信任，权威也会受损。国家的道德界限是由社会的道德界限确定的。当前国家缺乏道德使命感，反映了社会道德使命感的衰落：**随着社会分裂的加剧，人们愈发不愿宽宏地对待裂痕另一边的人了。**

第三章　道德的国家

与 1930 年代相似，如今除了缺乏使命感之外，还缺乏实用性的新思维。在第三部分中，我将努力填补创新思维的空白，提出弥合这些破坏性分裂的实用方法。但首先，我们必须认真理解国家在道德方面的失败之处，以及这种失败在我们社会的道德变化中的根源。

道德国家的兴起

道德国家的鼎盛时期是战后的头 20 年。在一个充满道德使命感的辉煌时代，各国史无前例地创造了大量的互惠义务。"从摇篮到坟墓"和"新政"这两种简洁叙事囊括了在国家管理之下公民之间相互负有的极多的新义务。从孕期医疗保健到养老金，通过缴纳国家管理的国民保险，人们等于是在相互投保：这是社群社会民主主义的首要伦理准则。这一准则得到了左右两边政治派别的一致支持。在美国，它开创了两党在国会中融洽合作的时代；在德国，它带来了"社会市场经济"的时代；在英国则是标志性的国民医疗服务体系（NHS），它由保守党领导的联合政府中的一名自由党人设计，由工党政府实施，并由多届保守党政府维持。1945—1970 年，在北美和欧洲，尽管表面上有政治竞争的喧嚣和烟雾，但主流政党领袖之间的政治分歧微乎其微。*

但社会民主主义成功的基础是一项明显到被视为理所当然的遗产。大萧条的结束绝不只是二战无意间发挥的经济刺激产生的效果，更是一场大规模的共同事业，在走出萧条的过程中，各国领导人精心构建了关于归属感和共同义务的叙事。这样做的遗产是把每个国

---

* 1950 年代，人们用"巴特茨克主义"（Butskellism）一语来形容保守党首要的思想家拉博·巴特勒（Rab Butler）与工党领袖休·盖茨克（Hugh Gaitskell）的根本一致性。

家变成了一个巨大的共同体，一个有着强烈认同感、义务感和互惠意识的社会。人们乐意遵循社会民主主义叙事，把个人行为与集体后果联系在一起看待。在战后的头几十年里，富人愿意缴纳高达80%以上的所得税率；年轻人服从征兵制度；在英国，连犯罪分子都因为警察不配备武器而自觉克制。这使国家的职能大大扩张，这就是社会民主主义议程。

但功利主义和罗尔斯主义的先锋逐渐接管了奉行社会民主主义的国家，**道德国家**演变为**父爱主义国家**。假如这些新先锋认识到这项非凡的遗产依赖于不断更新的共同身份，上述变化本不至于产生那么大的影响。但他们非但没形成这种认识，反而逆向而行。功利主义先锋队是全球主义者，罗尔斯主义者则强调受害者群体的独特身份。渐渐地，社会民主主义议程的基础瓦解了。到2017年，西方各国的社会民主主义政党都被选民抛弃了，这些政党面临着生死存亡的危机。[1] 借助第二章介绍的概念，我们就可以看到这一情况发生的原因。

道德国家的衰落：社会民主主义社会是如何瓦解的

社会民主主义的崩溃是双重打击造成的：人们相互负担的义务逐渐减轻，同时，随着经济结构变化导致越来越多人的生活被破坏，人们对这种义务的需求日益增加。这一时期可观的经济增长是以经济结构日趋复杂为代价的，更为复杂的经济结构需要更多专业技能，进而意味着需要受过高等教育的人，这促成了高等教育的空前扩张。这场大规模的结构变化对身份认同产生了影响。

为了说明为什么这对社会民主主义产生了致命打击，接下来我将描绘一个模型。一个好模型会从可以简化问题的假设出发，假设

第三章 道德的国家

虽不惊人，模型却能得出惊人的结论。理想情况下，它能展示某种你原本没认识到但经揭示后却洞若观火的情况。通常一个模型会用一系列方程式来表示，但我将试着用几句话来描述这个模型。[2] 虽然这个模型相当简单，但需要一点耐心才能理解其原理。而耐心的回报是它颇能发人深省。这个模型一开始会涉及心理学，随后还会沾一点经济学。

它涉及的是简化的心理学理论，但绝不像怪诞病态的"**理性经济人**"概念那么粗糙。如前所述，"**理性经济人**"在石器时代就消亡了，被"**理性社会人**"取代。我还借鉴了乔治·阿克洛夫和蕾切尔·克兰顿开创的身份经济学理论来阐述"理性社会人"的行为方式。假设我们都有两个客观身份：工作和国籍。身份是获得尊重的来源，而这两个身份都能带来一些尊重。为了明确每种身份带来多少尊重，假设工作带来的尊重是由其产生的收入反映出来的，国籍带来的尊重由国家的威望决定。现在加入一个选项——**突出性**（salience）。尽管工作和国籍这两个客观身份不是我们能控制的，但我们可以**选择**更重视哪个。我认为突出的那种身份对我的尊严影响更大。设想这就像一张牌，我把它放在哪个身份上面，该身份带来的尊重就翻一倍。打这张牌还有一个更深的影响：能把我们分成两个新群体——突出工作的人和突出国籍的人。在选择突出哪个身份时，我也是在选择归属于哪个群体。归属于该群体的身份给我带来更多尊重，其程度取决于该群体有多少受尊重。

综上所述，每个人有四个获得尊重的来源。一是我们的工作，二是我们的国籍，三是我们选择突出哪个身份，四是与像我们一样选择突出该身份的人组成的群体。最后这种来源带来的尊重，它的具体水平可以设想为该群体每个成员从前三个来源中所获得尊重的平均值。那么我们会如何选择突出哪个身份？*这里就需要用到经济学了：" **理性社会人** "从尊重中得到效用，并将其**最大化**，这就是此处"理性"一词的意思。我们现在就可以把这个小模型应用于战后社会史了。

二战后的工资水平差异较小，而国家的声望隆盛，所以即使是收入最高的工作者也会选择突出自己的国籍而非工作，以此将从尊重中获得的效用最大化。把尊重的四个来源加起来，我们能看到，尊重在全社会的分布是相当平等的。每个人都从国籍身份中得到同等的尊重，因为他们都选择突出国籍，所以国籍带来的尊重都会翻一倍，因为每个人都选择突出国籍，所以他们组成的群体所带给他们的尊重也是人人相同。因此，造成尊重差异的唯一原因是工资的有限差距。

接着看看这个愉快的结果是如何崩溃的。随着时间的推移和经济复杂性的提升，越来越多的人得到了优质的教育和与之匹配的优质工作，优质的工作带来更高的生产率，薪资便相应提高。达到一定程度后，技能水平最高的人就会将自己选择突出的身份从国籍改成工作，因为这样做能最大化他们获得的尊重。

当这个过程发生时，尊重的最后一个来源——与其他人选择突出同一种身份所带来的尊重，开始出现分化。选择突出工作身份的人，因加入做出该选择的群体而获得更多尊重；而继续突出国籍身份的人得到的尊重会变少。†这种分化本身会诱使更多人把突出的身份从国籍改为工作。这最终会带来什么结果？

---

* 当然，我们需要做出的决定还包括如何满足自身"愿望"，但在这里我们可以不考虑这个问题。

† 这不是由于他们对本国的自豪感下降，而是由于在高技能水平者离开后，留在突出国籍群体中所能带来的尊重不如以前了。

第三章 道德的国家

也许每个人最终都会改变突出的对象,这是可能发生的。但更可能出现的情况是,从事低技能水平工作的人继续突出他们的国籍。把这一结局与最初的社会状态进行比较会发现,高技能水平者已不再选择突出国籍,功利主义先锋队就在他们的队伍中。他们脱离突出国籍身份的群体后得到的尊重比之前更多。而继续突出国籍的低技能水平者所得到的尊重变少了,因为最受尊重的人已经脱离,所以继续留在这个群体中便没那么受人尊重了。

像所有模型一样,这个模型是极为简化的。但它让我们无须深陷细节的泥沼,有助于解释我们的社会是为何以及如何分崩离析的。整个过程中,所有人只是在努力把自己获得的尊重最大化。但由于经济的结构性变化,一道裂痕出现了。高技能水平者把突出的身份改成了自己的工作。时任《纽约时报》国际版编辑的苏珊·奇拉(Susan Chira)在接受艾莉森·沃尔夫(Alison Wolf)的采访时对这一选择做出了一种完美的表达:"工作很有成就感,已经**与身份紧密交织在一起**。"[3] 同时,受教育程度较低、自身工作较缺乏成就感的人会继续突出国籍,但开始感到被边缘化。

因为自鸣得意的高技能水平者比被边缘化者得到更多尊重,所以他们热衷于向其他人表明他们的确更突出自己的技能身份。我们现在可以利用迈克尔·斯宾塞的信息传递理论中的一项重要洞见来预测他们将如何突出这种身份。为了让别人相信我已选择放弃将国籍作为我的突出身份,我需要做一些在未放弃的情况下不会做的事:我需要贬低国家。这有助于解释为什么社会精英频繁地贬低自己的国家——他们是在寻求尊重。这能把他们与社会地位较低的人清楚地分开。通过退出共同的国家认同,他们减少了继续认同国家者得到的尊重,所以别人对他们产生怨恨就不足为奇了。我希望你会觉得这里的一些描述很眼熟。

受过良好教育、拥有技能的人组成的新阶层既包括右派人士也包括左派人士，右派信奉自由至上主义的意识形态，主张自由地从个人技能中获得财富，左派信奉功利主义或罗尔斯主义主张的权利。后者不仅放弃了自身的国家认同，还鼓励其他人这么做。他们鼓励某些具有受害者群体特征的人把受害者身份作为自己的突出身份。

共同身份消失的后果

共同身份的瓦解影响了社会运转。随着身份分化为技能与国籍，人们对社会顶层人士的信任开始消失。[4] 这又是怎么发生的？

让我们回顾一下第二章的主要内容。帮助他人的意愿是通过结合三种叙事而产生的：对一个群体的**共同归属感**；群体内部的**互惠义务**；行为与群体幸福之间的联系，这种联系表明行为是**有目的的**。因此，如果共同身份瓦解，幸运者就不再那么愿意接受他们对较不幸者负有的义务。

大多数慷慨行为的基础是互惠。互惠带来的改变是一种飞跃：没有互惠，我们只能依靠利他主义与援救义务产生的微弱动力，互惠意识则更为有力，可以促使人们接受高税率。但互惠面临着一个协调问题：如果你已经接受义务是互惠的，那么我愿意接受我对你负有某种义务，**但我怎么能知道你接受这种义务**？你又怎么能知道我接受对你负有某种义务？我们如何能相信彼此在需要尽义务时都能履行义务？

实验社会心理学告诉我们，答案是我们需要共同认知。我们都需要知道，对方知道我们接受这个义务，"我们知道我们知道我们知道"，以递归的方式回响。在一个网络化群体中传播的关于归属感、义务和目标的共同叙事，就是以这样的方式逐渐形成的。共同归属

第三章 道德的国家

的边界决定了互惠的限度,而我们对同处相同叙事之中的意识能让我们认识到共同认知的实际边界,从而巩固这一边界。因为叙事主要以语言表达,所以群体的规模有一个难以逾越的天然上限——共同语言。[5]但并没有类似的下限:在一个语言群体内,身份可以呈现高度分裂状态。共同身份的破坏既会削弱实行互惠的明确群体,也会妨碍互惠义务跨越不同群体的实际可行性。

毋庸置疑,我们的社会确实已经两极分化:一方是收入高于平均水平者,他们已放弃国家认同,转而认同自己的工作;另一方面是社会下层,他们坚持国家认同。而且在特朗普当选、英国脱欧、勒庞崛起等情况出现后,两个群体无疑对这种两极分化已有清楚的认知。

到目前为止我们已经看到:大多数高技能、高教育程度者不再以国籍作为自己的核心身份,而较不幸者继续固守着他们不断下降的地位;这进而导致了整个社会中共同认同的弱化;这削弱了幸运者对较不幸者的义务感,进而破坏了1945年后形成的叙事——富人应该自愿接受具有再分配性质的高税负来帮助穷人。1970年后最高税率的大幅下调,与这一情况至少是逻辑一致的。

现在我们可以再进一步。较不幸者已意识到,幸运者的义务感削弱了,毕竟这个情况很明显,而且它对低收入者确实很重要。在这种情况下,普通人对"过得更好的人"的信任程度会受到影响吗?答案一望可知:信任会削弱。如果受过良好教育者自视与其他人不同,对其他人所负的义务也变少了,那么只有愚蠢的人才会像过去所有人都突出同一种身份时那样信任他们。如果我们相信自己能预测他人的行为,我们就会信任他人。如果我们能稳妥地使用"心智理论"的方法——通过设想自己处在你的情况下会怎么做来预测你的行为——我们就会对自己的预测更有信心。但只有在能确定我们共持同一个信念体系的情况下,使用这种方法才是可靠的。如果我们的信念体系截然不同,我就不能和你换位思考,因为我并不生活在塑造你行为的心理世界里。我无法信任你。

功利主义先锋队甚至提出了一项理论,预测了信任的下滑,并就如何阻止下滑提出建议。剑桥大学道德哲学教授、边沁的忠实追随者亨利·西季威克(Henry Sidgwick)称,解决方案是让居于统治地位的先锋队向其他人隐瞒其真实目的。欺骗可以阻止信任的下滑。*当然,1970年代以来人们发现主导公共政策的先锋队未能缓解新的社会分歧,这加重了信任的严重下滑。但西季威克离谱、弄巧成拙的主张却暗示着,问题不只在于分歧没有得到缓解,其根源要深得多。

社会民主主义瓦解的后果不仅是信任下滑,信任下滑接着又影响了人们的合作能力。在一个复杂的社会中,密布的关系网络依赖于信任。因此,当信任崩溃时,合作也开始瓦解。人们开始更多依赖法律机制来确保良好行为的落实(这对职业法律人是好消息,但对其他人不一定)。因为不再突出同一种身份,高技能者负有的对同胞的义务感减弱,人的行为因此也变得越来越投机。高技能者甚至会把其他人视为"笨蛋",并为自己欺诈傻瓜的技能感到自豪。从电子邮件披露的情况来看,这似乎是金融高层中流行的一种情绪。正如约瑟夫·斯蒂格利茨(Joseph Stiglitz)在金融危机爆发前夕精准描述的那样,华尔街的商业模式就是"找傻瓜"。显然,这会增强社会中加剧不平等的潜在结构性经济力量。

---

* 后来的另一位剑桥大学教授伯纳德·威廉斯(Bernard Williams)猛烈批判了这一观点,称其为"总督府"功利主义。

第三章 道德的国家

我们为什么警惕共同的国家认同

人们警惕共同的国家认同,这是可以理解的,毕竟民族主义曾造成可怕的后果。所有身份认同都隐含排他性,但如果它做出明确、敌对的排他性规定则是有害的。如果"我们"被定义为"不是他们","他们"成为仇恨的对象,我们希望他们不好,这就是对立性的身份认同。在一些情况下,对立性身份认同其实可以是合理正常的。例如,认清对手的运动队可以发挥得更好,许多企业也是这样。这样的竞争对所有人都有好处,能激励人更努力,这是资本主义被低估的优点之一。但历史地看,最具破坏性的对立性身份认同是种族、宗教、民族等大群体认同。这些认同导致了大屠杀、"圣战"和世界大战。

对立性身份认同对德国的伤害可谓罕有其匹。17世纪天主教徒和新教徒之间的"三十年战争"彻底摧毁了曾经繁荣的德国社会。最终《威斯特伐利亚和约》(Peace of Westphalia)结束了战争,在本质上,该和约将首要的身份认同从宗教变成了民族国家。它确实恢复了和平,但最终使德国陷入地狱:纳粹主义、大屠杀、世界大战和战败。很自然地,现在大多数德国人想要一种更大的身份认同,故而成了热忱的欧洲主义者。

但欧洲不只是一块供某种政体依附于其上的土地。如前所述,如果政治权力单位与共同身份相一致,政体就能更好地运转。如果不一致,要么身份认同要为适应权力而变,要么权力需要为适应身份认同而变。在所有现代社会里,政治权力都依赖轻度的强制和高度的自愿服从。自愿服从让我们回想起前文所述的义务感,使权力变为权威。如果没有这种义务感,权力只能面临三个选择:一是通过有效的强制手段迫使人们服从;二是因尝试实现这一模式而挑起针对国家的有组织的暴力反抗，即叙利亚模式；三是权力承认自身局限性并退居幕后，掌权者发布明知道要被忽视的命令，接受命令者找到某种既避免服从又不致造成太多冒犯的办法，这是欧盟委员会在促使成员国遵守财政纪律目标时的做法——除芬兰外，所有成员国都曾违反过该财政纪律。

现代繁荣社会中的人是在权力已经转化为权威的环境里长大的，所以把这视为理所当然。我一生都在试图实现这种转化的社会里工作，这样的人生经历让我认识到，成功的转化是珍贵的、有挑战性的，也具有潜在的脆弱性。要把欧洲建成一个政治实体，就必须构建一种新的大型身份认同，但这是一个极难的任务。如此大规模的共同事业很难组织起来。身份叙事与义务叙事的媒介——语言，本身是高度分化的：欧洲没有一种共同语言。* 可能出现的情况是，试图把权威移交给一个几乎没有人认同的中央实体会导致权威失效，结果可能是出现四分五裂的地区身份认同，并进一步崩解为个人主义：由"经济人"组成的地狱。

事实上，许多人不仅没有构建更大的身份认同，反而退回到更小的身份认同中。500多年来，加泰罗尼亚人有西班牙人与加泰罗尼亚人这两种身份认同，但现在他们中的许多人想回到只做加泰罗尼亚人的状态。300多年来，苏格兰人有英国人和苏格兰人这两种身份认同，但现在他们中的许多人想回到只做苏格兰人的状态，从大共同体转向小共同体。在意大利统一150多年后，"北方联盟"想回到只保留"北方"身份的状态。斯洛文尼亚人在做了50多年

---

* "欧洲学校计划"本欲构建一种新的欧洲身份认同，至少是在精英学生中。但新的研究表明，这些学生被深刻灌输了这样的意识形态——欧洲身份等同于自由主义的世界主义。所以他们开始认为，不这么想的人不是真正的欧洲人。这绝不是在构建共同身份，而是又一个精英与其所处社会的身份认同分离的过程。

第三章 道德的国家

的南斯拉夫人后实现了独立梦想,这给其他南斯拉夫人造成了灾难性的后果。在我撰写本书时,巴西南部地区正在效仿加泰罗尼亚人寻求独立。而最惊人的是,在尼日利亚,比亚法拉独立运动(Biafra)又出现了,50年前的独立企图导致了一场惨烈的尼日利亚内战,而现在独立运动死灰复燃。所有这些看似各不相同的分离运动都有一个共同点:**它们都涉及一国内的富裕地区试图摆脱对其余地区所负的义务**。加泰罗尼亚是西班牙17个地区里最富裕的,不愿缴税支持较穷的地区。苏格兰民族党(Scottish National Party)的竞选口号一直是"这是苏格兰的石油"(尽管油田其实远在北海海底)。意大利北部是全国最富的地区,当地的分离主义者因为对较穷地区的财政转移政策而充满了怨言。猜猜南斯拉夫哪个地区最富?猜猜巴西哪三个地区最富?猜猜尼日利亚的油田在哪里?在主张自决权的姿态背后,这些政治运动进一步反映了社会民主主义国家的瓦解,代表了对建立在广泛共同身份之上的互惠义务的怨恨。它和资本主义一样充满贪婪和自私,之所以没有被这样形容是公关做得好。

我们需要大型的共同身份,但民族主义不是构建这种身份认同的合理方式。政治民粹主义者正在利用民族主义,借助对其他国民的仇恨叙事建立自己的支持基础。其整个战略是通过制造与其他民众的裂痕,凝聚起一部分民众。由此造成的对立性身份认同足以摧毁慷慨、信任和合作。受教育程度高的人反对这么做,这是对的。但目前,他们没有提出任何可供构建共同身份的替代性基础。实际上,受教育程度高的人群现在表示,他们与其他公民已经没有共同身份了。他们的方法是借助功利主义原则,不再区分受教育程度较低的同胞和外国人。由于强烈的义务(互惠义务)必须以共同身份为前提,这意味着他们对非精英公民和生活在任何其他地方的外国人所负的义务是一样的。

通过新的民意调查证据，我们能看到这个义务感正在减弱的过程。在英国，目前媒体普遍认为年轻人会比其父母更慷慨地对待社会中的穷人。2017年进行的一次大规模随机民意调查请受访者在两种对立观点中做选择，一个是"人们纳税的义务比其个人财富更重要"，另一个是"少征税可以奖励勤奋工作的人"。与媒体营造的神话相反（但完全符合共同身份已经被削弱的理论），35岁以上群体支持纳税义务，而18—34岁群体更支持尽量少纳税的个人主义伦理观。[6]

随着遵守义务行为的减少，权利变得无法实现，人们对政府的信任度下滑。这是席卷西方各国的强烈趋势。实际上，义务结构的变化，即从社会内部的互惠义务变为非互惠的全球性义务（从一国公民变为"世界公民"），意味着三种截然不同的可能。也许你可以问问自己符合哪一种。

第一种可能是，像1945—1970年基于共同的国家认同建立起全国税制的那代人一样，你对穷人依然抱着慷慨的态度，但你现在想把穷人定义为全球的穷人，而非本国的穷人。由此可以得出一些事关重大的推论。在现代发达经济体中，平均而言，40%左右的收入会被作为税收征收，以各种形式重新分配，比如向穷人直接转移，或用于让穷人受益的社会支出，以及用于几乎对所有人有利的基础设施。所以，对于以税收形式征收全国40%的收入这一点，你依然是支持的，但你现在希望在全球而非限于在本国范围内分配这些钱：你觉得对本国同胞负的义务和对其他人负的义务一样。考虑到全球不平等，这将导致流向贫穷国家的援助大幅增加；以税收形式征收的40%的收入中，有一大部分将送给穷国。像这样把税收转送给全球范围内的穷人，一个必然后果是本国穷人的境况将严重恶化。你可能认为这在道德上无关紧要，因为你正在帮助的人比他们更需要救济，但他们有理由对此感到警惕。

第二种可能是，你和上代人一样对本国同胞抱着慷慨的态度，但你现在想让这种程度的慷慨普及全球。由此得出的推论就更事关重大了：税收需要大幅增加。高技能水平者的税后收入必须大幅减少，这样才能既像以前一样慷慨地对待同胞，又像对待同胞一样慷慨地对待全球人口。单凭一国是无法做到这一点的，因为要那样做的话，很多高技能人口将会移民，也将导致本国穷人处境恶化。这是有心无脑的人会实行的政策。

第三种可能是，你改变自己突出身份的真实含义并不是你对世界各地的人的义务感显著增强了，而是你对本国同胞的义务感减弱了。在这种情况下，你等于是愉快地摆脱了束缚。税是可以下调的，因为那个不断唠叨着要你慷慨助人的烦人的"义务"已经沉默了："你赚的钱可以留给自己了。""他们"，即那些比你穷的同胞，境况将恶化。这是有脑无心的人会实行的政策。

受教育程度高者对国家认同的蔑视奋力挤上了道德高地：**我们**关爱所有人，**你们**可鄙可悲。但真的能说他们站上了道德高地吗？再往后推一代人，想象一下，届时"世界公民"这种新身份认同已牢牢扎根，充分反映在公共政策中，[7] 基于国民身份的税收政策已经被取代，以上三种对"世界公民"身份的诠释，哪一种最有可能成为主流？我认为很可能是介于第一种和第三种之间：在一定程度上对全球范围内的穷人变得更慷慨，但主要还是对本国穷人变得更吝啬。

难题

繁荣的现代社会正面临着一个难题。残酷的现实是，公共政策的场域必然是"**空间性**"的。批准公共政策的政治进程限于一定空间,全国和地方选举产生的官员只能在一定地域内行使职权。政策本身最终的适用范围有空间性:学校和医疗保健都有服务覆盖区域,基础设施适用于特定空间,税收和福利实行区域化管理。**我们的政治单位受限于空间**,这是一个不可避免的事实。事实上,政治单位主要是"**全国性**"的。但我们的身份认同,以及基于这一身份认同的社会网络,正在日益摆脱这个特征。

1945—1970年的社会民主主义时代奠基于一段特殊的历史,在那段时期,我们的共同体意识扩大,涵盖了整个国家。如今,经济结构日趋复杂,导致人与人之间出现技能鸿沟,我们空间性的身份认同和社会网络因而已经萎缩。对空间性共同身份的新一波冲击目前正在出现:智能手机和社交媒体正在改变我们的行为方式。智能手机代表着极端的个人主义:人们把自拍不分对象地向所有"好友"展示,希望能吸引最多的"赞"。我们目睹着空间性社群的萎缩,事实上,当我们身处公共空间中的时候,我们就会经历这个过程:我们坐在咖啡馆、火车里,周围的人离得很近,但我们盯着屏幕,仿佛看不到他们。从公共政策角度看,处在同一空间里的人是一体的,但从社会角度看却已经不再是这样了。空间性社群在遭受两方面的冲击:作为替代性社群的网络回音室,以及更彻底地避开面对面交流、沉入焦虑性自恋的孤立状态。我们的政治单位仍是空间性的,但连接我们的纽带不再是了。我的预测是,除非扭转这种分化,否则我们的社会就会倒退,变得更吝啬、缺乏信任和难以合作。这些趋势已经在形成之中了。

理论上,我们可以重新设计政治单位,使之非空间化。可能一些硅谷的技术"极客"已经在饶有兴致地设想这样一种未来:一种可自由进出的政治单位,每个人不管住在哪里都能自由选择。每个

第三章 道德的国家

政治单位都能拥有自己的货币——各选自己的加密货币。每个政治单位都可以有自己的税率、福利和医保计划。有人设想修建不在任何国家管辖范围内的浮岛。听起来是不是很吸引人？如果是，可以想象接下来会发生什么。富人可能选择加入实行低税率的人造政治实体。亿万富翁们已经在这么做了：把名下企业注册地从经营地迁到摩纳哥，自己也迁移过去。而病人会选择加入拥有慷慨医疗体系的政治实体，该实体必将因过重的负担而崩溃。

这种非空间性政治单位是一种空想，所以唯一现实的选择是重建空间性纽带。不幸的是，对大多数政治实体而言，最切实可行的单位是国家，所以我们需要一种共同的国家认同。但我们知道国家认同可能是有害的。是否可能形成这样的纽带：既足以维系一个可行的政治实体，又不造成危险？这是社会科学研究必须解决的核心问题。我们社会的未来取决于对这个问题的回答。

民族主义者已近乎将国家认同概念认定为自己的知识产权。事实上，他们似乎认为自己延续了历史上的国家认同传统，但这种认识是不对的。在许多社会，传统的国家认同真的可以容纳社会里的每一个人。维特根斯坦（Wittgenstein），一位居住在英国的奥地利犹太人，在一战爆发后清楚地认识到自己有义务回到奥地利，为祖国而战。与这种传统形式的民族主义相反，新的民族主义者想用种族、宗教等标准界定国民身份。这种民族主义的变种是较晚出现的，是对法西斯主义的继承，根据国民身份的这种新定义，无数生活在社会里的公民都会被排除出去。这些新民族主义者不仅非常明确地把社会分为"我们"和"他们"，而且会在他们自定义的"我们"内部引发进一步的分裂，因为他们的做法会引发许多人的不满。他们的崛起严重分裂了社会。玛丽娜·勒庞没有把法国团结起来，而是使之分裂为支持她的三分之一和反对她的三分之二。唐纳德·特朗普使美国社会一分两半。因此，这样的民族主义绝不是恢复共同身份的可行途径，虽然正是共同身份的丧失为之提供了动力；它只会彻底摧毁恢复共同身份的希望。这将破坏共同身份所促进的信任与合作，以及信任、合作所促进的相互尊重和慷慨大度。

另一个群体，受教育程度高的"世界公民"，正在放弃自己的国家认同。他们享受着显示自己社会地位优越的乐趣，同时努力让自己相信，这种自私行为能让自己登上道德高地。严酷的结论是，这两个新近崛起的公民群体都会破坏费尽千辛万苦建立的共同身份。

我们需要出路。维特根斯坦曾洞悉陷入令人困惑的观念里无法脱身的困境，我们需要像他说的那样，让蝇子飞出困蝇瓶。

试试爱国主义（patriotism）吧。

归属、乡土与爱国主义

为了使每个人都能幸福，一个社会需要一种强烈的共同身份认同。无须问这个命题对不对，否定社会凝聚力的意义和否认气候变化的人一样愚蠢。全球最幸福的国家丹麦、挪威、冰岛、芬兰的成功都证明了这一点，亚洲最幸福的国家不丹也证明了这一点。但不幸的是，这五个国家所采用的形成社会凝聚力的战略，都是其他社会无法使用的。五国都围绕一种独特的共同文化构建了共同身份。我怀疑文化的实际内容并不是特别重要："呼嘎"*和佛寺几乎没有共同点。但大多数社会要么文化上一直很多样，要么已经变得很多样，导致这无法成为一种可行的战略。我们不应为我们社会的这一面悲叹，而应制定一项可行的战略，重建与现代性相容的共同身份。

---

* hygge，丹麦人和挪威人用以形容温馨舒适的感觉，代表一种生活方式。——译者注

过去成功地在全国建立共同身份的方法已不再可用。在史前的不列颠，建立共同身份的途径可能是万众一心修建巨石阵，这是"一项团结性工程，反映了全岛有同一种文化理念"。[8]在14世纪的英格兰，共同身份是通过与法国的战争构建的，战争把宿怨甚深的不同人群融合在了一起：诺曼人（Normans），盎格鲁—撒克逊人（Anglo-Saxons，他们的首领曾被诺曼人屠杀），维京人（Vikings，他们曾屠杀过盎格鲁—撒克逊人），以及布立吞人（Britons，他们的文化曾被盎格鲁—撒克逊征服者毁灭）。在19世纪的欧洲各国，共同身份是通过种族纯洁的神话构建的。在20世纪中期，共同身份是通过战争建立并以文化特质维系的：美国人打棒球，英国人喝茶，德国人吃猪肉喝啤酒。目前随着我们的社会变成多元文化社会，连棒球、茶、猪肉配啤酒这样的特征也在逐渐消逝：这些都不可能赋予我们一种构建身份认同的稳健战略。

一个听起来有吸引力的战略是围绕共同价值观构建共同身份。这个想法很流行，因为所有人都相信自己的价值观，并认为应该以其为基础构建共同身份。问题在于，在任何现代社会里，人们的价值观都差异巨大，这是现代性的特征之一。如果要求共同价值观，我们最终会陷入一种排他性很强的情况："如果你不认同我们的价值观就滚出去。"唐纳德·特朗普和伯尼·桑德斯（Bernie Sanders）都是美国人，但我打赌我们找不到任何两人共有的、可以使美国区别于其他国家的价值观。大多数西方国家也都如此。一个国家里所有国民都坚守的价值观少之又少，无法构成与其他国家相区分的特征，因此我们无法在这些价值观的范围内构建互惠义务。

随着国家认同变得过时，价值观认同强化了，结果则是有害的。人们可以更容易地只与自己赞同的人发生社会交往（"回音室"现象），这也强化了价值观认同。以价值观为基础的"回音室"绝不是塑造社会凝聚力的途径,而只会撕裂西方社会。在以价值观为基础的网络化群体中出现的侮辱、诽谤与暴力威胁(简言之,仇恨)的程度,现在可能已经超过了种族与宗教性质的辱骂。

那么,如果像种族和宗教一样,价值观也无法成为共同身份的标准的话,我们还有别的选择吗?我们是不是应该解散国家并将所有政治权力都上交给联合国,以使世界公民议程变得具有可行性?事实上,正如"联合国"这个名字暗示的,该组织以国家而非个人作为政治权威的基石,因为很显然,在大多数社会里,国家都是可以承载共同身份的最大有效实体。假如把政治权力集中在全球层面,人们就难以自愿遵守政治权力的决定,权力就不会转化为权威。世界政府将会成为类似于一种全球版本的索马里。

如何构建可行且包容的身份认同?答案就在我们鼻子底下——**对地方的归属感**。比如说,为什么我自视为约克郡人?没错,我喜欢约克郡的价值观:直言不讳,不做作。但这一点其实并不是原因。最近我和赛伊达·瓦尔西女男爵(Baroness Sayeeda Warsi)一起参加一个早间广播节目,她是首位成为英国内阁大臣的穆斯林女性。我们之前没见过面,这次电台谈话节目安排我们各谈自己的新书,这并不是一个自然的能让我们亲近的场合。但我很快就觉得和她在一起很自在:她在布拉德福德(Bradford)长大,口音很顺耳,我也是听着这种口音长大的,只不过在牛津住了50年,生疏了。所以我感觉,我对她的亲近感比她对我的强。但本质上,我们有对同一个地方的归属感,那里的人操着不易察觉的独特口音与词汇。我注意到,我们都向主办方BBC说请"冲茶"(mashed)而不是"泡茶"(brewed)。

我们可以把这样的轶事归纳成一个具有相当普遍性的框架。人类有基本的**归属性需求**,归属感的关键维度包括归属于**谁**和归属于

第三章 道德的国家

哪里。这两点都是自小形成的,通常会持续一生。我们通过对某个群体的认同来确定第一点(这是身份经济学迄今为止所关注的),通过把某个地方视为**家**来确定第二点。问问你自己,你说的"**家**"是什么意思。对大多数人而言,那是指他们自小长大的地方。

最适合在现代环境中维系的国民身份概念,就是用对同一地方的归属感把人们团结在一起。"地方"就像洋葱一样分成多层,最核心是我们的家;但我们赋予家的认同,很大程度上来自家所处的城市或地区。与此类似,城市的意义很大程度上来自国家,而在欧洲,归属感在一定程度上延展到了欧盟身上。通常一个国家的人有多样化的外貌特征,也有多样化的价值观,但他们的家都在同一个地方。这就足以构成身份认同的合理基础吗?

一个有利的原因是,基于地方的身份认同是在进化中形成的人类心灵深处最根深蒂固的特征之一,不属于那些相对较晚时因使用语言而形成的软性价值观。基于地方的身份认同不仅根深蒂固,而且很强烈。冲突研究中的一个标准概念是,保证进攻获胜所需的进攻者与防御者的数目比。显然这会受到军事科技的影响,但总的来说,在人类冲突史上,防御者会比进攻者更努力地作战,所以这个比率大约是 3∶1。令人惊讶的是,许多物种都遵循这个比率。追溯这些物种的进化史可以发现,领土意识似乎是从约 400 万年前就开始扎根了。[9] 保卫领土的本能有很深的根源,家园感与我们形影相随。

所以,从"激情"的遗传情况来看,我们有强烈的对空间的归属感。但正如第二章所述,因叙事而形成的软性价值观也很重要。叙事促进记忆,这让我们把家乡不仅仅视为其当前的样貌,还视为一个演变的过程:我们对家乡城市所经历的重重变化的理解,增强了我们对当前眼中的这座城市的归属感。对所有在这座城市里长大的人来说,这些记忆是共同认知,它们强化了我们的共同身份。

但几十年来，主流政客一直有意识地对归属叙事避而不谈。事实上，他们一直积极地贬斥这些叙事。政客处在全国社会网络的中心，是我们的总沟通者。通过积极地破坏共同归属意识，他们加速了我们的幸福所凭依的互惠义务的衰落。他们的伦理叙事大多是功利主义或罗尔斯主义的，他们认为自己站在"**父爱主义国家**"的顶峰。于是很自然地，国家归属叙事就落到了民族主义者手里，他们挟持了这些叙事，为自己分裂社会的计划服务，而在这个过程中，"**道德国家**"也消亡了。

2017 年，法国总统马克龙（Emmanuel Macron）打破了这一不负责任的模式。他率先提出一对词汇来区分两种形式的全国性认同——民族主义和**爱国主义**。他说自己是爱国者而不是民族主义者。以归属于同一个地域为定义的爱国主义叙事，既可以用来把归属的定义从民族主义者那里夺回来，也可以用来恢复地域归属作为人的核心身份认同的地位。一项对英国人的新调查为这一战略的可行性提供了进一步的支持。这项调查测试了英国人对"爱国主义"一词的联想，并将其与许多其他政治概念作比较。[10] 调查结果很令人振奋：说到"爱国主义"，英国人最常联想起的四个词是"吸引人的""鼓舞人心的""令人满意的"和"打动人心的"。在这一点上，它与调查中测试的**所有**意识形态形成鲜明反差。最引人注目的是，所有年龄段和各种政治与社会偏好的人都对"爱国主义"做出了上述正面回应，而政治与社会偏好不同者在其他方面通常有激烈分歧。

在对国家间关系的态度上，爱国主义也和民族主义明显有别。民族主义者使用的吹嘘本国"优先"的话语把国际关系描绘为零和博弈，谁最强硬谁就是赢家。以马克龙总统为范例的爱国主义则传播互利合作的话语。他非常明确地试图在欧洲内部就经济问题，在北约内部就萨赫勒地区*安全问题，在全球层面就气候变化问题，建立新的互惠承诺。但马克龙为法国的利益服务。当一家意大利公司试图收购法国最重要的造船厂时，他介入干预，以确保法国利益得到保护。他不是一个功利主义者。但至关重要的是，与民族主义相反，爱国主义不具有侵略性。

像所有叙事一样，如果行动与叙事不符，关于共同归属于乡土的叙事就将失去可信性。这种洋葱结构的中央是家：如果我们和家的联系很弱，洋葱的外层也会软弱无力。年轻人正在失去归属感的一个原因是，买房变得困难多了。人口中自有住房的比例是衡量核心归属感的实用指标，重新提高自有住房比例需要明智的公共政策，我们将在后文详述。

尽管地域是共同归属感的心理基础，但目的性行动可以强化归属感。国家是实施许多公共政策的自然单位，因此，我们的共同身份源于共同目标，基于这样的目标，我们采取行动增强我们的共同福祉。关于目的性行为的叙事可以阐明，通过接受界定了互惠领域的共同身份，履行我们对彼此的义务可以逐渐增进所有人的福祉。我们来听听政客对目的性行为怎么说，我们可以把他们的叙事分为构建和破坏共同身份两类。显然，在战争时期，绝大多数关于目的性行为的叙事意味着共同利益，因此能强化共同身份；在1945—1970年的奇迹年代，大多数公共叙事属于这一类。现在政客不负责任地鼓吹的关于目的性行为的叙事，会让人怀疑我们的利益与其他群体的利益相对立。他们积极鼓励人们形成对立身份，而对立身份对社会是有害的。宣扬利益对立的每个叙事孤立地看都有可能是对的，但这些叙事累积起来就具有很大的破坏性，导致集体福祉恶化。

---

* Sahel，是横跨非洲北部，北抵撒哈拉沙漠，南界苏丹草原的一条狭长地带。——编者注

政客首先是沟通者,在一个有多元文化和价值观的社会里建立共同身份认同,对共同的福祉是必要的,但也是有挑战性的:这是领导者的首要职责。政客一直回避关于共同归属的叙事,无论是关于地域还是目的的,这无意中进一步削弱了父爱主义国家履行职责的能力。幸运的是,我们还有充足的时间可以亡羊补牢。

第四章
道德的企业

在我年轻时，英国最受尊敬的公司是帝国化学工业有限公司（Imperial Chemical Industries）。该公司把科学创新和规模相结合，获得了巨大的声誉，为该公司工作是一件值得骄傲的事。这反映在它的使命宣言中："我们力争成为全世界最好的化工企业。"但在1990年代，帝国化工把使命宣言改成了"我们力争让股东价值最大化"。这是怎么回事？它为什么重要？

企业是资本主义的核心。人们认为资本主义贪婪、自私、腐败，这种普遍的蔑视很大程度上是由于企业行为日益恶化。经济学家也助长了这个趋势。诺贝尔奖得主米尔顿·弗里德曼大肆宣扬企业的唯一目的是盈利（最早于1970年发表在《纽约时报》上）。随着弗里德曼的思想在企业管理层的传播，这一观点逐渐成为商学院的标准观点，并渗透到了像帝国化工这样的大公司。这产生了毁灭性的后果。

如果说现代资本主义有一个让人最反感的特征，那就是沉迷于盈利。目前，如果让人们选择"企业的主要目的应该是盈利"还是"盈利只应是众多考虑之一",反对弗里德曼的人是赞同者的三倍,无论对其他问题持有什么看法,无论什么年龄段,都是如此。[1]

弗里德曼和公众谁的意见是正确的?帝国化工接下来的经历提供了一条线索。受弗里德曼思想启发而提出的新使命宣言激励该公司职员攀上新高峰了吗?有没有任何公司的员工早上起床时想着"我今天要让股东价值最大化"?帝国化工使命宣言的变化反映了其董事会关注焦点的改变。此前,它试图成为一家世界级的化工公司,这意味着要关注员工、客户和未来。现在它试图用股息来取悦股东。如果你还不到40岁,你恐怕没听说过帝国化工,这是因为它改变关注焦点的行为造成了灾难性的后果:该公司逐渐衰落,最后被收购了。*

学术观点现在与公众意见一致。2017 年英国科学院将"企业的未来"作为旗舰项目推出,由牛津大学金融学教授、前商学院院长科林·迈耶领衔。该项目的核心主张是,企业经营的目的是履行对客户和员工的义务。盈利不是目标,而是为在可持续基础上实现这些目标而必须满足的条件。之前企业为什么走错了路?如何以公共政策来纠正?

道德的企业还是吸血乌贼?

伟大的企业不必像吸血乌贼那样行事。†想想一家大企业,如联

---

* 轶事有时能切中要害。2018 年 1 月我在巴基斯坦央行发表年度公开演讲,并以帝国化工为例说明一个公司如何失去使命感。发言结束后,一位器宇不凡的先生走了过来,原来他曾是帝国化工的高管。我原准备道歉说我可能了解有限,但他却与我握手,并确认说在一次次会议上管理层都沉迷于股东价值。在他看来,真正使命感的丧失毁掉了这家公司。

† 这是人们用来批判高盛集团(Goldman Sachs)的比喻。无论这是不是对高盛的歪曲,近来的研究显示这至少不是对乌贼的歪曲。乌贼散发出精明、自私、贪婪的恶意,经济学家一直错误地把这样的恶意说成是人类的特征。

第四章　道德的企业

合利华、福特或雀巢，你觉得这样一家企业的普通员工会怎么看待企业的目标？你觉得他们会说"为股东赚钱"吗？真的按这样的理念运营的企业很少。联合利华的员工可能告诉你，他们工作是为了提供价格合理的食品和肥皂，受益对象往往是一些受贫穷与疾病之苦的社会，这使得他们的贡献比非政府组织的自我标榜要更有价值。福特的员工可能会告诉你他们正在制造的汽车的特性。在去印度尼西亚的一次旅行中，我遇到了一群经营乳品店的雀巢员工，他们为当地农民带来了巨大机遇。在当地公共秩序崩溃的时期，农民们来到镇上，把乳品店围起来，以保护它不受抢劫。这样的经营目标是人们可以引以为豪的成就：企业创造就业机会，通过这些机会，人们可以为社会做出贡献。

　　但在一些企业里，员工真的认为企业的目标就是赚钱。一家投资银行毫不掩饰地向员工宣称这一点，并把嘲弄式的使命宣言展示在了一进门的大堂里："我们不制造任何东西，只赚钱。"在这种可悲理念的鼓励下，一些聪明的员工逐渐把这句话变成了"我们不制造任何东西，只**为自己**赚钱"。这个信条为该公司最聪明的员工开放了一些可行的策略，这些策略是该公司接受弗里德曼训导的管理层所不可能想到的。事实证明员工可以用一种高效的方法为自己赚钱：做自己能拿到提成却让公司面临未来损失风险的交易。果不其然，员工的这种行为导致了该公司的破产。这家公司的名字是贝尔斯登（Bear Stearns），它的破产引发了2008—2009年的金融危机，给全球造成了巨大损失，其规模可以与两次世界大战造成的损失匹敌。* 单给美国造成的损失据估计就达10万亿美元。

---

* 在美国财政部要求下，摩根大通救助了贝尔斯登，但它破产的消息导致比它大得多的银行雷曼兄弟遭遇挤兑。当时人们觉得雷曼兄弟太大了无法救助，但事实证明，这么大一家银行的倒闭必然导致灾难性后果。

帝国化工和贝尔斯登的命运说明了一个关键问题：一家公司需要使命感。CEO可以利用他们的地位来培育这样的共同使命感。这的确是高管的核心职责和能力要求。前文讲过做到这点的实际例子：罗伯特·伍德·约翰逊树立的"信条"明确阐述了强生的使命，并在几十年后发挥了至关重要的作用。

50年前最成功的企业是通用汽车，它利润丰厚，规模庞大，但在2009年破产了。这场不可阻挡的衰落是个典型案例，所以得到了很详细的研究，包括在衰落期间（当时它不断地请管理顾问来诊断问题）和破产之后。是谁杀死了通用汽车？答案是丰田。[2]

当丰田开始打入美国汽车市场时，通用汽车高管层的最初评估是，这是一个局限于特定地域的问题。购买丰田的只有沿海地区的居民，通用汽车的内陆市场依然稳固，所以这个现象是完全可以解释的：沿海地区的人口味有点怪，但这个现象将会逐渐消失。对通用汽车来说不幸的是，事实证明这个自大的分析是错的，沿海地区对丰田的喜好在向内陆蔓延。通用汽车又做了新的分析，认为是科技原因：日本人拥有机器人。自始至终丰田一直很配合，邀请通用汽车考察他们的日本工厂。通用汽车CEO对访问团的指示是"把一切都拍下来：如果他们有机器人，我们就也得有"。访问团彻底执行了这一策略，但结果明确显示丰田的秘诀绝不是机器人。接下来丰田很大度地提议和通用汽车在加利福尼亚州办一个合资企业，制造同样的汽车。在这些相同的汽车走下装配线时，会按奇偶数顺序分别贴上通用汽车和丰田的标志，然后进入相应的销售渠道。那时，丰田已经在产品可靠性方面建立起了牢固的声誉：它的汽车几乎不会出故障。事实上，1998年我和妻子来到美国时买了一辆丰田汽车，20年后的现在我们还在开它。这样的声誉在市场上得到了回报：同样是从该合资厂的生产线里出来的汽车，如果带丰田的标志，

第四章 道德的企业

售价就会高出 3,000 美元。那么，如果说关键就是丰田产品质量高的话，造成这种质量差异的原因是什么？

早在几十年前，丰田就率先与员工建立了一种新型关系。装配线上的普通工人分成名为"质量组"的小组，由这些小组负责质量控制。（讽刺的是，质量组概念是美国人提出的。日本人热情地接受了该理念，可能是因为这与日本文化很契合。）关键的措施是要求每个组尽可能快地在其负责的那段生产线上发现故障。丰田管理层推崇的口号是"故障就是财富"。如果一名工人发现一处故障，他应该怎么办呢？丰田管理层采取的最重大的措施是在整个装配线上安装"安东拉绳"（Andon cords）。装配线上的任何工人发现故障时，都应该拉动最近的拉绳，整个装配线就会立即停下来。装配线生产的每个环节是紧密结合的，停下来意味着极高的成本。生产线**每停 1 分钟**的成本是 1 万美元。如果一名工人不必要地把装配线停下来，短短几分钟里给公司造成的成本就会远远超过他一整年创造的价值。所以这项政策意味着，丰田管理层真心相信员工是**为公司**做贡献的，而不是存心不良。换言之，该政策的前提是员工有与公司一致的使命感。我估计他们工作时应该没有在想"我要努力让股东价值最大化"。

这与通用汽车采用的质量控制方法完全不同。通用汽车用的是传统方法：对制造好的汽车做抽样检查。最终，通用汽车的新 CEO 理解了问题所在：企业文化需要调整。通用汽车管理层和美国汽车工人联合会得要结束对抗关系，相互信任。"如果他们有机器人，我们就也得有"的策略改成了"如果他们有安东拉绳，我们就也得有"。在 CEO 的命令下，通用汽车全生产线都设置了安东拉绳。CEO 可以宣布改变生产文化，但谨慎的装配线分管经理们知道这样做会发生什么，他们更了解普通工人的心态。几十年积累的怨气不可能在一夜间化解。对少数工人来说,有给公司造成惨重损失的机会,他们是一定会抓住的。工人会找借的拉安东拉绳,生产效率将会大幅下滑,装配线分管经理们将被追究责任。面对这样的现实,他们把安东拉绳安在了天花板上。*CEO 改变生产文化的努力以这样的方式告终无异于宣告管理层不信任自己的员工。二者之间的身份对立进一步激化。

在与供应商的关系方面,丰田和通用汽车之间也有类似的区别。多年来,丰田与供应商建立了良好的合作关系。他们面临着共同的挑战:生产出质量更好的零部件,从而提高最终产品的质量。这需要长远的眼光。在市场周期中,在丰田与其供应商的关系中,有时丰田会占上风,有时供应商会占上风。如果双方都利用暂时的优势来压榨对方,长远而言他们会两败俱伤。渐渐地,他们学会了彼此信任。相反,通用汽车一直以强硬者自居,尽其所能把供应商压榨到极限。等通用汽车意识到需要改变时为时已晚。像和员工的关系一样,通用汽车发现业已形成的信念体系使自己陷入了困境。

多年来,总部位于沃尔夫斯堡(Wolfsburg)的大众汽车的员工会告诉你,他们公司的目标是制造真正好的汽车。牛津曾是英国的沃尔夫斯堡——英国汽车公司(British Motor Corporation)的总部。两家企业文化的反差与丰田和通用汽车的差别有相似之处。我记得在德国一座体育场观看一场国际足球比赛时,人群自豪地在摄像机前挥舞着写有"大众"字样的横幅,当时我看呆了。英国汽车公司的员工是不可能这么做的,最终,罢工导致该公司破产。但在 2016 年,大众公司遭遇了一场重大丑闻。它的柴油汽车在美国

---

* 可以对比一下通用汽车基层管理者的这一做法与"泰诺"危机期间强生基层管理者的做法,看看这种差异背后的原因。

第四章 道德的企业

接受尾气排放测试时安装了作弊装置。设计该作弊置的员工的动机是什么？他们只是想得到个人好处吗？我对此表示怀疑。更有可能的是，这些员工的行为完全符合公司的宗旨，但他们不接受美国法律规定该项测试的目的。他们很可能把这项法律视为美国为限制进口德国汽车而耍的花招，或者他们只把通过该项测试视为例行公事。当然，他们这么做是完全错误的：他们未能更新何为"好车"的理念，未把污染考虑在内。即使就对大众汽车的影响而言，他们的选择最终也是灾难性的。但对像我一样在待遇优厚的公共部门工作的许多人来说，想象私营部门的工人以贪婪和恐惧为驱动力，是一种无礼的错觉。证据表明，私营部门的工作满意度其实要高得多；例如，人们以生病为由不上班的情况要少得多。

所以，资本主义并不带有任何本质上肮脏的东西。利润是企业的一种动力，而不能定义企业的使命。但贝尔斯登、帝国化工和通用汽车的故事显示出了某些严重的问题。具体是什么问题呢？

谁控制企业？

答案是，控制权落入了错误的人手中。资本主义的得名缘由是，为企业提供风险资本的人得到企业的所有权。理由是承担风险的人最需要控制企业，同时也有最强烈的动机去严格监督经理。但这一理由已经越来越偏离现实。

如果一家企业倒闭了，许多人都会遭殃，承担风险的人远不止投入资本的人。损失最大的可能是企业的长期员工，因为他们积累的技能和声誉可能只对该企业有价值。此外，如果该企业是某地的重要雇主，每个在该地拥有住房的人都将蒙受巨大的资本损失。

客户也将受损。就小的方面而言，2017年英国君主航空公司

（Monarch Airlines）破产后，取消的航班产生了10万名滞留旅客。更严重地说，现代供应链使企业形成了相互依赖关系，通过这一传导机制，一家企业的破产会像病毒一样在全球经济中传播。本次金融危机中，雷曼兄弟这样的中型投资银行的破产导致巨大破坏，就是由于这个原因。

以贷款形式为企业提供资金的人和股东都会遭受损失，但只有股东才拥有因持股所享有的权力。相比之下，股东可能根本不会受损。作为一名教授，我有权从一个覆盖所有大学的基金中获得养老金。该基金的资金来自对企业的持股。那么，假如某个企业倒闭，我的养老金会受影响吗？谢天谢地，不会，因为这个责任会由整个大学系统集体承担；根据合同，即使连一些大学都倒闭了，责任也会由没倒闭的大学来承担。大学将如何填补缺口？最终，为我支付养老金的责任可能传递到好几代大学生的身上。读到这段话的大学生们，我诚挚地向你们表示深深的谢意。然而，尽管你们承担了这样的风险，对于我的养老基金持有股份的那些企业，你们又有多大的控制权呢？

企业的负责人必须积极关注企业的长期业绩，并足够了解情况从而能发现管理中的问题。如果股权高度分散，就会出现搭便车问题：没人有动力去弄明白管理层的长期战略是否明智。在德国，银行扮演着这种监管角色，它们代表股东持股，积极参与企业的管理。在美国及世界上的许多地区，扮演该角色的是创办成功企业并保留了控股权的家族。只有一个国家不折不扣地执行了弗里德曼的思想。该国的企业与无数股东的利润捆绑在一起，只要利润不持续增长，股东就在市场上出售股份，这是股东让企业负责的方式。英国一直是一种经济意识形态的试验品。英国的银行已经远离企业管理。由于税制设计的原因，企业的创始家族已经放弃了他们的股份。法定

第四章 道德的企业

的企业控制权完全掌握在股东手中，而80%的股东是养老基金和保险公司。它们信奉这样的原则："不喜欢这个企业，就把它的股票卖掉。"现在它们的决定主要是基于计算机里的算法，根据股价的新走势做出复杂的推断：约60%的股市交易是自动进行的。社会中最有数学头脑的人成了超级明星，他们设计出天才的算法来窥察价格变化的规律。在这个过程中缺少的是对企业、管理层、员工及发展前景的直接了解，这种直接了解只有靠长期参与企业运营才能获得。[77]

为什么企业的管理层要关心养老基金有没有卖出公司的股票？在英国，对管理层的终极威胁是企业被竞争对手兼并，而企业的股价越低，兼并的难度就越低。两家巧克力企业，美国的好时（Hershey）和英国的吉百利（Cadbury），说明了不同所有权带来的截然不同的结果。好时家族保留了控股权，而作为"贵格派"慈善精神典范的吉百利家族在市场上出售了自己的股份。当卡夫（Kraft）试图扩大其在巧克力市场中的份额时瞄准了吉百利，各养老基金随即出售了自己的股份：吉百利从此不再作为一个独立的实体存在。因此，企业的董事会掌握着有效权力，可以避免这一命运的发生。董事会预警性地关注季度利润，以决定是否更换CEO。目前CEO的平均任期只有四年。

逐渐，CEO的薪酬越来越与短期业绩指标挂钩。这个问题在英国和美国最为严重，这两个国家的金融市场最"发达"，CEO的任期也最短。这已经渐渐地影响到了非金融企业CEO的薪酬安排。CEO薪酬的增速已经远远超过企业员工的平均薪酬增速，这反映了风险的提升。30年来，英国CEO的薪酬从普通员工的30倍升到了150倍。但与美国同行相比，他们仍是克制的典范，30年来美国CEO薪酬从普通员工的20倍升到了231倍。但在此期间，企业绩效从客观指标来看并没有得到全面提升。提高的 CEO 薪酬显然不是对业绩改善的酬报，也不仅仅是对风险提升的补偿。大企业薪酬委员会的成员构成了一个新的网络化群体。像所有网络化群体一样，叙事逐渐塑造了一个信念体系。正如我在前一章所述，随着时间的推移，我们的社会已经从一致的国家身份认同分化为基于技能的身份认同。这个大过程的一个缩影是，在 CEO 看来，与自己身份相同的人已经不再是本企业的同事，而是其他企业的 CEO。因此，企业薪酬委员会成员们认定"公平"薪酬的标准也逐渐上升了。一位企业高管据说听到过这么一句话："他赚 500 万美元而我只赚 400 万美元，**这不公平**。"其中的关键甚至不是贪婪，许多 CEO 不是享乐主义者，而是工作狂。关键在于，身份认同的界线改变后，同身份人士间尊重的源头也变了。赚 400 万美元的 CEO 脑子里想的可能不是如果多赚 100 万美元他能买些什么，而是念念不忘下次在达沃斯论坛见到那位赚 500 万的 CEO 时，对方那种居高临下的同情态度。

　　金融业实践了它宣扬的理念。如果应该用高薪来刺激企业的短期业绩的话，金融企业自身就应该采用这样的模式。他们对此也毫不避讳。在 CEO 薪酬相对于员工大幅上涨的潮流中，他们就站在潮头。目前银行 CEO 的薪酬已经是员工的 500 倍，丝毫未受金融危机影响。这导致在那些爬到顶层的人中，道德追求不高的人变多了。德意志银行任命埃德森·米切尔（Edson Mitchell）为 CEO，在他的影响下，该行的企业文化从德国式稳重变成了狂野放纵："他招入唯利是图的人……他们不关心道德。"[3] 道德真空出现了：在周五晚上，交易团队会一起去看钢管舞；圣诞节晚会上请来妓女供高级职员取乐；米切尔公开对家庭义务表示蔑视。德意志银行本来蒸蒸日上，有望成为全球最大银行，但这些管理者的道德水平更适

第四章　道德的企业

于经营妓院。米切尔因飞机坠毁去世，德意志银行也遭遇了类似的命运。

在食物链的下游，评估基金经理业绩依据的是他们负责的投资组合的季度估值。资产管理行业似乎正适合实行这样的评估方式，因为他们的绩效很适合用单一标准来衡量。但要设计出激励机制奖励企业真正需要的行为是很难的。资产管理者因短期业绩而获得丰厚回报，因此他们也以同样的标准评判他们投资的企业。

将控制权授予所有者的后果

对养老基金来说，这最终是一个明智的策略吗？管理一家企业已经变成一场殊死斗争：拼命维持季度利润上涨，直到股票期权生效，CEO可以驾着黄金降落伞离开。那么对CEO来说，明智的策略是什么？显然是尽可能快地提高季度利润。英国工业联合会（Confederation of British Industries）总干事卡罗琳·费尔贝恩（Carolyn Fairbairn）担心"存在着一种以牺牲使命感为代价的对股东价值的执迷"。[4]该机构是为英国大企业服务的游说团体，它的总干事可不是什么理想主义的激进分子。

如果CEO想提高季度利润应该怎么做？我们可以考虑三种做法。第一种是打造一个像强生一样的企业，企业与员工、供应商、客户之间保持友善互信的关系。这最终会带来丰厚的回报，但问题是需要很长时间。第二种做法是砍掉所有对生产不重要的支出。这听上去似乎是要提升企业效率，尽管对企业是痛苦的，但对社会有价值。但由于以前的CEO们已经削减了支出，剩下来最容易削减而又不会很快影响生产的最主要的支出类别是投资。当然，削减投资会导致之后的产出减少，但在这段时间里CEO即使不削减投资也可能被炒。第三种做法是不把时间浪费在任何有关生产或投资的真正决定上,而是重做账目。普通人通常以为会计行业已经就如何编制账目确立了明确规则,但实际上有许多灰色地带可人为地增减利润,或者在不同子公司之间转移利润。[5]

假如你是CEO,你会选择怎么做?我们能看到第二种做法在美国和英国的企业界正在产生的后果。尽管利润率很高,但企业选择不投资。能证明存在这种情况的显著证据是,上市企业与私人持股且股份不能在市场上出售的企业,二者的投资率存在巨大差异。前者的投资率是2.7%,后者是9%。英国金融部门占经济总量的比重在各主要国家中最大,而英国企业对研发的投资远低于发达经济体的平均水平。[6]

不足为怪的是,与拥有长远目光的企业相比,追逐季度利润的企业的长期业绩即使以利润率衡量也更差。但假如以前的CEO们已经把投资减到不能再低的水平,也许你就只能选择第三种做法了。这种隐秘做法本身难以被外界察觉,除非骗局达到纸包不住火的程度。这样的情况时常发生。在美国,最具代表性的案例是安然公司(Enron)。与安然相似的英国例子是镜报集团(Mirror Group Newspapers)CEO罗伯特·麦克斯韦尔(Robert Maxwell)和BHS百货集团的CEO菲利普·格林(Philip Green)。政府官员曾调查麦克斯韦尔,发现他"不适合经营上市公司",而格林竟曾被封为爵士。二人都导致企业失去了职工的养老基金,使成千上万的员工陷入贫困。骗局即将曝光时,麦克斯韦尔从他的巨型游艇走了下来;而格林则保住了自己的巨型游艇,抨击他的人讽刺地称该游艇为"BHS毁灭者"*。也许一家企业的CEO拥有巨型游艇可以被视

---

* 原文destroyer既能指"驱逐舰"也能指"毁灭者"。——译者注

第四章 道德的企业

为存在"创意性"做账的首要迹象？

后两种做法都会对社会造成严重损害。前者的后果是大企业的经营缺乏充足的长远考虑，后者则使企业披露的账目变得不可信。

还有更严重的后果：到目前为止，我们已经看到 CEO 越来越把精力用在短期花招方面，而不为打造伟大企业进行长期努力。但在薪酬差距拉大的情况下，即使是想放眼长远发展的 CEO 和董事会也更难实现目标了。正如强生、帝国化工、大众汽车和丰田的例子所证明的，打造长期战略的一个关键是说服员工对企业形成认同。叙事只有在不与行为矛盾的情况下才能发挥神奇效果。一边对员工说"咱们同舟共济"，一边赚着比普通员工高 500 倍的薪酬，员工就很可能觉得你是在惺惺作态。生产线上的工人可能会想："既然你在以权谋私、中饱私囊，那么我想做手脚时就故意拉安东拉绳，把生产线停下来。"只发指示而不以身作则通常是不行的。

那么养老基金目前的策略明智吗？显然不明智。它们有一项明确的义务：向其成员按时支付合理的养老金。能不能履行支付义务只取决于一点——它们所持资产的长期回报。这又取决于它们投资的企业的长期业绩。总的来说，养老基金无法跑赢市场，所以它履行义务的能力取决于经济体中企业的总体长期业绩。养老基金的做法导致企业管理层不再专注于提升长期业绩，这最终损害了养老基金自身履行义务的能力。

对策是什么？

讲了这一连串令人灰心丧气的失败之后，该谈谈切实可行的解决方案了。幸运的是，这些问题并不是资本主义自身带有的不可避免的特征，而只是公共政策失误的后果，而这些失误是可以纠正的。公共政策出错的原因是陈旧意识形态之间的尖锐斗争导致人们聚焦于不重要的问题。右翼意识形态主张信仰"市场",贬斥所有政策干预,其解决方案是:"政府不要再骑在企业背上,取消监管!"左翼意识形态贬斥资本主义,谴责企业和基金管理者贪得无厌,其解决方案是国家控制企业,将战略经济领域国有化。这两种原教旨主义意识形态都是站不住脚的,但这种二元对立左右了公共讨论,妨碍了创造性思想的涌现。

寻找新方法的起点是要认识到,大企业在社会中的角色问题从来没有得到认真思考。管理大企业的董事会做出的决定对社会有重大影响。但董事会当前的结构是由零散不统一的个体决策塑造的,每项决策都偶发性地导致了一些超出预料的新决策。以《联邦党人文集》(*Federalist papers*)为代表的激烈而机智的公共讨论,催生了美国的宪法与国家治理体系,像这样的讨论过程在公司治理体系中并不存在。针对企业的公共政策一直是渐进的,所以从来没有妥当处理控制权这个根本问题。寻找可行解决方案必须以此为起点:重新平衡被法律赋予控制权的各方的利益。

改变企业权力结构

目前在盎格鲁—撒克逊经济体中,法律要求董事为企业所有者的利益经营企业。例如,人们通常就是这么解读英国《公司法》的措辞的,尽管该文本也不排除对更宽泛利益的考虑。* 而企业所有者只包括企业的持股者。这一体系并不是内生于资本主义的,该体系

---

* 约翰·凯向我指出,该法的详细措辞鼓励董事会从更大的视角看问题,但当我向一家大公司的董事长提到这一点时,他摇着头向我保证,法律只要求他关注股东的利益。文本总是在具体的文化氛围中被解读的。

第四章 道德的企业

出现的原因是,在18世纪企业发展的早期阶段面临的主要问题是,高风险投资需要达到一定规模,而这种安排有助于确保资金到位。那个时代早已逝去了,现在财务损失的风险通常是靠以下方式防范的:多样化、信息披露和对公司治理的监督。愿意加入高风险投资的资金很多(互联网热潮及其后的证券化抵押贷款热潮便是例证)。人们现在愿意购买无投票权的股票:他们与其他股东承担相同的风险,但没有控制权。目前在未通过多样化得到分散的风险中,最主要的可能是长期雇员和客户承担的风险。长期雇员将自身人力资本投入一家公司,客户被锁定在长期供应结构中,而他们通常在董事会中没有代表。让他们的代表进入董事会是完全可行的,这种情况有时也会发生,这样的企业被称为"共同企业"(mutuals)。

现在英国最受尊敬的企业已不是帝国化工,而是约翰·刘易斯合伙企业(John Lewis Partnership)。这家基业长青、极其成功的企业有着极不寻常的权力结构。企业的所有者是一家为其员工利益服务的信托,员工每年获得公司利润的相当大一部分作为奖金。而且企业对CEO和助理店员一视同仁,**基层员工得到的分成和CEO一样**。通过一系列的基层、地区与全国委员会,员工选出该企业80%的管理委员会成员,所有员工都对企业经营有发言权。约翰·刘易斯是"共同企业"的范例,它不是由股东拥有,而是由员工、客户等与企业有直接利益关系的人集体拥有。新员工加入或者企业获得新客户后,这些员工和客户拥有的权益逐渐增多,渐渐取代离开的人。根据该机制,所有权和控制权属于那些参与企业运作因而与企业业绩有直接利益关系的人。

过去很多企业都有这样的组织结构,但这种结构容易被一种致命诱惑毁掉。当前拥有所有权和控制权的人,在法律上有权把企业从"共同企业"变成可以在公开市场上交易股权的企业。经过这种转变后，当前的"所有者"获得企业的全部资本价值，代价是后续参与者都无法分享企业价值。在英国，1986年的一次修法为"去共同化"创造了空间，而在这次修法之前，作为法律基础的社会规范认为这样的改变是不道德的。但1980年代的新金融文化削弱了义务规范。有时，诱惑实在太强大。

在美国，高盛的一小群合伙人抓住了新伦理规范提供的机会。高盛人素来以极度机敏而非正派闻名。凭借着这种机敏，他们摆脱了以前所有合伙人经历的极度贫穷。在英国，大多数建房互助协会（building societies；美国人称为"储蓄与贷款协会"，loan associations）都经历了"去共同化"。最大的哈利法克斯建房互助协会是一家历史悠久的庞大企业，最初在英格兰北部的一座小镇里默默无闻，经过了150年的发展，成了一家巨型金融机构，有效地为数百万人提供抵押贷款，并为数百万小储户提供安全保障。所有权结构的变化使这家伟大企业的管理摆脱了由企业成员进行业余控制的笨拙方式；它已经发展为全英国最大的银行，由关注季度利润的基金经理对它进行职业化的细致管理。约翰·凯作为董事会成员观察了这一转变的结果。[7]为提升季度利润，被解放的管理层决定拓展业务范围，不再局限于吸收小储户存款后再贷给买房人的枯燥模式。在金融衍生品市场上博弈才能挣大钱。凯指出，在金融衍生品市场上挣钱的前提是其他参与者要亏钱。他问道，为什么哈利法克斯银行觉得自己能赢？该行CEO解释说，他们招募了一队脑瓜极灵光的市场玩家。凯对这一吹嘘的简短评论是，在与该团队见面后，他发现这吹得有些过分了。尽管他表示疑虑，但实行这项新战略后哈利法克斯银行的利润扶摇直上，这似乎证明了CEO决策的正确性。然而，接下来的事情却急转直下。该行不得不接受另一家银行的救助，巨额亏损逐渐浮出水面。此前哈利法克斯作为一家"共

第四章 道德的企业

同企业"已发展了150年，从微不足道的小机构成长为世界级的大企业，而在职业基金经理接手不到20年后，管理方面的严重愚蠢错误就导致该企业走向破产。但我个人对此不能有怨言。很久以前，母亲为我的零用钱开了一个哈利法克斯建房互助协会的储蓄账户，而我一直没有抽出时间去注销该账户；该行转型后，因为我的利息被转成了股票，我得了一小笔意外之财，随后我及时卖出了这些股票。

看完这些不同做法的结局，我们应当支持赋予代表工人利益的成员参与企业董事会的权利。这样的改变也并非不切实际：长期以来德国法律都规定企业应包含工人代表。这样的规定并没有导致灾难，相反，德国企业一直表现优异。但是，如何防止员工与企业所有者合谋，侵害在企业中无代表权者——最显而易见的就是用户——的利益？

企业的栖息地：为生存而斗争

企业生存于一块栖息地，各自在其中找到了一块自己的小天地。在这块栖息地里为生存而斗争是迫使企业为客户利益服务的法则。将生物学语言翻译成经济学语言，栖息地就是市场，为生存而斗争便是竞争，使生物适应环境的进化力量，对应着经济学里资本主义的良性动力。在为生存而斗争的过程中，企业努力生产质优价廉的产品，而我们都从中受益。

竞争的敌人是既得利益者。既得利益者利用权势，通过一系列策略来设置竞争障碍。其最合法的策略是游说，这已发展为一个巨大的行业，耗费大量资源来索求特权。腐败也是其中一个备选策略：滥用公职，把行政许可与法院判决当作商品出售，授予垄断权。当前披露的证据显示，南非前总统祖马（Zuma）利用公职为古普塔家族（Gupta family）的商业帝国服务，帮其谋取利益。这种行为发展至极端便是把整个国家都置于囊中。

集权使政府不用向国民负责，导致既得利益者猖獗不已，大多数人都明白这一点。全能国家不是对既得利益的制衡，而是既得利益的终极胜利。市场这个栖息地遭到铲除，结果导致社会机能失调，尽管存在着严厉的政治镇压，其国民仍会纷纷用脚投票。最先提出"建墙！"这个口号的并不是想阻止外国人入境的唐纳德·特朗普，而是拼命要阻止国民外逃的集权政权。我小时候，电视上经常播放他们试图攀越高墙的画面，但年轻人没有这样的记忆：他们只能从书本里了解这段历史，但书籍更重视其他历史。我十岁的孩子知道哈德良长城（Hadrian's Wall）但不知道柏林墙。你可以试着问问你们的孩子。

自市场出现以来，有权势者一直试图限制竞争，避免竞争损害自身优势。既得利益者对自身优势的了解远远超过政府官员。既得利益者作为范围狭窄的小群体，容易为自身利益而组织起共同行动，而作为其对立面的分散的公共利益群体则难以有效组织起来。竞争能克服这种障碍。同行业的企业拥有类似的信息，所以一旦这些企业展开竞争，既得利益者将丧失优势，无论政府官员是否了解这些既得利益者。公众一旦认识到维护竞争原则的意义，就能利用该原则来击退既得利益者的每一次劫夺企图。反对竞争的人辩称这样做不公平，具有破坏性，而且忽视了一些据称由垄断者提供的其实并不存在的"福利"。这些主张的背后隐藏着利己主义：这是**动机性推理**。

惩罚通用汽车和贝尔斯登的是市场，而不是公共干预。但有时只有竞争是不够的。针对这些更棘手的情况，我们需要积极的公共政策。

第四章 道德的企业

一方面既得利益者试图人为地设置竞争障碍，另一方面，在经济的一些领域，由于异常强大的规模经济效应，也存在一些技术障碍。当经济活动依赖网络时，规模经济效应最显著。供电需要电网，供水需要管道网，铁路运输服务需要铁路网。有时可以将服务与网络分离：火车公司可以在共享铁路网上竞争，发电厂可以在共享电网上竞争。但网络本身是一种自然垄断。互联网经济的出现创造了一些新的网络式产业，可以拓展为全球性垄断。这些企业需要的设备、建筑物等传统意义上的有形资产很少，它们的价值在于无形资产——它们构建的网络。[8] 和有形资产不同，这些网络很难被竞争者仿制；同时作为无形资产，网络也没有固定的地点以确定其受哪里的公共政策统辖。一些特定利基市场（niches）里的网络倾向于形成全球性的自然垄断，如 Facebook、谷歌、亚马逊、eBay 和优步。它们作为不受监管的私营自然垄断企业，有很高的危险性。

在经济的许多其他领域，同样的过程也在发生，只是没有那么明显。生产率提升必然意味着经济的复杂性稳步增大，这导致其他产业也出现了一些网络化特征。[9] 因此，这些产业中的头部企业都拥有了更强的支配地位。沃尔玛将物流的新网络化特征用于零售业，顶级银行在金融领域收获了新的规模效应。生产率和企业利润的增长集中于这样的顶级企业。[10] 尽管不像自然垄断那么极端，但规模效应带来的收益使它们获得了高于较小竞争对手的资本回报率。对这些企业控股权的竞争推高了它们的股价，使初始股东像捡到意外之财一样获得规模经济效应产生的溢价。

技术原因导致盈利能力因规模而变得极强，在这种情况下竞争变得无力，无论是在自然垄断的极端情况下，还是在头部企业赚得超额利润的情况下。我们需要更有针对性的公共政策工具。传统的做法是监管和公有化，二者均有其局限性。

规则真的管用吗？

无论董事会的初衷有多好，有时外部监管仍然是必需的。外部规则能确保所有企业遵从同样的政策，若是交由董事会来做判断，结果就会各不相同。例如，假如一部分企业在减少碳排放方面比其他企业付出更多努力，则意味着低效和不公平。

但是，当用规则来解决剥削性企业的问题时，就会出现相当大的局限性。管制的目标要么是打破自然垄断，要么是控制这类企业向消费者收取的价格。打破垄断可以迫使该行业出现竞争，但由于技术性规模经济效应仍会推动垄断出现，政策干预必须持久。即使在这样的情况下，政策要阻止规模经济效应的发挥，也会造成效率损失。价格控制旨在限制企业利用规模经济效应为自身谋利，迫使企业把利益转移给消费者。这一做法的局限性是信息不对称，我们此前已在另一个情景中看到过该问题，那就是管理层和基金经理之间的认知差距。此处的信息不对称发生在企业管理层和监管机构之间。最显著的信息不对称发生在金融市场上，在监管机构和银行之间，但这个问题是普遍存在的。企业了解自己的成本和市场，监管机构是无法达到同等程度的了解的，因此这个问题永远无法得到彻底解决。

解决这一问题的最好办法可能就是通过拍卖垄断权，将对价格水平的最合理猜测和人为控制的竞争结合起来。拍卖的好处可以以英国政府出售 3G 网络牌照为例。最初，财政部想基于对潜在利润的预测为该网络牌照设定一个合理价格，最终决定以 20 亿英镑作为目标价格。幸运的是，经济学家说服财政部相信这里存在严重的信息不对称问题，所以这个估价可能是不准确的，于是财政部转而对该网络牌照进行拍卖。最后的成交价是 200 亿英镑。显然，无论中标的企业是支付20亿英镑还是200亿英镑，它都会在允许范围内尽最大可能地从该网络的用户中榨取出最大利润，但至少通过拍卖这种方式，垄断给用户造成的损失在一定程度上能够为政府财政收入所弥补。

阻碍拍卖发挥效果的一个因素是政府承诺的信誉。企业竞标这样的合同时会犯错误，当然，因为他们掌握的信息比监管机构多得多，所以错误不会像后者那么大。如果企业出价过高，未来经营时会利润不足，极端情况下会破产，导致合同无法履行。只有存在相应的收益上涨前景，企业才愿意承担这一下行风险。而且假如所有企业都低估了潜在利润，中标价就会过低。* 但是，假如在企业竞标成功后的经营过程中，因选举压力而短视的政客认为该企业赚取了暴利，就会想推翻监管机构的决定。企业越担心这种干预发生的可能性，他们在竞标时的出价就越低，赢家将获得的利润率就越高，政治干预发生的可能性也就越大……于是造成低信任度的恶性循环。

假如这是唯一的问题，解决方案就是缩短合同有效期，使之与政治选举周期合拍；可以签订一系列中期合同，以尽量减轻下一次选举带来的压力。但企业的不良行为并不局限于剥削性定价。水电等公用事业要实现可持续发展就应该将大部分利润用于再投资，但合同期限越短，企业就越不愿意做出符合社会需要的投资决策。理论上监管机构可以尝试监管投资，但这比确定定价需要的信息还要多。实际上，监管机构几乎无法确定哪些投资符合社会需要，也无法确定投资的成本。监管是有局限性的。

在全球性网络公用事业方面，监管问题更是极为复杂。这样

---

* "赢家诅咒"效应的存在意味着这种情况发生的概率不太高。

的监管往往得是全球性的，但到目前为止，在绝大多数情况下该监管能力都受国界限制。导致国际合作更困难的因素是绝大多数电子科技公司都是美国公司，因此美国政府对国际合作充其量持模棱两可的态度。职业反垄断律师加里·瑞贝克（Gary Reback）如此评论："欧盟想用反垄断法来约束美国大科技公司的力量，能成功吗？不能……欧盟松软无力的反垄断执法措施永远无法取得实际效果。"而且，即使有监管措施产生效果，科技公司也可以轻易斥其为反美行为。规则起不了作用。

因此，鉴于监管存在的这些固有问题，目前最流行的替代方案是公有化。

公有化

目前在英国，人们对受监管的私营公用事业有强烈的不满，所以绝大多数人赞成将铁路和水电公司收归国有。这很讽刺，因为最初所有公用事业都是公有垄断企业，正是因为公众对其表现不满才改制为商业企业的。不过，公众抱怨公有制缺陷的时代比柏林墙的时代还要早十年。在公有制下，公用事业被其雇员绑架，这表现为罢工频发，以及出于政治原因压低公用服务定价，进而导致投资不足。目前的讨论围绕着意识形态呈两极分化：讽刺的是，左派希望将这些产业国有化，但不希望民众有国家意识；右派希望民众有国家意识，但不希望将产业国有化。

现实中，在受监管的私人企业经营下，一些行业运转得比较好，另一些则运转得比较差，这和不同行业内信息不对称程度的巨大差异相一致。以合理标准来衡量，铁路运转得较好，供水业运转得较差。私营铁路运转较好，最明显的证据来自使用情况：无论怎么抱怨，人们都是用脚投票的。在1998年铁路私有化之前几十年的公有制时期，铁路使用量每年都在下降；1998年以来则每年都处于强劲上升的态势。而供水业运转较差的主要迹象是经营者提取了很大一部分利润作为红利。

那么，有什么好办法？

既然监管和公有化都有严重的局限性，是不是还有我们尚未考虑到的其他做法？以下列出三种。

税收

在企业规模越大、生产率与利润越高的行业，规模经济效应带来的额外收益是一种"经济租金"。这是经济学里的重要概念，在后面探讨大都市与破败城市的分化问题时，该概念将起到核心作用。经济学家所说的"经济租金"是指从一项经济活动的收益中除去为吸引劳动者、资金与企业家所需的成本**之后的那部分收益**。如果租金蒸发，一直在攫取租金的人就将受损，但这项经济活动仍可正常进行。私人垄断者可以获得经济租金；在企业规模最大就意味着生产率超高的行业里则是最大的那些企业获得经济租金，只是不如私人垄断者的情况明显。未来的税收应该做的是更好地征收这些租金。与其他税收不同，这种税收的性质决定了它不会抑制生产活动；它征收的租金既非劳动所得或延迟消费而积累的储蓄，也非承担风险所赢得的收益。

在企业规模最大就意味着生产率最高的行业里，也许可以根据企业规模设置差异化税率。学者借以证明大企业更赚钱的数据正可以用来设计差异化税率。这么做不是为了抑制规模经济效应，而是为了征收企业的部分收益，用于服务社会。讽刺的是，我们已经在区别对待规模不同的企业了，但方向是反的：亚马逊等新的网络垄断企业不用像其他企业那样纳税，这给它们带来巨大好处。因为征税的效果无法充分预知，所以明智的做法是循序渐进，先对规模大的企业适度课征新税，然后评估效果。一个后果是可以预料的：大公司将会积极通过游说来反对这种政策。

让公共利益代表参加企业董事会

董事会的许多决策都会产生外部影响，但又不适合通过监管来约束，因为监管是一种粗糙的武器，可能带来较大伤害。一个例子是 CEO 倾向于吝惜投资。但假如我们制定法规，要求企业将一定比例的利润用于投资，这就将导致像苏联的计划经济一样的恶果。明智的投资决策须基于大量详细信息和严谨判断，不是靠几条法规就能产生的。

克服上述局限性的最佳途径不是增强监管，而是让公共利益介入做出决策的指挥部：必须为公共利益在董事会中设立直接代表席位。这不是说要把企业办成慈善机构，由着某些"公共利益"代表的性子来牺牲企业利益。尽管企业的总目标应当与社会的长期利益保持一致，但实现这一点的首要方式是专注于提升企业的自身实力。不过这个总目标确实意味着，董事会决策不能为了企业的小利益而牺牲明确、显著的公共利益。

把公共利益考虑纳入董事会，什么方式最合理？可以修改法律，强制要求**所有**董事充分考虑公共利益。一旦明确法律责任，如果董事故意忽视某项重要的公共利益，他们便可能在法庭上面临民事或刑事起诉。可以制定这样的法律：它不要求企业为了微小的公共利益而承受巨大损失，但假如有充分理由认为企业为了微小的自身利益而造成了巨大的公共损失，就可以起诉它。既然知道有这样的风险，明智的董事会在需要做出决策时就一定会进行系统全面的讨论，并记录下讨论的情况。判例法将以早期判决为基础逐渐积累成形，假如实践结果显示该法律向企业或公共利益一方偏袒过度，也可以修改它。

美国已经有这样的先例，它设置了一种新的企业类别——公共利益企业（Public Interest Companies）。这些企业肩负着商业利益和公共利益的双重使命，董事会必须把二者都纳入考虑。这是正确的想法，但实际上公共利益企业终归只能占企业的一小部分。事实上，这些企业的存在本身就表明所有其他企业在运营时都**不应**以公共利益为目标运营。当前极少的公共利益企业其实只能算作试点。通过研究这些企业的行为，这个想法可以得到进一步完善，直至可以稳妥地要求所有企业都肩负一定的公共使命。

维护公共利益

每一项监管都可能因僵化的执行而失效，每一项税收都可以用狡猾的做账规避，每一项职责都会因动机性推理而遭到推卸。防范此类行为的唯一机制是一支监督一切的维护力量。这不是指窥视社会的**父爱主义国家**，而是指普通人作为公民来监督。

一旦社会有了足够多理解企业的正确使命，并视该使命为一项标准的公民，我们本身就能成为促使企业妥当行事的力量。我们对善行与恶举的反应就来自尊严感与耻辱感所施加的温和压力，和维持着作为所有成功社会特征的巨大的互惠关系网络。这种温和的维护角色并不需要所有人都参与：只要有一个关键的参与者群体，对他们来说，企业不良行为造成的风险令人难以承受，就可以了。在任何大企业里，许多人都不可避免地会知道重要的决策。只要有少数人以符合道德的方式行动，就能迫使企业采取合乎道德的做法。

通常，只要少数人指出存在着公共利益被牺牲的危险，就没有人会犯众怒地说公共利益无关紧要。在极少数情况下，即使只有一个勇敢的揭发者也足够了。所有企业都有很多正派的员工愿意在已有身份之外接受新身份，他们会为成为公共利益守护者感到自豪。在银行业繁荣的鼎盛时期，一家顶级规模的投资银行决定创建一个促进社会事业发展的小部门。加入该部门的人需要放弃奖金，而奖金被认为可以打造充满活力的企业文化。该投行的管理层一度怀疑没有员工愿意转入该部门。最终，这四个新职位传遍了整个公司，因为有1,000名员工提出了申请。大企业里不乏动机良好、有使命感的人。

　　鼓励你的企业形成道德使命感是你对社会做出的贡献，而继续为一家缺乏使命感的企业工作是对个人灵魂的摧残。我们将在下一章看到，幸福并非来自金钱方面的成功。如果你为一家缺乏社会使命感的企业工作，而你又无法改变这家企业，那么如果可能的话就**换个工作吧**。我很幸运地拥有几位天资很高的侄子，而我现在最敬佩的是曾经做过汽车推销员的那个。他所在的公司想要这一行常用的把戏，就像高盛在被泄露的电子邮件里把客户称为"笨蛋"一样。作为一名有敏锐道德使命感的年轻人，他换了个工作，新工作虽然钱少，但可以提供更多帮助客户的机会。他告诉我他现在幸福多了。

　　这些新的身份认同、规范和叙事将让我们的社会变得更好，让我们对生活更满意，但我们首先必须构建它们。单靠一家企业是不行的。在表面上，如果一家企业要求员工把公共利益作为本企业的导向，员工可能会把它看作一种新的公关手段。但从更深层面来看，一家企业里的文化在很大程度上反映了企业界流行的文化。一些社会成功地建立了良好的企业行为文化。丰田之所以能采用源于美国的理念，信任装配线上的工人自觉监控生产汽车的质量，原因也许是日本有着比美国更深厚的员工与企业合作文化。同样，战后德国

第四章　道德的企业

的劳资关系政策也深受英国工会联合会提出的一项建议的影响。与战前英国对抗式的劳资关系不同，该建议所主张的政策能够更好地处理劳资关系。英国工会从英国体制的缺陷中总结出来的处理劳资关系的做法被战后的德国学到手。德国在二战中战败，既得利益集团被打破，这使德国能重建一套政策，而英国的战胜却使既得利益集团得到了巩固。[11]

重建企业行为中的互惠义务这项代表巨大公共利益的行为必须由政府来完成。第二章概述了如何建立新义务。我们需要形成一个关键的"**道德公民**"群体。道德公民理解企业的使命，以及企业能为社会做出的重大贡献；他们理解这种使命所要求的规范，并能通过尊重和反对的双重压力鼓励企业履行这些义务。

多年来政府向公民耳朵里灌了很多好话，人们已经习惯了不屑一顾，所以重建信任是一个必需的起步。如何让充满怀疑的对方相信你意图良好？前文已经谈到了解决这个难题的方法——**信号作用**。这里重述一下要点：信号能让怀疑你的对方看到你事实上是哪种人。这是怎么实现的呢？诺贝尔奖得主迈克尔·斯宾塞发现，唯一的方式是采取这样一种行动：假如你是对方所怀疑的那种人，那么这个行动对你而言将意味着极高的成本，导致你不敢实施。几乎可以肯定的是，该行动会让你付出很大的代价，即使你不是他们担心的那种不可信的人。你需要找到一种行动，它既可以帮你赢得信任，所要付出的代价对你来说又是可以接受的，但对他们怀疑的那种人来说，却是不可承受的。那么以这一深刻理论为指导，在当前形势下政府可以怎么做呢？

想想之前说的，现在的公民蔑视企业，普遍认为企业贪婪、腐败、剥削成性。我们必须改变这种主导性叙事，但假如你上来就说

"企业对社会很有用",许多人都会转过头去不再理你。你可以做一些不同寻常的事。许多人为没有一个银行高管因金融危机期间的行为入狱而义愤填膺。这是因为引发金融危机的银行高管并非故意要毁掉他的企业,而只是鲁莽不负责任。如果一名驾车者因鲁莽致人死亡,我们将此归为过失杀人罪,与故意杀人罪有所区别。针对所有具有系统重要性的企业,我们需要一个相应的新罪名——**过失致银行破产罪**。假如 CEO 们知道就算他们已经驾着黄金降落伞退休,我们也能把他们从高尔夫球场拖走,让他们为过去的错误承担责任,他们就可能集中心思搞好企业。

在展示一定的魄力后,政府可以进一步用简单的语言来阐述国家战略。也许可以从企业的使命开始:以可持续的方式造福社会,重新实现生活水准的持续上升。再分析为什么许多企业偏离了这个使命,并论述政府为纠正这一状况所采取的措施。最关键的是,要坦陈这些政策的局限性。政府随后可以邀请所有人接受作为**道德公民**的新角色。像所有成功的叙事一样,变革不可能一夜实现,这需要许多不同的政府部门持续传递一致的信息。而且像所有叙事一样,言行不一将导致叙事失效。但在大多数西方国家,1945—1970 年的政府领导人成功建立了许多新的互惠义务。尽管这些叙事并不是特为改变企业行为而建立的,但**道德企业**成为主流也许有其一份功劳。要记得,当时企业 CEO 的薪酬仅为员工的 20 倍,而现在这个数字是 231 倍。**道德企业**已经被**吸血乌贼**取代。时代已经改变,需要让它回到从前的样子。

第五章
道德的家庭

在使我们超越个体的所有实体中,家庭是最坚强的。丈夫和妻子公开承诺对对方负有义务;情感把父母与子女连在一起,父母关爱子女,通常情况下,多年后子女也会关爱父母。但人们很少把这种潜在的互惠性认定为一种权利。尽管老人得到关爱是好事,但父母向孩子提供关爱是无条件的,而不是作为一种交易。但子女经常把回报父母视为义务。有个绝妙的约克郡老笑话就利用义务和权利之间的这一微小差距,揭露了一个儿子的道德缺陷:"妈妈,你为我辛苦了一辈子,现在……出去为自己辛苦吧。"义务之网的范围可以远超夫妻和子女。在古代社会,人们对七代旁系表亲这样现在看来很远的亲戚也要负家族义务。

家庭本身也是网络。在典型的三代核心家庭里,作为中间一代的父母构成核心,不过他们往往会重复前代人传下来的叙事。这种从叙事中产生道德规范的基本模式在家庭层面的体现甚至比在国家、企业层面更明显。家庭是创造归属感的自然单位,因为我们从出生起就在家庭的养育中成长。物理上的亲近被关于归属的故事进一步拉近：这些故事把每一代新人都纳入家庭，创造一个"我们"的概念。家庭中关于义务的故事点明责任，其他叙事把我们的行动与结果联系起来。像所有家庭一样，我的家庭里也有很多这样的故事，其中既有英雄也有败家子。现在回想这些故事很有趣，可以将其分为关于归属、义务和开明自利的故事。

像在所有网络化群体中一样，这些叙事在成员间口耳相传，最终形成一个有内在协调性的整体——一套信念体系。家族的血缘联系使相互对立的信念体系得以互相容忍，但在 1945 年，有一种信念体系在西方社会几乎是普遍性的，我在此称其为"**道德家庭**"（the ethical family）。我并不是说这是唯一符合道德的信念体系，它事实上与今天许多家庭的价值观截然不同。我只是用此来强调当时家庭中普遍长期存在的道德结构。

在 1945 年的道德家庭中，构成中间一代的夫妻接受对子女和父母的双重义务。这往往意味着不小的负担，但因为每个人都会从最小的一代逐渐变成最老的一代，所以人们把它作为一个阶段性的责任接受下来。这个结构是一套非常稳定的信念体系：开明自利支持一种共同身份，共同身份界定了一种具有区别性的互惠性所适用的范围。归属于家庭的共同身份很容易建立，因为它是一种日常生活的现实："相互尊重"的范围。互惠性承诺的规范是情感的自然延伸，而且使命感能增强这些规范：如果有足够多的人遵从，所有人就能得到长期性的物质利益，这就是"开明的自利"。

1945 年时几乎每个人都属于这样的家庭，但接下来的几十年发生了深刻的变化。在西方各国，人们开始抛弃对家庭的义务。离婚率飙升，美国于 1980 年左右达到顶峰，英国稍晚。而随着受教育程度不同者之间出现新的分化，这种变化更为明显了。

第五章　道德的家庭

各种冲击动摇了长期以来强大的道德家庭信念体系；随着**道德家庭**的消逝，社会分化加剧，引发了很恶劣的后果。

顶层发生的冲击

道德家庭规范受到的第一个冲击是技术冲击。避孕药为年轻女性提供了掌控人生的机会：性行为可以不再像以前那样导致怀孕了。这使得寻找合适伴侣更为方便。短期性关系变得不那么危险了，所以"苦寻佳偶"的旧方式被婚前同居的新方式取代，这种寻觅配偶的方式要可靠得多。拉金（Philip Larkin）有一句一针见血的诗就曾写道："性行为开始 / 于1963年"。[99]

这场解放始于技术辅助的性行为，但很快就远远超出了这个范围。一场深刻的思想冲击解放了个人，使我们不必再受道德家庭的许多陈旧规范束缚。对家庭的义务让位于新的对自己的义务：通过个人成就实现自我。人们修改了法律，让离婚变得更容易。而离婚更容易意味着它不再会遭受指责，不再被视为某一方的过错。

不意外的是，这场思想冲击始于大学校园，所以主要影响的是受教育程度高的新阶层。这场冲击从根本上挑战了道德家庭的观念——尊严来自履行义务。新的伦理观用自我取代了家庭的位置；尊严不再源于履行义务，新伦理观认为尊严源于自我实现。吸引女性的自我实现伦理观是女权主义，吸引男性的是《花花公子》杂志（*Playboy*）。以前被视为需要抵制的诱惑行为，现在被视为需要把握住的自我实现时刻。许多新阶层家庭的夫妻都发现，要想实现自我就必须离婚。

随着人们接受了这些新规范，精英婚姻的性质发生了变化。另一项冲击——大学的大规模扩张——推动了这样的变化。由于大学的扩张，受过良好教育的男性与女性的人数趋向一致，这又使寻找合适配偶变得方便多了。人们学会了如何寻找合适的伴侣（目前因网上交友技术改进，这个趋势还在延续）。很快堕胎合法化又加快了这一趋势，堕胎成为避孕之外的又一道保险。以前作为中间一代的夫妻遵循的规范是性别等级制和对上下两代人负有的共同义务，经此变化之后，受教育程度高的家庭的规范成了互相鼓励通过个人成就去实现自我。[1]

受教育程度高的人通过同居和选择婚配结成了和谐佳侣，所以离婚率下降了。事业有成的父母渴望把自己的成功传给后代，所以，过去反映在子女教育中的性别等级，让位于夫妻共同培养子女的做法。

我小时候做家庭作业没有得到过任何帮助：没有父母的指导和监督，也没有私人家教。我父母的知识水平和经济实力都不允许他们这么做。但对我来说幸运的是，我上学时即使精英家庭子女获得的课外帮助也极少，所以我能和他们竞争。但我和妻子身为知识精英，我教11岁的亚历克斯科学，我妻子教他拉丁文，我们还聘请了一位家教。他班里的其他所有孩子都得到了类似的课外教育。规范发生了剧烈变化。假如没有遭受另一场冲击——中产阶层的大规模扩大，以前的体系也许会维持下去。中产阶层扩大后，上大学的竞争也变得更激烈了。我就读的牛津大学现在收的本科生中英国人比例较1960年代下降了不少；牛津已经实行了全球化录取，这通常意味着录取外国精英的子女。但随着英国中产阶层的扩大，希望子女上牛津的家庭比过去增加了很多。一旦部分父母开始通过家庭教育来让子女获得优势，其他父母就不得不效仿，否则他们的子女考上好大学的机会就会进一步减少。这一冲击破坏了旧规范所处的稳定环境，导致旧规范崩溃。结果，受教育程度高的父母在养育子

第五章 道德的家庭

女上花费的时间增加了,于是夫妻选择少生孩子,家庭规模因而缩小。[2]"用来炫耀的妻子"被"用来炫耀的孩子"(我就养了一个)替代。*

受教育程度高的阶层的这种新的自我实现观念确实提升了很多人的幸福度,但离婚的流行也使一些人沦为牺牲者,我们都认识这样的人。在我看来突出的情况是:丈夫为自我实现而另寻佳偶,被抛弃的妻子因而与她的子女分离;妻子为自我实现而另寻佳偶,被抛弃的丈夫因而与他的子女分离。那些最看重自我实现的人无疑会编出一些为自身辩解的叙事。但是,即使在离婚率下降之后,离婚给社会规范造成的影响也未消失。对那些受教育程度高的单身人士而言,无论出于什么原因,"在形成稳定关系前不生孩子"这一道德家庭的规范已经失效了。如果自我实现需要一个孩子,那就生一个,至少在西方社会是这样。在这方面,日本和其他发达国家不一样。在日本,养育"用来炫耀的孩子"的压力比西方社会大得多,所以单亲家庭无法和双亲家庭竞争。因此,受教育程度高的日本单身女性更倾向于养宠物,而不是无法让自己感到骄傲的孩子。[3]

夫妻会细心照顾下一代,但不会这样对待上一代。在道德家庭里,老年人通常在中间一代的家里或附近得到赡养。我寡居的祖母住在她一个孩子的隔壁,我丧偶的外祖父和他的两个孩子住在一起。在我成长的过程中,有个伯伯一直住在隔壁卧室。像这样的家庭结构目前仍在一些社区存在,但已经不常见了。受教育程度高的父母与其子女同住的情况变少了,不仅如此,此前父母可能从子女那里

---

* 向少数缺乏幽默感的读者解释一下:这句借用夏洛蒂·勃朗特(Charlotte Brontë)的名言的话只是在开玩笑。虽然我们的长子的确有"用来炫耀的孩子"通常所拥有的条件,但假如他听到有人说他的成就在任何意义上是拜父母所赐,他一定会义愤填膺、不肯相信,他有这样的态度也是有充分理由的。

得到一些经济支持，而现在主要则是父母在支持子女。在一定程度上，这反映出受教育程度高的退休者更富有了，但祖父母与父母之间的一种新的代际合作也巩固了这一趋势，他们的共同目标是养育成功的第三代。具有目的性的开明自利叙事曾经强化了道德家庭中的互惠义务规范，而由于上述情况的发生，这种叙事变得不再符合事实：对子女履行义务不再意味着成年子女应对年迈父母履行同等义务。

同样，在核心家庭范围之外，相互义务也在减弱。家庭规模缩小，高技能水平人士在不同地域间流动，在这两种压力下，大家族萎缩了。我再举一个极端的例子说明这一变化。在我的成长过程中，我家方圆8公里以内住着12位姑伯姨舅，而在我孩子的成长过程中，周围没有一个这样的亲戚。**道德大家族**已让位于**王朝式的核心家庭**。

当受教育程度高的人成为一个阶层后，他们发展出了一种新式家庭，恢复甚至强化了一些互惠义务。我们能从数据中看到这一模式。1965年，这个阶层的婚外子女很少见，仅为5%，如今该比例依然是5%。[4] 离婚率经历最初的上升后已经下降，到2010年降至六分之一。因为婚外子女很少，离婚也少，所以在受教育程度高的群体中单亲家庭的比例也回到了很低的水平，现在降回到十分之一以下。

这种通过个人成就来实现自我的新伦理有一些负面影响，但与受教育程度低的阶层所受冲击造成的影响相比，就是小巫见大巫了。

底层受到的冲击

就像硅谷的技术人士预测新形式的社会联系将减少仇恨一样，人们也曾预测避孕药和堕胎将减少父母不想要的孩子。数据显示，

第五章 道德的家庭

受教育程度较低的那一半青少年女性的性行为因此大增。1960年代她们中只有5%在16岁之前发生性行为，到2000年已上升到了23%。相比而言，即使到了2000年，顺利从高中毕业的女生中也只有11%在成年前发生过性行为。[5]

但是，只有当事人心怀谨慎的远虑，避孕药才能阻止怀孕，而受教育程度高的人更有这种远虑。事实证明，堕胎这种决定尽管与追求个人实现的新伦理信念体系不冲突，却与强调家庭义务的旧体系格格不入，所以受教育程度高的人也更易接受堕胎。由此造成的结果是，在受教育程度较低的人群中，少女怀孕的情况激增，而她们与男方无法结成持久关系。这样的"少女妈妈"有四个可能的选择。一种是旧模式，嫁给孩子的父亲——奉子成婚有长久的传统。另一种也是旧模式：她和婴孩继续与自己的父母住在一起。我的曾祖母就是靠这种方式在村子里生活的，没有遇到任何可怕的后果。第三种选择是模仿一些高知女性追求个人实现的新模式，做单身母亲独立生活，父爱主义国家会为她们提供资金支持和社会性住房。最后一种选择是开始一种同居的新模式：与意味着公开承诺的婚姻相比，孩子的父亲往往更愿意同居。当然，不结婚的男女也能维持稳定关系，但大多数同居都不能演变为持久关系；同居关系平均只能维持14个月。[6]

底层受到的最后一种冲击是经济冲击。随着制造业衰落，中年男性失业。许多受教育程度低的家庭从未接受过强调自我实现的新伦理，许多夫妻继续持守道德家庭的规范：丈夫是一家之主，他的权威来自他养家糊口的角色。这个角色会导致人们产生一种令人难受的看法：一旦在工厂里成为多余的人就意味着在家里也是多余的人了。原本婚姻是相互尊重的紧密网络，现在却变得不对称了；妻子依然保有自己的尊严，但她的存在却会加重丈夫丧失尊严感的情绪。有时丈夫会采取暴力，试图以此恢复权威，有时丈夫则会陷入消沉。这些情况都会导致离婚。[7]

这一情况也有数据为证。与受教育程度高的人群情况一样，受教育较低的人群起初离婚率上升。但与前者相反的是，后者的离婚率一直上升，到2010年达到每三对夫妻就有一对离婚，是前者的两倍。

道德家庭对儿童负担的义务被父爱主义国家以"儿童权利"的名义取代。由亲生父母从出生抚养到成年这样的权利并不包含在这些新权利中。相反，"儿童权利"要求，如果有理由认为儿童遭到虐待，政府有义务把儿童从亲生父母身边带走。一些父母杀死自己孩子的案件被广泛报道后，政府的这一义务被逐步巩固。例如，在美国，假如医生发现孩子身上有伤，除非能确认那**不是**父母造成的，否则就有义务向政府部门报告，政府部门则有义务把孩子从父母身边带走。但相应地，"儿童权利"要求只有在满足最高标准的情况下，有意愿的家庭才能收养这些儿童，这就又意味着要经过繁琐的官僚化审查程序，以确保政府部门做出的任何改换抚养权的决定都不会遭到公众的批评。把儿童从亲生父母身边带走的情况很多，孩子成功迁入新家庭的情况则较少，所以不可避免的结果是，越来越多的儿童处在进退两难的境地。目前在英国有7万名这样的儿童。实践中，这样的情况意味着政府得出资请其他夫妻暂时养育孩子，孩子往往要不停地变换寄住家庭。很明显，这种方式不符合抚养儿童必须满足的重要条件：儿童需要真实的爱，而这种方式形成的是一种半商业化的关系；儿童需要持久关系，而这种方式形成的关系显然是暂时的。而且这种关系无法让儿童产生归属感。

第五章 道德的家庭

社会分化的后果

这种选择性的家庭义务失效对儿童的影响最为深远。这些影响在美国表现得最明显，而欧洲未来也可能在文化上步美国的后尘。在美国，现在有超过一半的儿童可能要在18岁以前经历单亲家庭的生活。[8] 正如前面的分析所显示的，这一现象在很大程度上因阶层而异。在美国社会上层——受教育程度高的那一半家庭里，家庭对儿童的义务基本上被恢复和增强了。相比而言，在另一半受教育程度较低的家庭里，单亲儿童或孤儿已是司空习惯，占该阶层儿童群体的三分之二。

这会造成影响吗？不幸的是，会。尽管存在着反对污名化单亲家庭的合理、有力的呼声，但目前严谨的社会科学研究已经证明，由亲生父母全程共同抚养会使儿童成长得更好。[9] 现在很多儿童连单亲家庭也无法拥有了。抚养儿童的责任日渐从父母的肩上转向政府的手中。但由社会充当家长的做法历来效果很差。这并不奇怪，政府提供的抚养，无论是在孤儿院里还是在寄养家庭中，都存在着一个弊端：有些东西"用钱买不到"［就像迈克尔·桑德尔（Michael Sandel）在其他情境中描述的］。花钱请人照顾儿童可以作为辅助手段，但无法替代父母的作用。

一方面，在受教育程度较低的那部分人中，许多家庭正在解体，成为空壳，另一方面，在受教育程度较高的那部分人中，王朝式家庭正在激增。受教育程度高的家庭采用的精心培养的新育儿方式大大增加了父母的投入，这些家庭的子女与父母展开密集、具有目的性的互动，这样的教育方式是以前的儿童从未享受过的。

随着日积月累，精心育儿的做法造成了结果的差异。这种差异很早就开始显现了。事实上，目前认为儿童的学前经历有着决定性的影响：根据 6 岁儿童的情况，我们已经能预测经过 10 年学校教育之后儿童的不同表现。简言之，家庭在儿童入学前几年里的教育比学校负责的 12 年教育更重要。

其中的区别源于父母的不同目标和实现目标的不同教育方式。经济拮据的单身父母压力更大，他们的首要考虑不是精心育儿，而是应付生活中更平常的混乱。本身就辍学过的父母更喜欢要求孩子服从而非自立，两种要求对应的父母比例达到 4∶1；而接受过研究生教育的父母恰好相反。研究发现，父母因压力而采取的这种教育方式会损害儿童非认知能力的发展，而我们现在知道这种能力至少与认知能力同样重要。[10] 但认知能力也在婴幼儿期就开始分化。最早被测知的差异是语言能力：精心育儿意味着会和婴幼儿讲话。一项著名的研究发现，到孩子上幼儿园时，不同群组在语言经历方面的差异达到 1,300 万个单词。儿童听到的这些单词本身也有差异：高知人士对孩子说的话里，鼓励性词汇是打击性词汇的 8 倍；靠救济生活的父母则只有 4 倍。然后是阅读方面的差异。父母给孩子读书可以促进儿童成长，这是影响儿童入学时能力的最大因素。当然，还有金钱方面的差异。随着教育方式向精心育儿的做法转变，教育开支大幅增加。但自 1980 年代以来，位于收入排名前十分之一的美国家庭在这方面的平均花费翻了个倍，达到 6,600 美元，而收入排名后十分之一的美国家庭平均的教育花费则降至 750 美元，而且这一差异在决定性的学前阶段表现得最大。

在儿童上学期间，这一差距继续不断扩大。在美国，到 2001 年，这两个收入群组的儿童在数学与阅读水平方面的差距比上一代人拉大了约三分之一。不仅这一趋势仍在延续，而且推动该趋势的原因始终没变：两种家庭之间的深层差异。

受教育程度高与低的两个阶层之间的这种分化造成的最显著后

第五章 道德的家庭

果是最近罗伯特·帕特南在关于美国儿童的一项具有开创性意义的研究中发现的。他根据儿童认知能力将其分组，然后分析了他们上大学的可能性。当然我们可以预料，受教育程度较高阶层的子女上大学的可能性更高，因为他们可能继承了更高的认知能力。但帕特南发现，即便是该阶层的子女中认知能力排名**全国最末的那组**，他们上大学的可能性也比父母受教育程度较低，但认知能力**位于全国前列的子女们更高**。新的精心育儿法不仅培养出了值得炫耀的孩子，还培养出了华而不实的孩子。

社会不平等加剧、社会流动性下降的趋势是近年来出现的，统计数据基本上反映了从我这一代到之后一代这段时间里发生的变化。但最令人担忧的消息是，这些已经被观察到的变化很可能大大低估了社会不平等的真实固化程度。格雷戈里·克拉克（Gregory Clark）在一本引人注目的新书里研究了家庭间的不平等连续多代的传递，书名很幽默——《儿子照常升起》*。[11] 通常人们只会通过比较前后两代人来衡量社会阶层流动性，但他偶然发现了一个巧妙的办法：利用罕见姓氏可以轻易地追溯几百年间的变化。显然，这样追溯起来通常是男性一线，而在历史的大部分时间里，男性确实扮演着一家之主的角色。他发现，家庭的成功具有高度的持久性，通常可以持续几百年。克拉克发现，评估社会流动性的传统做法，也就是基于前后代传递的方式，无法解释这种持久的不平等状况，而他为这种持久性提供了一个合理的解释。一些资产被代代相传而未被消耗掉，它会是什么呢？金钱财富不大可能以这种方式代代传递：出一个败家子就能把家财败光，俗话说的"富不过三代"就是基于

---

* 书名 The Son Also Rises，模仿了海明威的名著《太阳照常升起》（The Sun Also Rises）。——译者注

这个道理。他把原因归结为两种无法被消耗掉的资产。一种是基因，但是基因遗传虽很重要，经过几代人之后特别有用的基因就很可能会被婚姻稀释。另一种可能性是克拉克所说的家族文化。家族文化是一种简略的说法，详细来说，就是一定的信念体系所包含的规范和叙事，它们塑造了作为网络化群体的家族成员的行为模式。一家之主作为家族的核心可以促成这种连续性。我们知道，作为精英的父母会花大力气把自己的文化传给后代，[12] 而且他们尤其重视的可能是那些有助于成功的特质，尽管具体的特质会随着时间的推移发生变化。

也可以用追溯罕见姓氏的方法来衡量社会另一端的情况——一代代被困在社会底层的家族。克拉克发现了同样的多代固化的情况：失败一代代地传递。因为子女并不继承父母的债务，所以财富匮乏的代际传递并不能合理解释他们的失败。事实上，在历史的大部分时间里，大多数人没有金钱财富，所以他们都没什么好继承的。

克拉克解释了为什么基于相邻两代人的情况衡量社会流动性的传统方式可能高估了社会流动性。为了突出要点，我们简单说。假设每一代的成功只取决于两个要素——家族文化和运气，每一代都继承一种家族文化，而运气是随机决定的。假如家族文化被完整地传递给后代，那么社会流动性的唯一来源就是运气。但我们拿后续任何一代人与第一代人作比较时，运气变化的概率都是相同的，无论是第二代还是第十二代。在这个我们为了说明方便而夸张化的例子里，第一代与第二代之间的社会流动性，可能和第一代与第十二代之间的相同。只衡量前者，可能让人误以为社会流动性很高。

重建道德家庭？

道德家庭的某些方面是权力与欺凌关系的拙劣伪装，扔掉这

第五章 道德的家庭

些东西再好不过。但从中"解放"出来的很多不过是伪装成自我发现的自私。与此类似，一边以功利主义态度关心"全世界的穷人"，一边否认对家庭的责任，这并不是什么道德觉醒，而是为了摆出道德姿态而获得的廉价快感罢了。狄更斯在《荒凉山庄》（*Bleak House*）里通过描绘杰利比太太（Mrs Jellyby）这个人物讽刺了这种态度。

更根本的是，通过个人成就实现自我的伦理观压倒了对家庭履行义务的伦理观，现在从心理学角度看起来具有缺陷。大卫·布鲁克斯（David Brooks）在极具颠覆性的著作《通往人格之路》（*The Road to Character*）中，从常见的对前一种伦理观的奉扬开始，然后笔锋一转，提出未来的趋势是通过履行对他人的义务来实现自我的伦理观将会恢复。[13]"我们通过关注自己来发现自己"这一诱人命题，被一个强有力的相反叙事所反驳。表达后一种叙事的最佳范例也许是迪特里希·朋霍费尔（Dietrich Bonhoeffer）的《狱中书简》（*Letters and Papers from Prison*），那是他在等待纳粹杀害他时的内心独白。他写道，在日常生活中，我们在其他人的斗争中"失去自我"，以这样的途径来发现自我。自由不在于为自我服务，而在于逃离自我。社会心理学领域的新证据支持朋霍费尔和布鲁克斯的观点。我们因缺乏个人成就感到的遗憾与我们因未能履行义务感到的遗憾相比是微不足道的。杰出的心理学家马丁·塞利格曼（Martin Seligman）对人如何获得幸福进行了持续的研究。他的结论很明确："假如你只关心成就，你就得不到想要的幸福……密切的人际关系虽不是生活的一切，但却是生活的核心要素。"[14]这样看来，"**主张权利的个人**"取代"**道德家庭**"与其说是胜利，不如说是悲剧。

与上面完全不同的是，经济学领域的一项重大突破表明，"变弱"可能意味着"变强"。一个人也许有必要放弃一些权力，以便做出可信的承诺，并从中获益。能够做出承诺是开明自利的特征。说得花哨点就是一种"责任手段"解决了"时间不一致性问题"。该技术的发现者们获得了诺贝尔奖。解决通胀问题的责任手段是让央行独立，解决儿童抚养问题的责任手段是婚姻。矛盾的是，在同一段历史时期里，西方社会确立了制服通胀的责任手段，却系统性地摧毁了确保儿童有权被亲生父母养大的责任手段。就像政治化的央行能通过印钞在短时间里制造虚假的经济增长一样，摧毁婚姻的纽带也制造了虚假的解放感。在许多西方国家，婚姻与宗教的关系令它染上了污名，所以我们需要一种纯粹世俗性的婚姻论。这并不是什么革命性的新思维：在所有西方国家，基督教化之前就有婚姻，而且宗教与世俗形式的公共承诺可以毫无冲突地并存。这两种情形中，责任手段的力量都源于公开明确地接受相互义务：尊严感和耻辱感是责任手段所凭依的力量。之前说过，责任手段符合其使用者的自身利益。就像前文所举的例子，这也是一种"开明的"自利，也就是说，它为服从注入了使命感。一旦人们理解了能带来自己想要的结果的因果链条，共同遵从就会成为理性行为。就像开明自利可以补充和巩固其他互惠义务一样，经济学揭示公共承诺的价值，心理学揭示履行这些义务的价值，它们都具有补充作用。

　　这两种学科的洞见结合起来可以有力地对抗通过个人成就实现自我价值这种有些枯燥的愿望。但这样做不足以应对家庭领域缩小、**道德大家庭**转变为**王朝式核心家庭**的新现实。如何应对这些情况呢？幸运的是，技术进步带来的一个重大成果可以抵消这一趋势的影响，那就是寿命的延长。*家庭虽然在横向广度上缩小了，但在纵向深度上扩大了，许多家庭现在是四世同堂而不是三代同堂。在

---

* 我对这一前景越来越乐观。

这样的家庭里,最年长的一代下面有很多家人。如果每一代人有两个孩子,那么任何一个活着的曾祖父或曾祖母下面的三代里,将有四个核心家庭和二十个家人。这些家长不一定要退出家庭事务浑噩度日。可以让他们发挥重建尊重的力量,监督大道德家庭里的人履行义务。

基于个人经历的附言

10年前,我和妻子面临着一个道德抉择。我堂兄刚出生不久的孙子和孙女在命运分化的道路上又前进了一步,被父爱主义国家"抚养"(这是奥威尔式的委婉用语)了。由于当前英国新一代教育精英的习惯做法,我们没有面临任何要接纳这两个婴孩的社会压力,相应地,我的家族也并不苛求我们担负责任。我希望我能说我们当时是毫不犹豫的。现在回想起来很难重现当时细微的想法,但一个重要的影响因素是,假如我父母在世的话,他们会期待我们怎么做。去世后的他们依然会给我们巨大的道德压力,要求我们自尊自重。另一个有力的影响是,由于长期接触非洲文化,我们很尊崇非洲式的道德大家庭风俗。幸运的是,这在政府那里不难办,因为新的立法规定,远亲可以绕过折磨人的收养申请程序,通过简便程序收养儿童。由于政府和家族意见的一致,我们只用了八个月(孩子人生中最初的几个月是最关键的)就办完了填表、审查、付费等手续。那一年,在这个有6,500万人的国家,只有60名儿童经标准程序被收养。这也是为什么现在英国有7万名儿童被暂时寄养,陷于进退两难的境地,而且这个数字每年都在上升。

两个小家伙到我家时,我们的非洲朋友们的反应是耸耸肩表示"欢迎来到我们的俱乐部"。英国朋友们则说我们"很大胆",这是在以电视剧《是，大臣》(Yes Minister)里的方式暗示"你们会后悔的"。现在十年过去了，我们不仅没后悔，反而更清楚了自己对家族的义务。我们的这种做法在非洲很正常，西方社会也应该这样。但若是在一个富裕且有道德的社会里，我们的行为应该是天经地义的才对。

第六章
道德的世界

道德的世界会是什么样子？意识形态分子们各有各的想法。功利主义的意识形态会要求一个父爱主义的全球政府负责安排财政转移，以实现"最多数人的最大幸福"。对于联合国关于"人权"的主张，罗尔斯主义的职业法律人变得越来越有影响力。情绪激昂的民粹主义者也加入了这场喧嚣：有心无脑群体的代言人之一安吉丽娜·朱莉（Angelina Jolie）说希望"全球和平"。

假如我们换一种做法，应用第二章讲述的核心原则，就能设想一个类似于**道德国家**、**道德企业**与**道德家庭**的道德世界。

原则 1　承认对其他社会的非互惠性义务——**援救义务**。这包括对如下主体的义务：难民等群体，面临大规模绝望的社会，以及缺乏基本正义的社会。

原则 2　在那些愿意在原则 1 的基础上更进一步的国家之

间，建立更深远的**互惠义务**。

原则 3　这种互惠性的基础是各方承认同属于一个集体，该集体基于共同的目的性行为，这些行为会增进所有各方**开明的自我利益**。

1945 年的国际局势与这样一种道德世界相距遥远。当时发生了四段漫长的噩梦。在我父母那一代，三分之一的人生都活在世界大战中。他们出生时全球经济繁荣，接着就经历了全球经济的崩溃，各国竞相投机取巧，推出以邻为壑（beggar-thy-neighbour）的保护主义政策，最终导致各国都陷入贫困。他们经历了一段帝国时代，有英帝国、法兰西帝国、俄罗斯帝国、日本帝国、奥匈帝国、葡萄牙帝国、比利时帝国、德意志帝国和意大利帝国，这些帝国在道德上荒唐至极，最终被这种明显的荒唐压垮，轰然倒塌。他们还经历了法西斯主义等意识形态造成的恐怖，这些意识形态在德国、俄国、西班牙和意大利掌权。除了这些前人遗留下来的灾难之外，二战的结束曾带来了两个新的变故：咄咄逼人的共产主义政权已经控制了全球约三分之一的地方，并试图进一步控制全世界；紧接着便是中欧混乱，导致大量难民出现。

可以设想，当时的政治领导人心中有一种极强烈的想法："现在不是建设道德世界的时候。"但他们还是开始用上述三个核心概念来构建一个道德世界。他们承认对其他社会负有义务，也即**援救义务**，并开始履行这些义务，无论对方对此有无回报。他们开始建立为实现特定目标服务的新俱乐部，以开发国家间**互惠义务**蕴藏的巨大潜力。他们用因果关系叙事巩固了这些俱乐部，这些新叙事倡导**开明自利**，而不再是投机取巧追求眼前私利。这是令人震惊的成

第六章 道德的世界

就,而且取得了回报:世界逐渐向更好的方向转变了。

但下一代幸运的领导人继承了这项成功的遗产,却没有领会创造这一成功的过程。前代人通过明智的实用主义从浩劫的废墟中建起成功的大厦;功利主义和罗尔斯主义意识形态分子用诱人的叙事取代了明智的实用主义,逐渐破坏了前代人的遗产。与1945年的世界相比,当前的世界距离道德世界近得多,但仍有很多工作要做。本章将依次论述前人取得的非凡成就,其遗产被破坏的过程,以及未来的任务。

建设一个道德世界

1945年各国领导人最重要的洞见是不能任由单个国家采取机会主义行为了,必须通过各国间的压力来使共同义务得到执行。但这种压力产生的前提是各国认可一个共同身份,这在1930年代是缺失的。他们逐渐建立了新的俱乐部,其成员愿意接受互惠义务;围绕着有目的的行为,出现了共同的归属感。

最大的当务之急是世界和平。针对苏联制造的恐惧气氛,1949年,一个新的俱乐部成立了,那就是北大西洋公约组织(NATO)。它的核心原则是成员国相互保证安全。成员国共同身份是面临共同威胁的民主国家联盟。当时有少数几个搭便车国家,但一种非常可信的开明自利叙事巩固了这一新义务:合则生,分则亡。令言行保持一致的关键时刻是1962年的古巴导弹危机和1980年代初巡航导弹的部署。新的互惠义务成功维持了和平,与此同时,共产主义阵营的许多内部冲突逐渐积聚起来。

尽管苏联是新的威胁,但在欧洲内部,依然有德国这个旧的恐惧。法国在短短70年里和德国打了三场生死大战。尽管选择开明自利的必要性很明显,但几次战争遗留的仇恨仍是阻碍因素。解决方案是从 1951 年开始,各国务实地缓慢推进,稳扎稳打,共同成立了欧洲经济共同体(EEC)。和北约一样,这个俱乐部的核心原则是接受互惠义务。

为了防止 1930 年代以邻为壑的保护主义重演,另一个俱乐部形成——关税与贸易总协定(GATT)形成了。1947—1964 年,关贸总协定完成了六轮互惠性贸易自由化谈判,其中的关键驱动力依然是开明自利,所有人都清楚保护主义将导致何种恶果。

为了避免 1930 年代的大萧条重演,又一个新的国家俱乐部成立。国际货币基金组织(IMF)是一家公共银行,有明确的成员界定,由各成员国出资并共同承诺遵守一套规则和监管机制;作为回报,成员国在发生危机时有权获得贷款。这本质上是一个巨大的互助保险系统。

作为这些俱乐部共同基础的互惠原则又为经济合作与发展组织(OECD)所增强,该机构的目的是在共同体内部创造压力。它通过排名〔如评价教育表现的国际学生评估项目(PISA)排名〕和各国相互间的政策审议鼓励对各国表现进行比较。

这些追求特定目标的俱乐部每一个都有明确和有限的成员,团体内部既有互惠义务,又奉行可信的开明自利,凭着这些,它们逐渐改变了世界。每一个俱乐部都按自己的速度结出果实,但它们积累起来的成就令人震惊。

1989 年,在北约的压力下世界大变,苏联解体,冷战结束。在欧洲内部,欧共体逐步将西班牙、希腊、葡萄牙等国纳入民主体系,同时深化贸易一体化,使较穷的成员国能追赶上较富的成员国。1986 年关贸总协定完成最后一轮谈判,为随后创造巨大经济效益的全球贸易扩张打下了基础。国际货币基金组织阻遏危机,在这整

第六章　道德的世界

个时期里，其规模最大的救助是针对1976年陷入政治危机的英国。当时《纽约时报》刊登了一篇文章《再见了，英国，很高兴认识你》，但国际货币基金组织的救助挫败了该文的预言。英国之所以得救，是因为凯恩斯及其他前一代的英国官员为应对这种不测之灾而创立的国际货币基金组织发挥了作用。他们应当被视为国民英雄。

除这些以互惠义务为基础的俱乐部外，各国领导人还成立了一些旨在履行援救义务的新组织。在这方面他们也很明智。他们不是让个别的富裕国家亲自履行援救义务，而是成立全球性机构，利用富裕国家之间的互惠原则来执行新的规范——让富裕国家履行对其他国家的义务。为向难民提供帮助成立了联合国难民署，为在饥荒期间提供粮食成立了联合国粮食计划署，为改善最贫困社会的卫生状况成立了世界卫生组织。但集体行动的最高成就是世界银行。世界银行的成员国分为两组：彼此约束对方缴纳资金的富裕国家，和接受这些资金的贫穷国家。

当时，各国为履行援救义务发起了史无前例的集体行动，这些高尚的行动与互惠义务的增多相得益彰。大家对应当集体履行这些援救义务没有质疑，回头来看，这一点令人赞叹。

除了新的俱乐部和履行援救义务的机构外，1945年的各国领导人还重建了一个初具规模的世界政府，一个世界各国的联合体。联合国取代了一战后成立的、因遭遇失败而不复存在的国际联盟，其中的联合国安理会负责维护世界秩序。尽管代表着巨大的美好愿望，但联合国与国际联盟一样在绝大多数时候是起不到作用的。安理会有五个常任理事国，因为范围足够小，所以本应可以形成互惠安排，但美国和苏联之间在意识形态方面的极端对立，使这五国无法相互信任，而相互信任是开明自利的前提。无心插柳柳成荫，联合国取得的最大成功是它变成了一个被排斥国家的俱乐部：那些在俱乐部组织中缺乏有效发言权的国家组成了 77 国集团。

道德世界的衰落

这些俱乐部以忠诚与公平规范为基础，凭借互惠性而发挥作用。随着意识形态取代实用主义，这些规范也被"怪异者"（WEIRD）崇尚的关爱与公平规范取而代之，他们进而要求把所有想加入的国家都纳入进来。为了回应这一崇高的抱负，这些俱乐部的成员增加了，雄心也膨胀了。

北约东扩，从最初的 12 个成员国发展到目前的 29 个。最初的北约有一些真实的互惠性元素，但东扩实质上相当于把美国提供安全保证的范围扩大到一些缺乏军事实力的国家。最初有 6 个成员的欧共体扩大为有 28 个成员国的欧盟。共同规则的范围大大扩张，从只涉及贸易和民主扩展至公共政策的大多数方面。关贸总协定演变为世界贸易组织（WTO），其成员几乎囊括了全球所有国家，共同规范的领域也相应地大幅扩张，延伸到农业、服务业和知识产权。同样，国际货币基金组织成员也扩充到几乎囊括全球的程度，组织的职权范围也扩大了。

随着这些原本边界明确的组织一步步扩大，原本确保互惠义务执行的内部凝聚力开始减弱。* 在这种情况下，这些组织要么效率降低，要么转变成由核心成员控制的准帝国，通过对从属成员施加惩罚来执行规则。一些组织走了前一条路，另一些走了后一条。

先看走上低效之路的组织。在北约内部，即使在初始成员国之间，协同行动的情况也减少了。北约规定成员国的防务开支应占 GDP 的 2%，现在的 29 个成员国里只有 5 个达到了要求。在这种

---

* 英国政府特别热衷于扩大欧盟，就是出于这个原因。

第六章 道德的世界

情况下,美国对维护北约的意愿开始减弱。但是,从高效俱乐部退化为覆盖全球的低效组织的典型例证其实是世贸组织。关贸总协定在成立后的17年里完成了六轮共同贸易谈判,而世贸组织运行23年来连一轮谈判都没有完成。

再看看更具争议性的走向帝国之路的组织。欧共体扩大为欧盟,国际货币基金组织从一个为自身成员服务的共同银行扩大为一个为贫穷国家服务的全球性基金,它们都变成了准帝国组织;一些政府通过欧盟和国际货币基金组织来对其他政府指手画脚。在欧盟内部,曾促使成员国为追求使命而自愿遵从的开明自利已经退场,取而代之的是覆盖广阔领域的指导性规范。这些规范由一个内部团体设置并执行,该团体目前与三组索求者争执不下:东部成员国、南部成员国和英国。我不想对这些规范做出评判,也不想夸大这场变化的影响。在其他方面,欧盟仍是一个极有价值的俱乐部,并有潜力发挥更多作用。但是,欧盟已不再是一个大家毫不含糊地相互支持的俱乐部了,而是在日益变成强国指挥其他国家的组织。

像世界银行一样,国际货币基金组织也变成了全球性基金,而世界银行的职责本是履行援救义务。就其本质而言,援救义务既不是互惠性的,也不应附加条件。但由出资国组成的核心已主宰这两个机构,并把义务变成了权力。首先,捐助国要求受惠国必须采用特定的经济政策才能给予支援,但这个本身就很糟糕的想法很快就被那些拥有强大政治影响力的非政府组织(NGO)挟持了。目前西方援助的条件是受惠国满足环保与人权方面的标准,这些标准往往很严格,连富裕国家也达不到。例如,世界银行的所有项目都必须经过"环境影响评估"。由于NGO认为水电项目侵犯人权,这些项目已无法获得融资。连城市道路拓宽计划也被西方人权活动人士阻止。*世界银行在贫穷国家的项目被要求遵守的碳排放标准比高收入国家实行的标准高得多。由于非洲存在严重的电力短缺问题，这引起了强烈不满。†和对欧盟的看法一样，我不想夸大其词，这两个机构依然在做很多好事，我们要想更好地履行援救义务，主要还得通过它们。但它们关注的事务已经完全不一样了。

重建一个道德世界

我们既需要互惠性俱乐部发挥作用，也需要援救义务起作用。我们需要这些俱乐部是因为父爱主义的世界政府既不可能实现，也不值得追求。如果这样的政府要治理全人类，它必将遭遇普遍的不服从，并走向破产。相比于复兴旧的俱乐部，更容易的做法也许是成立一个能反映当前世界经济与军事力量分布现实的新的多功能俱乐部。这样一个俱乐部应该能找到许多机会来构建对全球有益的互惠义务。G20 的成员国范围足够广，但在实际运作中它太大，太分散，随机性太强，因而效率不是很高，而且还受搭便车问题困扰。相比起来 G7 更小更严密，但目前其成员国的组成情况不合理，中国和印度都不在其中。如果中国、印度、美国、欧盟、俄罗斯和日本能组成一个较小的集团，则将囊括全球经济与军事实力的主要部分，因此解决全球性问题将符合该集团的集体利益，即使在该集团以外的成员选择搭便车也没关系。而且该集团的每个成员都将明白，

---

* 世界银行行长金墉向我表达了他的沮丧之情：一些投机分子事先占据为道路拓宽所准备的土地，赖着不走；尽管世界银行承诺给他们可观的补偿，但人权游说组织依然发挥强大的力量阻止了计划。
† 一位备受尊敬的非洲国家退休总统向我解释说："我告诉部长们，绝不能对世界银行或国际货币基金组织说不，那太危险，但也绝不能把它们的建议付诸实施，我们不能相信它们。"

假如自己选择搭便车,其他成员也会这么做,由于每个成员的规模都很大,搭便车的成本会变得很高。

成立这样一个俱乐部将面临两项挑战。一是这六方没有任何共同之处,同时各自的地缘政治利益存在冲突。但是,由于气候变化、流行疾病、脆弱国家等全球性问题的存在,它们的共同利益将日益增多。它们也将认识到彼此的共同特征:它们,也只有它们,具有足够的规模能集体解决这些问题,同时这种规模也使它们无法搭其他人的便车。另一项挑战是,有心无脑的理想主义者可能会反对:被排除在外的国家怎么办?但是,有这么一个成员数目足够少,从而可以克服世界集体行动难题的集团,对被排除在外的国家是很有利的。只要六方非正式地同意每一方都必须采取行动,其他国家也可以加入承诺。这六方差异极大,所以他们几乎不可能就某件对集团外所有国家都不利的事达成一致。我们就需要这么一个新俱乐部。它需要很多年才能建立,但我们现在必须就重大的全球问题采取有效行动,在这个基本逻辑驱动下,这个结果可能会逐渐实现。

除俱乐部外,我们需要能更有效地履行援救义务的组织。这是我关注的领域:我成年后一直致力于促使富裕国家的民众接受我们对其他人负有这样的义务。一直以来我们在这方面做得很不好,哗众取宠的诱惑导致了实际工作的低效。这从以下的例子中就能看出。

难民[*]

先看我们对难民的援救义务。目前全世界有 6,500 万人因恐惧或饥饿逃离家园。其中的三分之一已沦为难民。他们奋力想恢复正常的生活:找一个熟悉的地方生活,找个工作养家糊口,与本社区

---

[*] 本节基于 Betts and Collier (2017)。

的其他人聚居同处。这些都是合理的需求,但要邻国政府满足这些需求也许有困难。通常情况是,邻国本身也很穷困,难以满足难民的需求。

各国和它们的邻居有着天然的互惠关系,确实对这些邻居负有可能比非互惠性的援救义务更大的义务。但在发生像难民潮这样剧烈的大规模灾难时,也存在着一种全球性的援救义务。作为避风港的邻国如果发现世界任由他们孤军奋战,他们就有理由抱怨。尽管邻国应该允许难民入境,但你更富裕:你们双方应该能够形成合作,既履行他们对邻居的义务,也履行你的援救义务。在这个问题上,我们可以同时以爱心原则和理智原则为指导。爱心原则要求我们与处在危机边缘的社会保持**团结**,理智原则告诉我们,应该根据我们的**比较优势**来划分各自的责任。

通过思考得出的解决方法并不复杂。由邻近社会提供避风港再合适不过,它距离更近,所以往返容易,而且它可能与难民的原住地更相似,从而能够提供一个熟悉的环境。我在写这一段时,委内瑞拉难民正在向邻国哥伦比亚迁移。富裕国家拥有可以带去就业机会的跨国企业,还拥有帮助难民家庭度过适应期、重建自立能力,以及补偿接收国的财力。近年来的难民政策已陷入混乱,未来我们应该采取这样的策略。

HIV 病毒感染者[*]

通常,一个社会内部的互惠力量会催生对同胞的义务,这种义务强于我们对外国人的义务。但有时,我们对别国一些公民的义务会强过该国同胞对其所负的义务。贫穷国家的 HIV 感染者就属于

---

[*] 本节基于 Collier and Sterck (2018)。

这一类。在现代抗逆转录病毒药物的帮助下，HIV 感染者可以正常生活很多年，平均每年的花费不到 1,000 美元。值得给予道德赞誉的是，法国前总统希拉克和美国前总统乔治·W. 布什认识到，这正是他们应该履行的援救义务。没有这笔钱，成千上万的可以确认的非洲穷人将面临迫在眉睫的死亡。希拉克和布什觉得两国有足够的财力来做这件拯救生命的事，民众将会集体同意掏这笔钱。

那么"怪异者"（WEIRD）们的反应是什么？满脑子功利主义意识形态的卫生经济学家反对这么花钱。他们完全忽视援救义务的道德必要性，而认为用这笔钱来对一系列其他疾病进行预防性干预，从而小幅降低这些患者的死亡率，可以让被救者多活的总年数变得更多。任由非洲感染 HIV 的人死去更具成本效益。同时，有心无脑的民粹主义者对另一种明显的拯救生命的做法感到不安。HIV 通常通过性行为传染。如果能说服人们不要保持多个性伴侣，传染率将马上大幅下降。乌干达总统穆塞韦尼（Museveni）通过全国广播告诉人们这一点，就实现了这个效果。但呼吁人们改变行为的运动遭到了反对，因为这样的运动可能让人误以为 HIV 感染者可能对自己行为的结果负有某种道德责任，从而导致他们被污名化。记得前文说过的吗？在这些人看来，受害者绝不能是道德行为的主体。

援救大规模绝望者的义务

目前，很多非洲年轻人憧憬一个美好的未来——逃到欧洲。这是个悲剧。作为解决大规模绝望的方法，这显然行不通，而且最聪明最有能力的人外流通常只会让贫穷国家的问题变得更深重。在一个道德世界里，每个社会都应该能让年轻人对未来产生可靠的憧憬。富裕国家的责任不是引诱少数聪明的年轻人前来，生活在富裕国家社会的边缘，而是要把机遇带给留在贫穷国家的大众。

所有的援救义务都要以尊重被救者为起点。援救是要让人重新自立自强，而不是向其强加权威。国际支援不能把一大堆社会与政治条件奉为神圣箴言推销给贫穷国家，而是要致力于吸引道德的企业进入急需这些企业的社会，同时限制腐败企业的活动。脆弱国家急需现代企业所能提供的就业机会，但绝大多数正派企业因为这些市场规模小、风险高而不愿去。为改变这一状况，应该用公共财政资金补偿给贫穷国家创造就业机会和公共福祉的企业。2017 年，世界银行和英国率先使用补助来支持各自旗下的机构——国际金融公司（IFC）和英联邦开发公司（CDC）来与企业展开合作。有心无脑的民粹主义者对此感到震惊，他们认为应该把援助资金用在他们看重的那些最上镜的事情上。

总结

　　把头脑与爱心结合起来可以指导我们具体应该成立什么样的新的互惠性俱乐部，从而应对迫在眉睫的全球性焦虑，并为需要援救的人提供有效的救助。二战后那一代全球领袖面临的形势远比今天危险，但他们同时实现了这两个目标，送给后人一个虽远算不上完美但却得到显著改善的世界。他们的后继者坐拥这份遗产，却沉溺于意识形态和民粹主义。结果是国际俱乐部弱化，援救义务变味，我们正在为此付出代价。但只要回到实用主义的思路，我们不仅能**重建道德世界**，而且能使它变得比以往任何时候都更好。

第三部分

重建包容性社会

第七章

地域分化：繁荣的大都市，破败的普通城市

伦敦、纽约、东京、巴黎、米兰——在西方各国，大都市远远地将其他地区甩在了身后，无论是在收入、就业机会、经济增速还是房价方面，这一裂痕都在扩大。这是从离现在并不遥远的1980年左右开始的，在那之前，不同地区间的收入差距一直在缩小。美国的情况很典型：一个世纪以来，差距缩小的速度为每年近2%。但自1980年至今，一边是大都市迅猛勃兴，另一边是其他城市的经济大幅下滑。经济合作与发展组织的新分析发现，在高收入国家里，过去20年少数最发达地区和其余地区之间的生产率差距扩大了60%。英国的情况也很典型：1977年以来每年人口都从北往南迁移，收入差距持续扩大。1997年，英国除伦敦以外的地区经济总量是伦敦的4.3倍，到2015年这个数字已经变成3.3倍。

不意外的是，这一切是在新的政治分化背景下上演的。其他地区愤愤不平，而大都市则怀着不屑一顾的自信。美国人把大都市以外的城市蔑称为"飞机越过的城市"（flyover cities），最近英国《金

融时报》政治评论员嘉南·加内什（Janan Ganesh）说得更过分，他称之为"铐在死尸上的城市"。在这些称呼里有同情心吗？有互惠义务意识吗？人们粗暴地否定同情和互惠义务，以前把大都市与其他地区团结在一起的共同身份不复存在后，这些意识也消失了。反映在现实之中就是，特朗普、英国的脱欧派、勒庞和"五星运动"掀起的反叛运动受到大都市选民的群起反对，但破败城市却对他们产生了好感。

那么，推动这场新分化的经济力量是什么？如何应对这场分化？

是什么造成了新的分化

造成这种新分化的力量是基于两种可追溯到工业革命的简单关系。一是生产率和专业化之间的关系，通常的说法是"在实践中学习"（learning by doing）。专注于更少任务的人能培养出更高超的技能。二是生产率和规模之间的关系，通常的说法是"规模经济"。

为了利用规模经济和专业分工，人们需要聚集在城市。企业要规模化运营就需要大量劳动者和客户，并在空间上靠近与自己相似的企业。专业化的劳动者需要在自己工作地周围有具备互补性专业技能的其他劳动者。人口稠密的城市为所有这些连通性提供了条件。但城市需要向地铁、公路、高层建筑、机场和铁路枢纽大规模投资才能实现紧密的内部连通性。1980年代之前，只有欧洲和北美的城市有财力这么做。

连通性能带来惊人的生产率回报。许多城市密集发展了一大批特定行业的企业，从而使之达到世界领先水平。我的家乡谢菲尔德就建立了这样一个由专业钢铁制造商组成的产业集群，并为之配备了高度专业化的劳动力队伍。到1980年左右，与没有产业集群的其他地方的工人相比，谢菲尔德等城市工人的平均生产率高得惊人。由于收入通常与生产率相一致，这些城市的居民也富裕得多。

从1980年左右开始，两段恰巧同时发生但截然不同的进程打破了这一状况，那就是知识爆炸和全球化。知识爆炸导致专业化与城市化之间的旧关系发生剧烈变化，使最大的那些城市出现惊人的发展。全球化为利用规模经济创造了新机遇，也让已经建立的产业集群面临新的竞争，有的便因此衰亡。

知识革命与大都市的崛起

1980年代以来，知识经济呈指数增长，其推动力有两个：大学中基础研究的空前增多，以及与此互补的公司中应用研究的增多。利用物质造福人类的潜力仅受到物理基本定律的限制。我们目前还在这个过程的初级阶段，因为复杂的物质世界极难掌握。通过一个个科学发现，我们探索着这个复杂世界，这可能逐渐使生产率发生革命性突破。但人类要凭有限的能力掌握复杂物质世界，唯一途径是让能力最强的人变得越来越专业化。15世纪之后，再没有人能严肃地表示自己知道所有已知知识了。今天，最聪明的人会抵达某个狭窄领域的知识前沿，形成极为深入的理解，而相应地会远离其他领域的前沿。不仅研究是这样，具有商业价值的技能也是如此。例如，法律越来越复杂，所以不同法律分支变得更精细了。大学的扩张不仅催生研究，而且培养了有能力掌握这类技能的毕业生。

但专业化和城市之间的基本关系仍然符合现实。只有在不同专家彼此靠近的情况下，高度的专业化才会创造效率。因此，随着专业化程度提高，能互补的专家也要结成更大的密集群落，相应地，附近要出现更大的潜在客户群。在伦敦，一名专业律师与具备其他专业能力的同侪离得很近，与需要他的专业服务能力的客户离得很近，与法院离得也很近。若是在某个小城镇，这样的律师就会大半年无事可做。

职业人士的这种聚集需要大都市提供高度便捷的连通性。英国两个主要的国际机场都位于伦敦及其周边地区，伦敦有通往巴黎和布鲁塞尔的"欧洲之星"高速铁路，伦敦是英国所有干线铁路和大部分高速公路的中枢。伦敦有地铁：在伦敦市中心，普通劳动者可以在45分钟内与250万劳动者中的任何一个见面。伦敦还是政府所在地，所以任何需要与公共政策走得近的活动都最好在伦敦进行。

国际贸易壁垒的消除使企业的潜在市场从全国扩展到全球，高度专业化人士聚集所带来的好处也因此而提高了。过去，集中在伦敦的专业服务主要以英国为市场，现在则是以全世界为市场。所以，目前的市场支持更专业化的律师，他们的技能和生产率也相应增强了，他们因而赚到了惊人的收入。

大量收入极高的人进而又需要其他人提供的娱乐服务，这又形成了一个服务市场。距离近很重要：餐馆、剧院和商店大量涌现，满足这些钱多、时间少的人五花八门的需求。大都市的灯红酒绿又吸引了另一批人涌入：全球范围内的富人。伦敦、纽约和巴黎都有这样的亿万富翁居民：他们在其他地方发财致富，但在这里享受消费的快乐。

瞧呀（Voila），这就是蓬勃发展的大都市！

全球化革命与非都市城市的衰败

谢菲尔德、底特律或里尔可不是这个样子。我记得1960年一位来到谢菲尔德的人说："天哪，这是一座繁华的城市！"到1990年就没有人会这么说了。

第七章 地域分化：繁荣的大都市，破败的普通城市

谢菲尔德在1960年代拥有的那种世界领先企业的集群相对于新竞争对手拥有巨大优势，但并非坚不可摧。在钢铁制造领域，谢菲尔德没有任何天然优势。最初谢菲尔德之所以能吸引企业前来扎堆，是由于这里河水湍急，能为磨轮提供动力。到20世纪时，它只剩下了一个优势：这里有现成的企业和熟练工人。企业之所以设在这里，是因为其他企业在这里。劳动力的生产效率很高，但这也反映在了他们的工资里，所以企业利润率并不是特别高。

在世界的另一边，新兴市场经济体韩国正在打造新兴的钢铁业。韩国在打造自己的企业集群时拥有另一项优势——价格低廉得多的劳动力。到1980年，在韩国制造钢铁已经比在谢菲尔德划算一些了，于是韩国企业开始在世界市场上超越谢菲尔德的企业。谢菲尔德的钢铁业开始萎缩，韩国的钢铁业开始扩张。当谢菲尔德的企业集群缩小时，必须彼此接近、相互依赖的企业所获得的收益（即所谓的"集聚效应"）也变少了。结果是成本上升。随着韩国的产业集群扩大，它的成本降低了。结果触目惊心：最早在乔叟（Chaucer）的《坎特伯雷故事集》（*The Canterbury Tales*）里就被提及的谢菲尔德钢铁业以惊人的速度崩溃了。这些代代相承的熟练工人失业了，没法再找到一份技术性工作。这场连锁冲击造成的人类悲剧引人瞩目，被记录在了电影《光猪六壮士》里面。这部电影以灾难为背景，借助辛辣、自嘲的幽默，绝妙地刻画了这场悲剧。作为谢菲尔德人，我对其中的痛苦感同身受，但很多一度繁荣的城市都发生了同样的事，例如在斯托克（Stoke），由乔赛亚·韦奇伍德（Josiah Wedgwood）创立的瓷器产业集群崩溃了。而1980年代以来底特律的惨痛经历更是无与伦比。

这样的城市能复兴吗？右派意识形态分子相信，只要政府不干

预,市场力量就会解决这个问题。遗憾的是,这只是一种意识形态信念。要了解切实的情况,我们需要专家。

市场会对产业集群的崩溃做出反应,但不会以新的产业集群取而代之。最初的市场反应是住宅和商业地产价格的大幅下跌。房屋所有者陷入负资产困境,难以迁到房价高得多的繁荣城市。商业地产价格的下跌确实能吸引一些经济活动,但都是国民经济中的低级成分:为当地服务的仓库,生产率较低、仅在厂房非常便宜的情况下才能生存的制造业企业,依赖廉价办公场所和低薪临时工的呼叫中心。当城市里充斥着这样的经济活动时,房地产价格和工资水平部分回升,但城市已经陷入了死胡同。这些经济活动对技能要求不高,所以复杂专业化带来的生产率持续上升已经与这里的劳动力无关了。[1] 大都市里的超级明星企业依然处在科技前沿,所以大都市居民的收入不断上升,但无论是科技还是收入,都不会惠及破败城市了。例如,美国的新统计数字表明,高工资、高科技的就业机会日趋集中在最大的产业集群里。[2] 用时髦的专业术语说,科技从领先地区到落后地区的扩散速度已经放缓。[3]

这就是破败城市——这里就不用兴奋地说"瞧啊"了。

应对新分化

上述分析有助于解释,为什么各发达经济体内的大都市在蓬勃发展,而许多中小城市却遭遇了屈辱性的衰落。如何应对这种状况?有很多听起来耳熟的"解决方案"。意识形态分子轻率地抛出这些方案,但这只能把我们引入过度自信导致的死胡同。

应对这种新分化,民粹主义者的想法最简单。因为这场分化是**新出现的**,所以他们建议把时钟拨回分化发生之前。他们为此提出

第七章 地域分化：繁荣的大都市，破败的普通城市

的政策是保护主义，逆转市场的全球化。读者也许会对此嗤之以鼻，但我们应该认识到这个方案的荒谬性并非不证自明的。如果对许多人来说过去在一些重要的方面比现在强，那么采取重建昔日经济的策略看起来就的确可行又安全。他们早就学会了不去相信那些承诺他们如果接受进一步变化一切最终都将变好的说辞。

尽管如此，拨回时钟的策略是注定要失败的。最主要的原因是，像韩国这样已经建立自己的世界领先产业集群的新兴市场经济体对拨回时钟毫无兴趣。全球化使这些经济体实现了史无前例的脱贫成就。只要韩国继续主宰钢铁业，英国实行再激烈的保护主义都无法让谢菲尔德夺回在世界市场上的领先地位。这么做充其量能让谢菲尔德占领全部英国市场，但这个市场不够大，不足以让谢菲尔德的钢铁生产率恢复到以前的高度，而且在此过程中，英国钢铁成本的升高将损害所有需要钢铁的产业。

保护主义非但无法让谢菲尔德复兴，一系列限制性措施还有可能让伦敦不再繁荣。正像被事实证明的谢菲尔德的钢铁业集群很容易外流一样，伦敦的金融业集群也可以被毁灭。苦熬苦拼的英格兰其他地区对浮华繁荣的伦敦金融业感到气愤，因此英国部分地区会很热烈地欢迎它的毁灭。但这也将是愚蠢的策略。像伦敦这样的大都市甚至比油田更好，因为它永不会枯竭。尽管这只下金蛋的鹅可能的确令人恼火，但比起扭断它的脖子来，还有更好的策略。不幸的是，本书写作时英国正准备扭断它的脖子，英国采取的脱欧策略可能引发连锁反应，导致金融业向欧洲其他城市转移。

为什么不换一种做法——捡金鹅蛋呢？换言之，为什么不对大都市征税，利用由此获得的财政收入来复兴其他城市呢？

面对这一提议，意识形态分子都会心痒欲言。右派将庄严警告高税收对经济活动的抑制作用，同时抱怨这会把除伦敦外的各地变

成一个充斥着乞丐的巨大"福利街"*，即"铐在死尸上"。左派可能会过度热衷于薅伦敦金融城的羊毛，这在客观上会导致大量企业惊恐撤离，破坏集聚带来的经济效益。

双方观点中包含的道理仅能说服其追随者，但都不完全正确。右派认识到的道理是，政策目标绝不能是把地方城市变成"福利街"。幸福依赖于尊严和使命感，而不仅仅取决于人的消费能力。用公共福利来补贴没有成就感的工作，这样的策略绝不等同于创造需要特定技能、劳动者掌握该技能后会感到自豪的就业机会。所以，政策目标应该是创造高生产率的就业机会，而不是用公共财政来补贴从事低生产率工作的人。左派认定的道理是，凭借在大都市里的高薪专业工作富得流油又洋洋得意的人，在道德上是令人反感的。这些人认为他们的收入都是应得的，而我将证明不是这回事。

我提出的策略自然要两面兼顾：一方面对大都市征税，另一方面复兴其他城市。两面都需要单独分析。

税收和大都市："我们应得的收入"？

税收应该以道德准则和效率为指导。道德准则很重要，一是由于道德准则固有的价值，二是由于人们会抵制和逃避不道德的征税。效率很重要，因为"税收楔子"会影响价格，例如导致消费者支付的价格高于生产者获得的收入，这样的"税收楔子"会扭曲资源配置，从而导致效率降低。

左右两派自以为是的税收观已经导致我们的政治极度分化，充满敌意。实用主义能把我们解放出来：在道德和效率两个标准上，

---

* 指绝大多数居民靠领取福利为生的贫穷街区。——译者注

明智的新税种都比现有税种更好。

税收的道德基础可能比税收的效率更重要。税收管理主要依靠自愿遵从。分析道德命题的标准哲学方法是**实践理性**。尽管实践理性对税收政策至关重要，但传统的经济学方法论并没有采纳它。因此，经济学家在很大程度上忽视了税收的道德基础。各国财政部顾问提出的税收经常会打破在他们看来愚蠢的承诺（他们很可能在这个判断上是对的）。事实上，经济学家似乎认为他们在处理道德问题时只需考虑**收入不平等**问题，而不平等问题是通过标准的功利主义演算来分析的。* 正如乔纳森·海特发现的，对大多数人来说，**公平**意味着**比例性**和**应得性**，而不是平等。但经济学家忽略了这一点。[4] 别管应得性，如果游手好闲的人比努力工作的人更穷，那么转移收入就会增加"效用"；别管资格，如果毕生努力积累养老金的人比天天在海滩上度假的人更富裕，那么转移就会增加"效用"；别管义务，这里我就不用再举例了。功利主义经济学家也许会警告说，一些转移可能会产生对经济的抑制作用，因而"**不经济**"，但他们不认为这些转移"**不道德**"。这样无视更广泛意义上的道德考虑正说明了一个更大问题：这些人是"怪异者"（WEIRD）。

一旦我们承认税制设计应当充分考虑应得性问题，那么它就会对我们如何看待集聚经济效益产生有力的影响。最早发现这个问题的是19世纪美国记者和政治经济学家亨利·乔治（Henry George）。他的想法在当时引起了轰动。

亨利·乔治的大胆思想

乔治为就集聚效应产生的经济效益征税提出了道德上的依据。

---

* 随着收入增加，其带来的边际"效用"递减，所以从高收入者向低收入者转移收入将使总效用增多，因此功利主义认为这是一种改善。

他看到了为什么集聚效益具有道德上的独特性，并得出结论：正确的政策是对城市土地的增值部分征税。

要理解他的深刻见解，我们可以提一连串问题。第一个问题是："**集聚经济效益落到谁手里了？**"为理解这个问题，可以程式化地描述一下工业革命的过程。最初所有人都是农民，工业在一座新城市里出现后，人们纷纷迁入城，到工厂里工作。随着工厂集群的扩大，人们的生产率开始超出过去务农时的生产率：增加的生产率就是所谓的"集聚经济效益"。增加的生产率反映在工资中，因为企业要为得到工人而彼此竞争。但要在工厂里工作，人们就必须住在工厂附近，因此人们需要租地，出租者是日益成型的城市内土地的所有者。因此，迁入城市所产生的收益是更高的工资**减去这笔经济租金**。*只要这笔租金低于农业与工业之间的生产率差距，就会有更多的人迁入城市。但随着他们的迁入，租金也会因人口增加而被抬高。这个过程将一直持续，直到租金上涨到相当于农业与工业的生产率差距。到这时人们便不再有迁入城市的动力，用经济学的行话来说就是达到了均衡状态。但更令人兴奋的是，我们得到了一个重要且简单的结论能回答我们一开始提出的问题：**所有集聚经济效益都成了租金，为土地所有者获得**。看到这里，一些右派人士可能会有些不舒服，但请放心，这不是马克思主义，乔治不是社会主义者。但他是一位聪明的经济学家：他去世多年后，两位经济学家证明了他的结论，且没有贪功，而是将之命名为"亨利·乔治定理"。[5]

亨利·乔治接着提出第二个问题，一个在传统经济学框架里无法理解的问题："**土地所有者应该得到这些收益吗？**"对这个问题，

---

* 为简化起见，假设除了工资高于此前务农的收入这一点外，人们不在意城市生活与乡村生活的其他区别。

第七章 地域分化：繁荣的大都市，破败的普通城市

经济学家会觉得无法理解，但所有其他人都百分百地理解。回答这个问题不需要任何定理，只需要实践理性。要判断一个人是否应该得到一笔收入，我们要追溯他的哪种行为创造了这笔收入。但如果追溯集聚经济效益的源头，我们会发现：创造这些效益的行为，其主体是所有到这座城市里工作的人。通过在这座城市里工作，每个人都为生产率的总体增长做出了贡献。集聚经济效益是**由人们之间的互动**创造的，所以这是一项让所有人获益的集体成就。这就是经济学家所说的公共品。那么在这个过程中土地所有者发挥了什么作用？他们就算天天躺在海滩上也一样会有这样的结果——他们很可能确实就是这么过来的。他们获得这笔收入的原因是，人们聚集的那片土地恰好归他们所有，他们的活动对集聚经济效益的创造没有发挥任何作用。用经济学令人困惑的术语来说，这被归类为"经济租金"。

重点是，以合理的道德标准来看，相比于土地所有者为土地增值而劳动，或土地增值反映的是他们通过储蓄积累的资本产生的回报，让土地所有者直接得到土地的增值收益并不怎么正当。这并不是说上述土地所有者没有任何权利获得土地的增值收益。作为土地的合法所有者，他们可以主张对集聚经济效益享有所有权，这是**基于权利**。但这座城市里的全体工作者也都可以集体主张对集聚经济效益的所有权，这是基于**应得性**。当两个合理的标准之间发生冲突时，实用主义要求我们采取折中的办法，而不是固守某种死板的教条。税收恰好能对此发挥作用。假设社会一致同意对**同时符合应得性要求和权利要求的收入**设定一定的税率，例如农民的农产品产生的收入既是因劳作而应得的，也是因拥有农场而有权得到的。假设社会同意的税率为30%，那么对反映集聚经济效益的土地增值所带来的收入应如何设定税率？我认为应该显著高于30%。这表示土地

所有者对这笔收入的主张显著弱于农民对其收入的主张。而且，只有对集聚经济效益征税，并用这笔税收来造福整个城市，创造集聚经济效益的劳动者才能获得其中的一部分收益——根据上面的分析，这是他们应得的。

亨利·乔治的思想是实践理性的早期应用，讨论的是租金与其他形式的收入在**应得性**方面的差异。他谨慎地把土地增值产生的租金和资本收益区分开来，认为后者具有道德合法性。他的主张既不属于马克思主义，也不属于民粹主义。

他的观点古怪吗？不。相反，他的道德常识感引起了共鸣：他的著作《进步与贫困》(*Progress and Poverty*)成了整个19世纪美国最畅销的书。

不幸的是……

亨利·乔治为对城市土地增值的部分征收重税提供了有力的道德理由，尽管激起了公众共鸣，但他提出的政策从未得到充分执行。因为在大城市中心拥有土地而大发横财的人反对征这样的税。他们没有提出与之相抗衡的道德依据，而是拿出巨大财富的一部分来购买政治影响力。在英国，拥有伦敦市中心大部分土地的威斯敏斯特公爵高居上议院议员之职，他是这个国家最富有的人。在美国，一个曾以纽约地产交易为核心业务的人现在当上了总统。

开征这种税，任何时候都不算晚。现在选民的受教育水平比亨利·乔治时代高得多，所以现在应该能更容易地打造一个克服既得利益群体阻挠的政治联盟。而且，1980年代以来大都市蓬勃发展，这反映了集聚经济效益的剧增。如前所述，这源于经济复杂程度的大幅提升，以及相伴随的技能分工程度的加深。因此，与亨利·乔治时代相比，目前可课税的集聚经济效益的规模大得多，所以公共

第七章 地域分化：繁荣的大都市，破败的普通城市

政策在这方面毫无行动就更显得荒谬了。不仅如此，我们还陷入了由旧有意识形态驱动的税收争议的僵局。

但本节标题中的"不幸"并不是在哀叹当前公共政策的不足。这里的"不幸"是指：尽管经济复杂程度的上升推动新的大都市集聚经济效益出现，但复杂度的上升也导致亨利·乔治定理失效了。乔治的主张，即我们可以通过对土地征税来获取这些收益，已经不再正确了。针对这些收益征税的理由依然很充分，但要想征税就需要巧妙地对税制进行重新设计。以上两句话是基于一种新的学术理论，我和同事托尼·维纳布尔斯在研究一个看起来不相关的问题时偶然发现了这个理论（这样的情况在学术探索中经常发生）。[6] 我会试着让读者也感受一下发现新理论的兴奋感。该理论可以用很简单的方式表达出来。事实上，我们就是以这样的方式偶然发现它的。想要触及经济学思想的前沿，你只需思考两种简单的假想情况。

假想情况一：一个包含有不同技能和不同居住需求的居民的大都市

第一种假想情况是上面所讲农民与工业故事的一个变体，只是这一次故事里的人有不同的技能和居住需求，每个人独自决定是否迁往一座大都市居住。大都市提供的便捷连通性使每个人的技能能够迸发出更高的生产率：越是高技能人才，在大都市工作就越能提升你的生产率。但像此前的故事一样，当人们迁入城市时，租金被抬高。那么，哪些人会选择迁入，哪些人不迁入？很明显，能从迁入城市中得到最多收益的人，是拥有较高技能的单身人士。所以，一名专业的公司法律师白天在办公室里长时间工作，晚上下班后到市中心休闲，最后回公寓睡觉。她的生产率会比在小镇上工作高得多，收入也会非常高，因此房租只占她收入的很小一部分。经济学里一种通常很有用的做法是，寻找对两种选择没有倾向性的人，本

模型里的两种选择是搬入大都市和留在小镇上。我们知道，对于这样的人来说，生产率提高的好处将恰好被租金的上涨所抵消，但这些人会是谁呢？其中的一部分是中等技能人士：单身，只需住一个寓室，但他们的收入并不比在小镇工作高很多。另一部分是高技能人士，但因为他们有一个大家庭，所以他们的居住需求很高，因此租金就会抵消他们收入的增值。这些人对我们的分析很重要（在经济学里他们被称为**边际因素**），因为他们在大都市居住的意愿有限，房东一旦提高租金他们就会离开。这些"边际"租户决定着房东可能设定的租金。那位公司法律师会和住在隔壁的中等技能单身人士支付相同的租金。这时我们就能看到关键之处：那位公司法律师能获得一部分集聚经济效益。

归纳一下：由于技能和居住需求的差别，集聚经济效益的很大一部分不再为土地所有者获得，而是为不需要太大居住空间的高技能单身人士获得。我和托尼·维纳布尔斯模拟了伦敦或纽约这样的大都市可能出现的情况。我们发现，约**一半**的集聚经济效益最终为这些人获得，而不是为土地所有者获得。如果我们再考虑一重差异，即小一些的城市之间的差异，会发现土地所有者获得的份额更小。关键的推论是，不管对土地所有者征多重的税，政府都无法获得大部分集聚经济效益。

这是个坏消息，因为征收这种税的道德依据仍然是有力的。为说明这一点，我再概述一下第二种情况。

假想情况二：需要法治的大都市

这个假想情况朝现实又迈进了几步，而且包含了更发人深省的关键推论。假设有两种产品——食品与服务——和许多国家。任何国家都能生产食品，但只有法治国家才能提供服务。你可以把这看作善政的许多其他方面的一个指标。法治需依靠普通公民的合作和共同努力来维持,如果每个公民都作壁上观,认为这是别人的事,也就是说,如果每个人都试图搭便车,那么作为公共品的法治就不会存在。在我们这个假想情况中,大多数国家里的人都试图搭便车,法治稀缺,因此只有少数具有法治的国家能提供服务,在其他国家里所有人只生产食品。

集聚经济效益适用于服务而不适用于食品,所以在少数法治国家里会存在一个大都市,那是提供服务的地方。因为能提供服务的国家不多,所以在世界市场上服务的售价高于食品,所以出口服务的国家将比出口食品的国家更繁荣。

我们接下来要研究,在服务出口国里从这样的繁荣中获益的是谁。假设所有国家里都有两类工作者:特别聪明的人和其他人。同时假设聪明这一点对务农没有帮助,但可能对服务生产有价值,而这取决于有多少聪明人聚集在一起:一个孤立的聪明的服务业工作者并不比农民的生产率高,但聪明人在大都市聚集得越多,他们每个人的生产率就越高。最后是我们已经讨论过的租金情况:随着聪明人聚集到大都市,租金就会升高。

那么,谁会获得集聚经济效益?这是不是他们应得的?像在上一个假想情况里一样,在大都市里居住的工作者和土地所有者分享集聚经济效益。我们还可以弄清楚二者的比例,但对目前的论述而言,这不重要。关键是,在这个场景里,只有一个群体毫无疑义地应该得到集聚经济效益,因为导致这些收益产生的关键行为是以他们为唯一主体的,那就是集体维持法治的国家里的普通公民。但集聚效益**一点都没**分给他们,而是被聪明的服务业工作者和土地所有者分享了。在道德上无疑有权获得一部分集聚经济效益的群体却什么也没有得到。有鉴于此,我们有充足的理由征税。但和前一种情况一样，只对土地征税将无法触及聪明的大都市工作者所获取的集聚经济效益。

这两个场景有一个显著的共同点：获得集聚经济效益的聪明工作者真心相信这是他们应得的。他们的这一信念系于这一点：因为他们的生产率高，所以他们的收入高。进一步而言，他们认为自己的生产率高是因为他们培养了自己专业化的高技能（假想情况一），或者因为他们特别聪明（假想情况二）。这两种观点的确都有一定的道理，考虑到对于他们来说这么想很省事，他们持这样的观点是可以理解的。但这两种观点都只是**部分**属实。大都市的生产率依赖的是整个国家提供的公共品，如法治和已经做出的旨在增强连通性的基础设施投资。这些公共品为所有人都提供了一些好处，但高技能的大都市工作者从中获得了过高的收益。更根本的是，集聚经济效益本质上是由国民**集体创造**的。是无数工作者的互动，而不仅仅是每一名高薪工作者的独自努力，创造了集聚经济效益。高技能人士有权保留其高生产率产生的**一部分**收益，但不应该得到全部收益。此外，不在大都市里工作的人，由于其生产率并非在其他人的帮助下提高，他们所应得的份额也不应与大都市里的高技能人士一样多。

对集聚经济效益征税的效率依据

到现在，我只考虑了对集聚经济效益征税涉及的道德问题。但税收还有一个方面令经济学家很感兴趣，那就是效率。经济学家的这种态度很正确。在对集聚经济效益征税的问题上，经济学终于可以提供一些有价值的观点了。

最重要的是**经济租金**的概念。经济租金是指，向某人支付超出原本可诱使其做某事所需金钱的报酬中，超出的那部分报酬。在我

第七章 地域分化：繁荣的大都市，破败的普通城市

们前文探讨的道德标准中，这个概念是无关紧要的。一位明星网球运动员赢得的锦标赛奖金，超出了他愿为获得这笔钱而付出的代价，这一点不能否定他享受这笔奖金的合理性。这位明星运动员从他的非凡天赋中赚取经济租金，但既然这是他的天赋，所以因天赋而产生的收入就是他的。但当我们从道德问题转向效率问题时，经济租金的概念就变得很有意义了。根据经济租金的定义，对这笔租金征税不会影响他参加比赛的决策，所以这笔财政收入不会带来效率损失。集聚经济效益是经济租金，所以根据效率标准，这是理想的课税对象。

在土地所有者得到所有集聚经济效益的简单假想情况中，很显然，对他们的收益征税不会导致他们的行为发生不利于城市发展的变化。如前所述，他们可能只是在海滩上休闲度日，而一旦对他们课税，他们或许就必须和其他人一样去工作。不过即使在其他场景中，对租金征税也符合效率原则。对那位住公寓的公司法律师征税，她那远远超出房租的收入就会减少，但只要她的收入仍然比在小城镇里工作高，她就会继续留在大都市里。同样，在第二个假想情况里，如果对在大都市里生产服务的聪明工作者征税，只要他们的税后收入依然比务农时高，征税就不会改变他们的行为。

就税收效率而言，找到经济租金就相当于找到圣杯——征税不会产生效率损失。如果这听起来美好得叫人无法相信，你还可以再兴奋一些，因为除此之外，这么做还有其他好处。要理解这一点，我们需要再提到一个方便的经济概念——**寻租**。

寻租是一种有害行为。举个例子，假设立法机构通过了一项法律，授予一群生产商垄断权。立法机构为什么要这么做？因为有人游说并用好处收买了议员。这项法律产生了经济租金，而游说就是**寻租行为**。杰出的经济学家安妮·克鲁格（Anne Krueger）认为，

游说及其他寻租行为会持续进行到每多花费一美元寻租仅多产生一美元租金为止。投入到寻租中的资源是彻彻底底的浪费。

集聚经济效益是租金，那么，这会吸引寻租行为吗？经济学家从未提出过这个问题，他们的忽视有一个简单的原因。假如亨利·乔治定理是对的，集聚经济效益只为土地所有者获得，那么寻租就没有空间。土地供给是固定的，不会因游说或任何其他行为而有改变。但事实是亨利·乔治定理已经失效。在大都市里，获得大部分集聚经济效益的人是居住需求很小的高技能人士，这意味着大量的寻租机会。人们游说交友广泛的亲戚挤走别人，把工作机会留给自己；人们付钱接受培训以得到额外教育，获得更多证书；人们参加成百上千次的面试。人们也有可能通过推迟结婚生子来压低居住需求。上述行为都属于寻租。为了获得代表着丰厚利益的集聚经济租金，人的行为被扭曲。寻租不会让蛋糕变大，只会让处在职业生涯中期、相互竞争排挤的人们在健康幸福方面蒙受集体损失。寻租导致的这些损失可能是巨大的。

对集聚经济效益征税可以减小人们寻租的动力。大都市里的工作机会依然值得争取，但收益下降后人们采取极端措施的可能性也降低了。为了能继续住在伦敦或纽约的昂贵公寓里而推迟生育，也许会变成一种太沉重的代价。繁荣大城市里的集聚经济租金目前高得惊人，不仅争抢这些租金的行为可能导致争抢者的损失，而且这种强劲的势头可能会让他们认识不到自身生活承受的无可挽回的伤害。

所以我们应如何对集聚经济效益征税？

对经济租金征税目前总体上被认为是明智的做法。近期提出这一主张的最具影响力的人物是诺贝尔奖得主罗伯特·索洛（Robert Solow），他是经济增长理论的创立者。索洛认为社会中的经济租金

第七章 地域分化：繁荣的大都市，破败的普通城市

已经上升，课税对象应该从工作薪酬向经济租金转移。有了这个保证，我现在把两部分论点结合起来。从道德和效率理由来看，对集聚经济效益征税都是明智的政策。这两条标准都很重要，能同时满足这两条的其他税种很少。

从道德方面来看，对大都市集聚经济效益征税的理由极为充分。通常我们对税收的期待最多不过是税负能公平分摊，但在这里，若想让收益与应得性更好地匹配，对经济租金征税是必须的。同样，从效率角度看，通常我们对税收的期待最多不过是最小化附带伤害。很少有税收能满足这个看似很普通的条件，但对集聚经济效益征税不仅不会损害效率，反而可能通过抑制寻租产生**增进效率**的效果。

相关的问题是，在实际操作中如何对集聚经济效益征税呢？如前所述，这些收益为城市土地所有者和城市工作者分享。因此，要通过税收获取这些收益，就需要对这两个群体征更高的税。

一个明智的起点是对土地和房地产的升值部分课税。最好的途径是，每年按土地和房地产价值的一定比例征税。* 由此获得的税收应该由**全国享有**：应该把这笔钱再分配给其他城市，即令大城市获益的经济力量所猛烈冲击的那些城市。目前，对大城市土地升值所征的税反而轻于对其他收入征的税，在包括英国在内的许多国家，它几乎不被课税。这是税制的重大设计失误。19世纪时，政客为"不劳而获的穷人"感到苦恼，21世纪的政客应该为因政策疏忽遗留下来的问题而苦恼。现在有成千上万"不劳而获的富人"，不幸的是，他们中不少都是政客。右派想保护富人，左派想把富人投进火炉。我们需要对富人区别对待。一些富人对社会很有价值，另一些则只

---

* 按年征税比一次性征税好，因为一次性征税会使开发商推迟能让土地增值的投资，转而动用资源来进行游说，以扼杀投资为借口要求取消这种税。如果按年征收，这种推迟投资的动力（学术上称为"期权价值"）就会大大降低。

是在攫取国民集体努力的成果。

但我们分析的关键是，获得大部分租金的不是土地所有者，而是高技能的大都市工作者。要获取这些租金，就需要税制创新：不是像现在这样仅根据收入征税，而是根据高收入和大都市地理位置这**两个因素**的结合，来设定差异化税率。

只具备中等技能的大都市工作者，分不到任何集聚经济租金。绝大多数中等技能的人都在非都市地区工作，所以伦敦一名每天早上为律师煮咖啡的中等技能工作者的工资将包括两部分：非都市地区同类工作者的工资，加上他要支付的伦敦公寓超出非都市地区租金的部分。所以，针对全国中等收入群体的基本税率，也适用于大都市的中等收入工作者。但那位高收入公司法律师确实获得了更多的集聚效应带来的经济租金，应当分出一部分给其他人。因此，她应该承担比在非都市地区工作情况下更高的税率；假如她不在大都市工作，她将无法获得集聚经济租金。这不是奇思异想，它已在某种程度上成为现实：这位律师如果在纽约工作，那她目前承担的税率已经比小城市里相同收入者的税率高了 8 个百分点。要多交税是因为她在纽约**工作**，即使她不**居住**在纽约。在伦敦工作的人不用多交税，但是我们可以改变这一点。对经济租金适度征税几乎不会影响人们的就业决定，因此这种税的损害性将比当前的税种低得多。我们面临的挑战是要确定大都市高收入工作者交的附加税应该有多高，以避免这种税造成的效率损失超过当前税收造成的效率损失（这是一个完全可以靠现代财政分析技术解决的问题）。与纽约已经采取的做法相比，这个建议的唯一区别是税收的归属方不同。在纽约，那 8% 所得税带来的财政收入归纽约市所有，我则建议应归全国所有，以帮助像底特律、谢菲尔德这样的城市复兴。

这意味着大多数人都承担的基本税率将继续适用于全国，但每

第七章 地域分化：繁荣的大都市，破败的普通城市

项适用于高收入的税收都将包含一块大都市附加税，其课税对象是高技能群体获取的集聚经济租金。因为技能最高者获得的集聚经济效益要大得多，所以附加税的税率将具有累进性。

由于税务部门知道人们在哪里生活和工作，在实际操作上这极为简单易行。事实上，就像纽约的例子一样，现在很多税收已经因地理位置而异了。*最可能出现的阻碍是富裕的城市居民不成比例的政治影响力，其主要表现是他们在立法机构中有过多的代表。尽管他们对自身的道德水平评价甚高，但这项道德上公正、经济上高效的税收可能会引起他们自以为正义的愤怒。但不要忘了，因为我们是对经济租金征税，所以对方提出的可以预料的关于负向激励和应得性的反对理由都是为自己的利益服务的。准备听他们倾泻一大堆"动机性推理"吧。这项税收不仅有充足的学术依据，而且是对大城市人新产生的傲慢的妥当回应。

复兴非都市城市："铐在死尸上"？

如何让谢菲尔德、底特律、斯托克这样的城市复兴？对大都市征税的目的不是为这些地方的居民提供福利，而是要用这笔资金来帮助这些地方重新成为生产性经济活动的集聚之所。如前所述，在破败的旧产业聚集地，单靠市场的力量无法创造新的聚集地；相反，这些城市只会充斥着零散的低生产率的经济活动。但是，为什么市场力量无法创造新的产业集群？既然市场做不到，我们为什么觉得政府就能做到？

---

* 在美国，各州和各城市的所得税税率不同。目前在英国，苏格兰和英格兰实行不同的所得税税率。当前的建议与这些税制的区别不在税务行政方面，而在由此创造的财政收入的分配方面。

成功的产业聚集地是许多不同企业的共同所在地，其中部分企业相互竞争。聚集在一起，企业就能收获共同的规模经济效益从而降低成本，从中获益。产业集群形成后，市场力量就能维系它：每个企业都不愿离开，因为知道其他企业将依然在这里，而不是在其他地方。但**形成**新产业集群的难度大得多。正因为企业是相互依赖的，所以如果一家企业预期许多其他企业会搬到一个新地方，它搬往这个地方的愿望就会大增。但这家企业如何知道其他企业会不会这么做？如果一家企业成为先行者，另一家也许会同往，成为产业集群中的第二家企业，在这种情况下，也许又会有企业决定成为第三家。但并没有市场机制来形成和揭示这些决策。集群的形成面临协调问题，所以需要一个协调者。硅谷是以斯坦福大学为基点逐渐形成的。在人气不够高的地方，这个问题如何解决？

依靠私营部门解决协调问题的途径

协调问题出现的原因是，每家企业的决策都依赖于所有其他企业的决策。在经济学中，这些效应称为**外部性**；因为这些效应影响的是其他企业而不是该企业本身，所以该企业在做决策时不会将其纳入考虑范围。但对于这一相互依赖问题，**存在**着市场解决方案：从本地着眼，或者从"大处"着眼。

从本地着眼……

有一个经济部门天然地扮演着协调者的角色，那就是金融业。金融业在发挥最佳功能的情况下，可以收集关于企业的信息，并基于未来的机会分配资金。如果法律规定一家银行的业务限于特定城市，这家银行就会理解，当地经济的兴衰决定着它自身的未来。对从这家银行借款的每家企业而言是外部性的效应，将被这家银行内

第七章 地域分化：繁荣的大都市，破败的普通城市

部化。为了避免这样的做法导致自身毁灭，该银行必须深入了解每一家企业面对的机会及其相互依赖状况。因此，该银行就不会是第四章中描述的那种金融机构。这样的银行是天方夜谭吗？不是的。在美国，在1994年的一次修法之前，这是银行业的常态。在英国，变化发生得更早，但像米特兰银行（Midland Bank）、约克郡银行（Yorkshire Bank）这样的名字显示它们曾经是地方性银行，而地方性银行现在依然是德国的常态。转向全球性银行的政策变化，有可能使需要新产业的城市有机会从更多来源获得资金，从而增强其金融潜力。但在现实中，全球性银行几乎没有什么动力来为收集地方性信息投资。当一座城市开始萎缩时，当地的银行分支机构会接到削减信贷的指示，收回的钱会转移到其他城市。回归本地化将使金融业有动力发挥其有益于社会的作用：搜集和判断有关实体经济的信息。

从"大处"着眼……

对协调的需求可以通过一个超大企业来解决：像亚马逊这样的超大企业，单凭自身经营就能收获产业集群式的规模经济效应，因此它自己做先行者是没有问题的。这样的企业本身就是一个产业集群，它到了哪里，发挥支持作用的供应商就会蜂拥而来。在大多数产业里，规模这么大并不是好事，因为集聚效益很容易被管理庞然大物的困难抵消。所以大到能自己构成产业集群的企业是很少的。可能有不少破败城市的市长希望超大企业进驻，但超大企业的数目与此相比却僧多粥少。哪些破败城市能成功地吸引到超大企业？对这个问题也有市场式的解决方法，但不是个好方法。一个寻找新经营地的精明的超大企业会组织一场招标，让各城市竞标，看谁能提供最具吸引力的入驻条件。胜者将赢得的价值是新的产业集群将带

给该城市的集聚经济效益。比较竞标成功与竞标失败城市的新研究证实，这些效益是真实存在的。[7] 拍卖理论告诉我们，中标者的出价将等于它得到的价值。* 所以，针对破败城市面临的协调问题，市场的"解决"方式是把所有新产业集群带来的收益都交给创造该集群的超大企业。我写作本书时，亚马逊正就其新总部选址让不同的美国城市竞标。亚马逊很大，足以让一个破败城市复兴，它也会很无情地为自己榨取这些利益。

公共部门解决协调问题的途径

让政府做企业决策的协调者，这个想法会让市场原教旨主义者吓得发抖。但我是坐在新加坡写这一节的，从我的书桌前望出去，一座通过公共规划实现非凡繁荣的城市一览无余。1980 年我第一次来到新加坡时它刚刚上调了最低工资，以驱走政府认为没有前途的产业——纺织业。这一策略遭到了市场原教旨主义者的严厉批评：最低工资只会导致高失业。在美国和欧洲历史上，政府在扮演协调者角色时确实经常进行政治化的不当干预，这令人难堪。但东亚提供了很有价值的修正：政府协调有时能奏效。新加坡的奠基者李光耀也理解关于集聚的经济与道德问题。这反映在他的政策里："我认为，土地的私人所有者不应从经济发展与用公共资金进行的基础设施建设造成的土地升值中获益。"[8]

这里有一个表面上看起来最不会扭曲市场的方法。既然要对大都市征收附加税，那么为什么不利用这笔财政收入相应地对破败城市里的企业减税，继而让市场决定哪些企业迁入这些城市呢？但这个方法不能解决协调问题。而且如前所述，市场作用能**维持**已形成

---

* 中标者的出价甚至可能超出它得到的价值，这个现象被称为"赢家的诅咒"。

的产业集群,但不能**创建**新的产业集群,这中间包含的道理也意味着这个方法不行。一家先行企业知道迁入破败城市的企业将得到减税待遇,这丝毫不能帮助它判断哪些企业将迁移,以及迁到哪里、何时迁移。为让超大企业进驻而竞标依然是破败城市市长们的唯一选择。但在这种情况下,围绕超大企业的竞标将出现一个新问题。因为所有破败城市都将提供减税待遇,所以这些城市为中标而彼此竞价的动力较以往没有变化。和以往一样,中标城市所能期待的价值将为超大企业获得,但在这一新情况下,破败城市享受的税收补贴也将为超大企业获得,成为其额外收入。那么,有什么好办法?

补偿先行者

破败城市需要有活力且入驻后能很快催生新产业集群的企业。但这样的先行企业稀少,原因是假如其他企业不追随它们迁入的话,它们很可能会破产。即使其他企业追随,先行企业相对于后来者依然处于某种劣势。先行企业将难以找到需要的熟练工人:既然当地一直没有聘用此类工人的企业,当地的工人怎么会拥有这样的技能呢?所以,先行企业将不得不从其他地方招来熟练工人,让他们逐步培训当地雇员,这很可能意味着高成本。但假如第二家企业决定在这座城市开业,它将能更容易地招到需要的熟练工人——它可以挖走先行企业培训过的一些工人。因此,第二家企业的建立成本将低于先行企业,从而能获得更高的资本回报率。

换言之,产业集群的先行者面临"**先发劣势**"。这很奇特,因为更常见的情况是先行者享有"**先发优势**",但这适用于新**市场**和新**科技**的先行者。率先进入一个市场能让一家企业形成相对于后来者的优势,因为这能建立品牌忠诚——想想胡佛的例子;率先研发出一种新技术的企业能获得专利——想想苹果的例子。但假如一家企业是一个新**产业集群**的先行者，该产业集群将在成熟市场上使用成熟技术生产并销售产品，那么这个先行者就将承受一些后来者所不必承受的成本。

但对于一座破败城市而言，一个产业集群的先行企业具有社会价值。那么有什么办法能解决这个问题？由于先行者创造外部性这一公共利益，应该用公共资金来补偿它。作为一项原则，这是简明直接的，但要落实该原则，就需要称职的专业公共机构。这应当如何实施和管理？

开发银行

分配资金用于良好目标是一回事，有效使用资金是另一回事。引导公共资金投资于企业的机构是开发银行，其任务是投资于私营部门，以促进一些公共目标。所有主要政府都有开发银行：欧盟有一个庞大的开发银行——欧洲投资银行（European Investment Bank）；日本和中国也有类似机构。给开发银行设定专门促进非都市城市复兴的任务，是利用对大都市征收的新税的一个可行途径。有些开发银行很成功地实现了既定目标，另一些则沦为腐败的巢穴。关键在于开发银行是否有明确的职权，廉洁奉公的高标准，认同本银行使命的积极的员工队伍，以及是否受到切合实际的审查。"切合实际"这个词很关键。投资打造产业集群是一项有风险的长期事业；一项投资是否成功往往需要数年才能知道，而且会出现很多失败。除非监督开发银行的政客和公众理解这一点，否则开发银行就会变得缩手缩脚，难以取得成果。如果开发银行想复兴破败城市，为可能大幅提高当地工人生产率的经济活动提供资金，它就需要敢于冒险、集思广益、积极主动。像风险投资模式一样，开发银行的员工有时需要参与日常管理；有时非常积极的员工为一个项目工作多年，最终也会面临失败。评判一家开发银行的唯一标准是看其整体投资组合和长期业绩。* 但由于（第四章讨论的）传统金融市场存在的普遍性不足，在有合适员工的情况下，利用开发银行是值得一试的途径。

为企业到来做准备：企业园区

先行企业进驻一个城市的前提是那里要有适合企业经营的地方。企业可以购买废弃建筑并按自己的需求进行改造，但企业园区能提供专用空间和基础设施，这是未来的产业集群可能需要的东西。许多企业都觉得相互靠近很有益。一座失去昔日产业集群的城市，很可能有一片废弃的工厂区。可以用公共资金为该城市设立一家机构负责清理这片区域，建立并管理一个新的企业园区。

此类机构面临的一个关键问题是它们为土地支付的价格。一旦该机构进入市场，废弃土地就会突然升值。这不仅与它参与竞标购买土地有关，打造新产业集群的前景也会提高土地的未来价值。显然，既然这类管理机构使土地升值，这笔额外价值就应该归它所有，而不是土地所有者。在英国，这一原则被纳入了1981年的《发展公司法》。但是，法官没有受过经济学或公共政策方面的训练，于是精明的律师试图曲解法律文本的含义，这正是通过"动机性推理"来寻租的典型例证。精明的律师已通过这种方式成功掠取了公共资金：应用于土地估价的法条的司法解释，已经变成这类机构进入市场前与进入后地价的折中，土地所有者通常能获得土地升值的相当大一部分，而它本来应该由管理机构获得。这一情况是可以纠正的，

---

* 这些想法反映了我与英联邦开发公司前 CEO 黛安娜·诺布尔（Diana Noble）的谈话。诺布尔曾重振英联邦开发公司，使其成为致力于引导企业进入贫穷国家投资的最有目标感的开发银行。

但立法时应注意不要留漏洞，避免律师揩油水或能力不足的法官因不理解（甚至不关心）公共利益而导致损失。

投资促进机构

建立和管理企业园区的机构目光向内，关注城市及其设施；投资促进机构则目光向外，关注可能入驻城市的企业。假如市场机制像右派意识形态分子设想的那样完美无缺，设立投资促进机构就是浪费钱。但爱尔兰人知道情况并不是这样。1950年代爱尔兰是欧洲最穷的国家之一。为改变这一局面，爱尔兰政府率先设立了一家机构来鼓励投资。在吸引国际企业和就业机会方面，该机构取得了非凡的成功。*它打造了一支团队，研究可以发展哪些产业，与可能来的企业建立联系，并从较大的企业中吸引一家入驻，作为潜在的"锚"投资者。

一旦这样一家企业表示出兴趣，爱尔兰投资局将与之合作，逐步了解如何更好地预测它在爱尔兰经营时会面临的问题。在对该企业的业务取得一定了解后，投资局努力提前解决这些未来可能出现的问题，并向地方政府等其他公共机构提出建议，指导它们该如何提供帮助。投资局和企业的关系不会随着企业做出投资而结束。在此之前负责了解该企业业务的投资局职员仍会与其保持密切联系，努力发现更多机会。爱尔兰超过一半的外来投资都是通过这样的后续工作引入的。

显然，投资促进机构和管理企业园区的机构需要协作，因为二者都有对对方有用的信息。但二者发挥着不同作用，故而应当作为彼此独立的机构来运作。

---

* 对于本节所依据的知识，我要感谢伦敦政治经济学院经济系主任、产业经济学耆宿（也是自豪的爱尔兰人）约翰·萨顿（John Sutton）教授。

知识集群：地方大学

大多数非都市城市现在都有大学，大学应该对所在城市的复兴发挥重要作用。谢菲尔德能从其钢铁产业的崩溃中恢复过来，很大程度上要归功于它幸运地拥有两所受人尊敬的大学。一些学术领域很容易产生具备商业应用性的知识。研究是很容易让集群出现的一种活动：知识进步的常见方式是有人把之前相互独立的两个新进展联系在一起，所以研究者彼此临近是很有意义的。知识也不是只从基础研究发展到应用。经常是在基础研究得到应用后，人们才知道应该在哪些地方探索新进展，所以研究活动靠近应用知识的企业，对企业和大学都有好处。斯坦福大学与硅谷之间的关系，哈佛大学、麻省理工学院与繁荣的波士顿之间的关系就是这一过程的典型表现。

但学者们可能浮夸地主张研究不应受实用主义污染。繁荣的社会当然应该花费资源来支持纯粹的知识，但破败城市里的大学应当认识到对所处社会所负的义务。地方大学应当重点发展那些有切实可能与企业结成紧密关系的院系。这是公共资金的另一个潜在用途。

大学不仅产生有商业用途的知识，还教育学生；学生们是否掌握具有生产价值的知识既取决于大学教他们的东西，也取决于教育内容与潜在雇主的相关性。最糟的情况是，受危机冲击的非都市城市的大学将教学重点放在不能让学生获得高技能工作岗位的课程上。它们培养出来的学生拥有学位证书但没有技能，年轻人可能因求学而背负债务，却学不到足以让他们偿还债务的技能。

破败城市里适合培育新技能的地方显然是当地的大学和技术学院。在顺利的情况下，作为新产业集群先行者被吸引到这个城市的企业，与当地大学和学院的相关院系联系到一起，共同开展应用研究，培训员工。企业、大学和技术学院可以合作制订计划，对年纪较大的求职者进行再培训，让他们学会所需的新技能。

结语："不惜任何代价"

繁荣城市和破败城市之间的地域分化不是不可避免的；这一现象是晚近发生的，而且是可以逆转的。但靠公共政策的微小调整无法逆转这一趋势。简单地说，小幅调整无济于事，但更根本的问题是，经济发展的空间动力取决于预期：企业选择的经营地是它们预计其他企业将选择的经营地。目前企业的预期是基于近几十年的情况形成的，因此这一趋势是自我实现的。要改变这一状况，就需要足够大的政策变化，以冲击企业的预期，将其震入一个不同的轨道。

鉴于上述任何一项政策的有效程度都存在不确定性，所以对每一项都不应鲁莽地全盘接受。这些政策需要通过一个谨慎的渐进试验过程来检验。但这样的过程将无法创造我们所需要的冲击性。一方面要谨慎试验，另一方面要有冲击性，二者的矛盾如何处理？解决办法是就缩小地域不平等的目标做出总体的政策承诺。2011年欧元区面临着同样的两难困境：政策制定者不知道什么政策能切实有效地保卫欧元，于是他们开始了一系列试验。但欧洲央行行长马里奥·德拉吉（Mario Draghi）用一个毫不含糊的承诺囊括了这些试验——"不惜任何代价"。这句话立即产生了持久的效果：投机潮因德拉吉的破釜沉舟而退去。在城市政策方面，我们也需要类似的政治承诺。

第八章
阶层分化：享有一切的家庭，分崩离析的家庭

我和我的表亲是这种本可避免的分化的缩影。为什么会发生这样的情况？如何解决？

在许多家庭里，成年人的受教育程度和技能已达到人类史上最高的水平；他们比以往任何时候都更倾向于同与自己相似的人结婚；男性对平等合作的革命性家庭模式的接受程度是空前的；父母在养育儿女方面投入的精力也达到了从未有过的程度。成功让这样的家庭稳定下来，父母的成功由儿女继承。这样的家庭享有一切，正在成为王朝式家庭。

在其他许多家庭里，成年人受教育程度较低，他们辛苦学会的技能已经失去了价值。他们也更可能与和自己相似的人结婚，但这是因为机会在减少：受教育程度高的人之间的配对性婚姻使女性通过婚姻提高社会地位的机会减少；男性仍然肩负着养家糊口的传统职责，但再也无法履行这个职责；父母延续传统模式，让学校负责子女教育。失败使紧张感不断加剧，破坏家庭稳定；父母的不稳定

状态被传递给子女。这些家庭在分崩离析。

成功家庭所依赖的许多特征不仅有利于这些家庭，也有利于全社会。而导致失败家庭出现的许多特征不仅是私人的悲剧，也是社会灾难。要扭转这一新的分化，首先应当稳定和巩固正在分崩离析的家庭。我们必须直面现实，父爱主义的社会管理模式已经失败，政府不能取代家庭的角色。但家庭需要前所未有的支持，我将这一思路称为"**社会母爱主义**"*。但并不是所有成功家庭的做法都对社会有益。既然你在读这本书，你可能属于成功家庭。本章会在较后的部分展开对成功家庭的讨论。

向承受压力的家庭提供支持

从事低生产率工作的人通常生在父母教育能力差的家庭。正如第五章所述，单亲家庭儿童和孤儿的人数近年出现了猛增。不幸的是，这经常会造成不可挽回的损害。这些残酷的事实意味着公共政策需要从儿童生命的早期就开始实施，包括提供帮助使家庭不致破裂，以及通过其他形式为父母提供育儿支持。

维持家庭的完整

不知为什么，应当鼓励双亲家庭的主张现已被视为政治右派的主张，即"社会保守主义"。但历史上只有最极端的无政府主义者才主张完全自由的性爱。正如英国最受尊敬的社会政策专家之一艾莉森·沃尔夫女男爵（Baroness Alison Wolf）所说："所有已知的人类社会都不以完全性自由的方式运行。相反，这些社会都有公

---

* 这个术语很新，以至于拼写检查认为它拼错了。

认的婚姻制度……各个社会都有规则，常常是严厉的规则，旨在迫使孩子的父亲娶孩子的母亲。"[1]这样的规则有充分的依据。在孩子出生时，大部分未婚母亲都想嫁给孩子的父亲，而大多数父亲也打算这么做。但在五年后，这样的夫妻中只有35%仍然在一起，而且其中真正忠于婚姻的人不到一半。[2]这会造成影响，现在可靠的科学研究终于能提供证据来支持社会科学了。端粒是DNA末端的保护帽，端粒越短证明细胞已受到的损害就越大，人的健康就会恶化。如果母亲的婚姻关系不稳定，她的孩子到九岁时端粒会缩短40%。[3]要知道，家庭收入**翻倍**只会让端粒长度增加5%，由此可见上述影响之大。缺乏父亲关爱所造成的损害大到无法弥补。对许多人来说这可能是"令人不快的真相"，但不能因此就否认事实的存在。

鼓励父母双方都关爱孩子这种观念本身并不属于保守主义立场。而且，它是我们对他人所负义务的一个核心方面，说它更接近左派社群主义的立场而不是右派个人主义的立场似乎更有道理。左派在这个问题上的犹豫是由于把父母对孩子的义务与两件事混淆了：一是婚外性行为是一种罪的宗教执念，二是婚姻作为压迫妇女的制度存在的历史。部分右派乐于污名化某些群体，这也加剧了左派的犹豫。

先来看看罪的问题。许多人认为罪孽是无稽之谈，这些人中的一部分认为，既然不承认罪孽，性和义务之间的整个联系也就被切断了。罪是违反对上帝的义务，既然没有上帝，也就没有义务可违反。菲利普·拉金精彩地刻画了1960年代迅速发生的观念转变："不再有上帝，不再在黑夜里冒冷汗／不再有地狱"，我们都能"顺着长长的滑梯／滑向幸福"。[4]但"上帝之死"并不能让我们摆脱对他人的义务，而是让我们的这种义务更牢固了。孩子不成材这一人类的痛苦不是**上帝**造成的，而是**人**造成的。正如在1960年代社会叙事因年轻人拒斥上一代生活方式而剧烈转变一样，新一代人需要重新组织社会叙事，让性义务与宗教信仰脱钩。性行为可以，但对生养孩子的不负责任是不可以的。至于婚姻是压迫女性的制度这个问题，可行的解决方案不是放弃婚姻制，而是改变其规范，这一情况已经在很多婚姻中发生了。放弃婚姻制不会为母亲赋权，反而会导致母亲丧失自由，因为女性要独自挣扎着同时扮演好父母这两种必要的角色。

再看看污名化问题：人都会犯错，具有强烈性冲动的年轻人犯错最多。尽管我们应当尽力减少这样的错误，但它仍然会发生。错误一旦犯下，社会做出的合乎道德的反应应该是宽恕，而不是谴责。宽恕是指明确承认这是个错误，但没有任何惩罚的必要。未做好准备便生下孩子的年轻父母不应被污名化，应当鼓励他们结婚并共同抚养孩子。

证据表明，人的决策很大程度上受社会网络中其他人观点的影响，这说明家庭和朋友的反应很重要，因为我们都是社会动物。[5]但公共政策可以再助一臂之力。政府可以通过政策承认亲生父母选择与孩子一起生活所能带来的巨大价值。对纳税的父母，可以给予税收抵免作为奖励，降低其税收负担；对不需纳税的父母，可以给予同等金额的补贴。年轻父母尽力养育子女对我们都有好处，我们应该有为此支付成本的意愿。当这些父母不履行养育职责时，社会其他成员就要为此付出沉重代价。

在最关键的学前时期支持家庭

为什么英国有7万名儿童处在政府"照料"之下？因为父爱主义的社会管理的介入：坐等一名年轻女性诞下一个她没法照顾的

第八章 阶层分化：享有一切的家庭，分崩离析的家庭

孩子，然后把孩子从她身边接走。这往往频繁发生在**同一群女性**身上。例如对哈克尼区（Hackney）接管儿童的案例研究发现，205 名被政府接管的孩子仅由 49 名女性所生。但"社会母爱主义"不会坐等事情发生后再出击，而是会承认这些女性的生活出现了严重问题，并帮助她们解决。看到这些可怕的统计数字后，有一群人共同向她们提供帮助，成立了一个名为"暂停"（Pause）的 NGO。[6] 那 49 名女性的生活确实是相当绝望的，其中 48 人都有毒品或酒精依赖问题，一半人有慢性精神健康问题，一半人自己就是在政府"照料"下长大的，父爱主义的社会管理加剧了代际失败综合征。"暂停"发现，关键性的介入是改变这些女性的生活，而不断接走她们的孩子只会造成心理创伤，把她们推入更深的绝望，并损害胎儿的健康。*改变她们的生活需要同情和指导，并就解决成瘾、住房和遭受男性暴力虐待等问题提供实际支持。成功的关键是提高对方的自尊心，而不是逼她们放弃救济。这正是"暂停"所尝试的。它逐渐将组织扩展到英国一个个被污名化的城镇。这么做有效果吗？

最近"暂停"得到了独立评估，发现它支持的 137 名女性的生活方式有显著改善。有精神健康问题的人中四分之三有显著改善，滥用药物和家庭暴力的情况均显著减少。而这些改善让她们怀孕的次数下降了：最准确的估计是每年少生了 27 个孩子。"暂停"也极具成本效益，它每花费 1 英镑都会在接下来的五年里为社会节省 9 英镑。当然，"暂停"只是个很小的组织，父爱主义的社会管理依然占据主导地位，支配着"照料"儿童的公共支出。

那么，明显失败了的父爱主义的社会管理为何依然占据主导地

---

* 事先告诉怀孕的母亲孩子一出生就会被接走，会使母亲孕期压力陡增，给胎儿造成不可挽回的伤害。

位？这是因为旨在进行社会控制的相互隔绝的科层体系禁锢了敬业的一线专业人士。它是如何阻碍"社会母爱主义"发展的？我就此举一个例子。有一位心理治疗师管理着一个社区精神健康团队，工作地点是一座破败城市及其核心区域，受治疗的患者们过着屈辱、孤立和紧张的生活。一些母亲因害怕遭受"霸凌"而不敢送孩子上学。霸凌受害者不是在校内上学的孩子，而是站在校门口的母亲，争夺有限男性的其他母亲会攻击她们。这个精神健康团队意识到，这些患者需要一个能帮助她们和其他面临同样压力的女性逐渐建立友谊的安全空间。他们设立了一个项目，在没落的居民区经营咖啡馆，租下一些店面，将其改建成舒适安全的空间。每个咖啡馆都是合伙企业，由患者中的志愿者组成。因为这些咖啡馆很有情调，所以社区里的各界人士都会频繁光临，不会对她们有任何侮辱性的暗示。通过志愿者自己的陈述、治疗她们的专业人士的评估和对健康记录的分析，可以评估该项目对她们心理与情绪健康的影响。患者们表示，这份工作帮助她们与其他人建立起了友谊，从而摆脱了孤立状态。如果有人哪天没来，朋友会把联系她当成自己的分内之事，可见咖啡馆培育出了互惠义务。新建的友谊使她们能按自己的节奏探索自己的生活，不再将思维停留于危机应对模式，也不担心被人羞辱。渐渐地，她们中的一些人生活变得完整充实了。精神问题复发和住院的情况减少了，自尊感形成了。获得某种就业资格、获得未来不再是空想。她们成了更好的母亲，有了工作。当地其他店铺经常遭到蓄意破坏，而这些咖啡馆却没有，这也从侧面说明人们认可它们的价值。随着该项目的发展，财务状况不断改善，几乎达到了收支平衡。该项目产生了令人赞叹的影响，被人们在会议上当作成功案例。但是，后来它被终止了。

管理这个精神健康团队的是国民医疗服务体系里的科层机构，

他们认为,这个团队的核心工作是治疗,经营咖啡馆的做法不应该持续得到财政支持。虽然住院的情况得到减少,但那属于另一套预算体系。虽然受援助者得到工作后就不再领救济了,但那是社保预算的事。至于社会服务部门,他们凭什么要从核心工作中拨出资金资助国民医疗服务体系想要取消的项目呢?父母更好的照料能改善儿童的在校表现,但教育预算优先投入的是教学这一核心工作。管理着分散的专门机构、脱离一线现实的科层体制,对一个切中问题核心的创新项目不仅不学习推广,反而将其扼杀。各机构只顾头痛医头,脚痛医脚。正如那位绝望的心理治疗师所说:"如果没有更好的干预措施,这种情况将代代延续下去,只有很少的人能逃离这个怪圈。"

这就是社会母爱主义开始的地方,这个趋势还在继续。青年男女意外生下孩子后面临不知该如何应对的压力。多数父母本能地感到有抚养的义务,但抚养幼儿可能意味着巨大的压力:年轻的父母会时常生孩子的气,也会相互生对方的气。发生这样的情况时,要避免事态升级导致持久的伤害,就需要技巧、自律和宽恕。尚不成熟的青少年不得不以压抑自己的欲望为代价,控制自己的脾气,进行提前规划。年轻父母需要金钱、安慰和不带有色眼镜的指导。这是社会母爱主义的核心。如何提供这些东西呢?

家庭根据收入来调整生活方式,只需稍加规划,审慎行事,绝大多数家庭都能满足子女的基本需求。慷慨的父爱主义管理可能是一把双刃剑。英国为单身母亲提供免费住房,意大利和西班牙没有这么做,但英国的青少年怀孕率在欧洲居于高位,而意大利和西班牙排在末尾。1999年英国增加了对有孩子的低收入家庭的福利救济。通过现代统计方法,我们能得出这一政策变化带来的结果:低收入家庭的生育率大幅上升,据估计每年多生4.5万个婴儿。[7] 于是,免费住房和有所提高的福利待遇使许多家庭在育儿方面略微宽裕了些。同时这也鼓励了更多妇女在明知抚养条件不佳的情况下怀孕。这些成本极高的福利项目效果不佳,而另一些使用公共资金的方式能产生确定无疑的好处,得到的资金投入却不足。我再举个例子。

年轻夫妻通常还没有时间积累储蓄资金作为保障,所以容易受突如其来的挫折影响。因此,针对这样的冲击提供缓冲是使用公共资金的有益途径。最明显的冲击是失业。2008年金融危机导致美国失业率大幅上升,并在很长时间内居高不下。我的一位博士生的新研究令人信服地表明,高失业率会导致对幼童的忽视增加。[8]这种影响很严重,而且二者有因果关系。一个郡的失业率每上升1%,儿童被忽视的情况就增加20%,且幼童受到的影响最大。但公共政策可以帮助缓解失业造成的损害。各郡对失业救济持续期的规定各不相同;在持续期较长的郡,失业引起的忽视儿童的现象要少得多。

关于对育儿的资金支持就说到这里吧。现在看看如何帮助父母更好地完成困难的育儿任务。首先是来自大家族的帮助,因为其他家族成员有协助育儿的义务,但大家族现在已经缩小了。我父亲有七个兄弟姐妹,我母亲有四个,所以当时有一大群叔伯姑姨帮助父母养育我。现在的父母子女少了,所以现有亲戚们的支持义务也相应地变大了。但像我这样的父母本身都是独生子女,在这种情况下需要重新借助大家族的能量。规范需要改变;更长的寿命使家族在垂直方向上延伸,弥补了家族在水平方向上的缩小。为了应对新的需求,人们确实在适当地改变规范:祖父母对孙辈的养育投入比以前多了很多。

政府也可以做更多工作。大多数政府都有向养育幼儿的父母提供资金帮助的意识,但逐渐地,这种帮助同鼓励人们找工作的目标混在了一起。对于压力较大的年轻家庭,这种措施并不适用于成年

第八章　阶层分化：享有一切的家庭，分崩离析的家庭

人抚养幼儿的时期。不生育的人会从有孩子的人那里获得一个巨大好处：退休者之所以能靠储蓄生活是因为下一代正在利用这些储蓄创造价值。政府应该通过转移支付的手段补偿他们的育儿行为对社会所做的贡献，父母努力养育幼儿的时期正是实行这种转移支付的关键时期。

但除了资金补助，政府还可以做些别的：可以在家庭内外提供实物支持。对任何新父母来说，为人父母都是一件难事，但一些夫妻的处境格外不好，很可能遇到麻烦。只要麻烦是可预见的，就可以通过有力的预先干预来避免。

正如市场的作用有限一样，政府通过公共服务支持所能发挥的作用也有限。但目前政府的作用尚未到达这个极限。有力的公共部门支持，目前有一些范例，从迄今为止的评估情况看，这些做法显示出了成功的迹象。邓迪项目（Dundee Project）就是一个例子，这是一个为困难家庭提供无条件支持的小规模实验。为年轻家庭提供日常支持的成本虽高，但与家庭破裂造成的损失相比要低得多。

邓迪项目的一个重要特点是它完全独立于监管家庭的部门。监督是必要的，在**极端情况**下，是应该把孩子从父母身边接走。但邓迪项目成功的基本条件是，父母和提供支持的义工之间应建立信任关系；若项目不与监管部门彻底分离，这个条件就无法实现。在英国，受邓迪项目启发，政府把相关项目扩大为"困难家庭支持计划"（TFP）。但是，尽管动机很好，该计划仍有两个不足之处，一是附加了促使年轻母亲就业的目标，二是计划由已有的具有监督功能的社会服务部门管理。这种画蛇添足的做法降低了该计划的效力。

把支持与监督结合起来会造成两败俱伤的结果，但把物质支持与精神支持结合起来却可能相得益彰。容易出问题的父母通常有早期的精神健康问题。精神健康干预，如认知行为疗法和愤怒管理课

程，经严格评估，显示出了不俗的成功率。这样的预先支持措施需要经费，但长期来看也许能避免为社会带来更沉重代价的行为。为**育儿提供资金**支持、精神健康服务和监督，三者应当结合起来，但这三项**功能**必须严格地彼此独立。

要有孩子的青少年夫妻还不具为人父母的资质，需要不具威胁性的指导。只是偶尔上上辅导课可能还不够。祖父母可以帮忙，但是，如果一对夫妻很可能成为不称职的父母，他们的父母也往往不称职。年轻夫妻需要家庭以外的指导和非正式支持。辅助日益缩小或失去功能的大家族的一种方式是创造指导和支持的新资源。"和平队"（Peace Corps）和"海外志愿服务"（Voluntary Service Overseas）曾激励成千上万的美国和英国青年，我们的现代社会现在也需要这样的团体。当时，这种新的社会资源汇集了越来越多受过良好教育的年轻人，他们追求的是一种不止于充实自我的使命感。而今天的新兴社会资源是，越来越多健康而聪明的退休人士因为有养老金而财务宽裕，但空巢导致他们一定程度上生活空虚。生活经历让这些人获得一定的非认知技能，从而可以用不具威胁性的方式帮助困难的年轻夫妇，提供他们所需的支持。承担起某种救援义务可以给生活带来一种能令人深深满足的使命感，否则老年人的生活可能变得怅惘或无聊。与所有支持活动一样，他们的角色必须得到明确界定，参与者应得到培训，以确保双方关系不会恶化为居高临下—指责—审查—举报的模式。也许服务者应当得到报酬，但事先应当经过年轻父母的同意，这能让他们觉得自己享有权益。也许可以给年轻父母一笔预算，他们可以用来向服务者支付报酬。这不应由政府来组织，一批新的NGO可以招募既有能力又有时间的人来帮助成千上万无法履行育儿义务的年轻家庭。政府惧怕失败，因而不适合组织这样的试验，而NGO则具备尝试新方法的理想条件。

第八章 阶层分化：享有一切的家庭，分崩离析的家庭

"可怕的两岁"这个说法很有道理：幼童有时会很难哄，即使有经验的父母也会承受巨大压力，不堪重负。从两岁开始，孩子的成长会借助于融入家庭以外的团体——幼儿园。有充足的理由让国家提供幼儿园，并对所有人免费开放。所有国家都提供学龄教育，而就所有层级的教育而言，国家提供幼儿园教育的理由是最充分的。通常随着孩子年龄增长，其教育需求变得更加复杂和多样化。与其他提供形式相比，国家提供幼儿园教育的主要优势是有利于标准化，而且成规模地建立幼儿园可以压低成本。幼儿园并不复杂：社会需要幼儿园提供的主要是一个标准化的平台，让各种家庭的幼儿聚集到一起。标准化和免费提供幼儿园服务的重要好处是可以使送孩子进入幼儿园成为全社会的常态，这样一来，容易做出错误育儿决定的父母更可能效法他人这么做。因此，向全民免费提供公立幼儿园服务能实现两个非常理想的结果：在儿童最容易受到社会影响的时期让不同阶层的儿童互相接触，最需要学前教育的儿童会去上幼儿园。但许多国家并未采取公立幼儿园的做法，而是通过复杂的、过度的补贴来支持私人育儿服务，为满足每一项明显需求而提出的新的政府倡议，都在导致这些补贴计划逐步增加。例如，英国"确保开端"计划（Sure Start programme）的优先关注点是让母亲投入工作，只要把目标锁定在刚好符合条件、最容易"成功"的母亲身上就能实现虚假的成功。由于这些计划过于复杂，几乎可以肯定，它们会被最不需要扶助的人利用，同时因为是由私人提供服务，所以得到服务者必定是经过挑选的。法国的幼儿园（écoles maternelles）是国家免费提供公立幼儿园服务的典范。我们住在布列塔尼地区（Brittany）一个低收入城镇时亲身体验了这种幼儿园；无论在华盛顿还是牛津，我们都找不到由市场提供的同等质量的幼儿园。

164

作为支持场所的学校

如前所述,学校里最重要的活动不是教学,而是同学群体内的互动。学校在社会构成方面的差异,会复制和放大最初的家庭间差异。硅谷人士认为他们的科技为低受教育程度家庭的孩子打开了知识世界,但事实与他们的期望恰好相反:互联网扩大而不是缩小了机会方面的差距。现在所有人都能上网,但近期的研究显示,受教育程度高的家庭的孩子学会利用互联网来扩展知识,而低受教育程度家庭的孩子则用互联网来消遣。[9]

学校可以发生的最有价值的改变是让学校更具有社会融合性。社会融合性的主要障碍是学区。因为人们会根据自己的社会地位高低来选择居住地点,所以学区会导致这种社会分层反映到学校里。要打破小学之后的教育存在的这一陷阱,一条途径是创建公共资金资助的、在全市范围内录取的学校,并根据目的而非地域来区分这些学校。有的学校可以把自己打造成培养专业运动员的最佳场所,有的可以把自己打造成培养演员的学校,还有的可以称自己服务于重视孩子纪律性的家长。参考第二章介绍的理念,我对这个问题的想法是,校长和学校管理者可以尝试打造拥有某种独特**信念体系**的学校,让学校成为有独特叙事的网络化群体。学校将会明白它们必须努力做好,否则居住在富裕学区的家长仍会优先把孩子送到本地仅供富裕家庭就读的学校。现在已有一些新规定使英国能建立这样的学校。我所在的一个团队就尝试在牛津建立一所这样的学校,牛津的学区划分严重畸形。我们提出的方案是在全城范围内以抽签方式录取,这遭遇了意料之中的反应——一道既得利益和意识形态筑成的高墙。以最富裕的学区的学校为首,被激怒的当地教育精英愤而提出反对。他们成功地阻止了我们的计划,也许读者诸君能有更好的运气。

作为组织的学校

学校的教学活动可以得到改善。学者对这个问题已有很多研究,但最主要的认识是教师的素质远比资金重要。提升教师群体的素质有四个简单的途径:吸引更好的教师加入教学队伍,基于有评估的试验这种实用主义做法来培训教师,让最好的教师投入挑战性最大的地方,淘汰最差的教师。

在英国,"以教为先"(Teach First)计划产生了巨大的影响。该计划的目标很简单:吸引高素质的大学毕业生在职业生涯的头几年做老师,然后再投入其他职业。与此类似,也可以考虑有针对性地招聘老年人做教师,可称为"以教为终"(Teach Last)。与我合写过很多论文的简·威廉·冈宁(Jan Willem Gunning)教授在阿姆斯特丹退休后,成为当地一所学校里的数学老师。他告诉我这是他一生中最有成就感的经历。但"以教为先"计划仅限于在伦敦任教,而伦敦是英国最不需要该计划的地方。中小城镇的学校才需要"以教为先"计划,好教师通常不愿去这些地方执教,以免自己陷在这些孤岛里。正因为那些计划终身做教师的人因害怕陷于困境而裹足不前,所以那些想着做一段教师就转行的人最容易被聘用。除只限于伦敦外,"以教为先"计划的另一个问题是目前伦敦的教师会赚到更高的工资,伦敦学校平均因每一名学生得到的经费远高于其他地区的学校。伦敦学校的成绩也是全国最好的。"以教为先"计划、伦敦教师赚到的更高工资、学校得到的更高的生均经费,都应当被从伦敦转移到真正需要这些东西的地方。"以教为先"是典型的正确的计划放到了错的地方。

通过随机试验来选择正确的教学方法是稳妥的做法。但政客和教育建制派对这样的试验持谨慎态度。实用主义意味着承认无知,而意识形态带来的确定感让他们更舒服。但是,不同国家和学校在国际学生评估项目（PISA）中取得的成绩差异巨大，这显示还有很多情况有待我们了解，而只有通过有评估的试验才能了解这些情况。应该根据这些不断了解到的新情况来培训教师，同时应该教学生如何从中不断学习。

淘汰最差的教师可能会产生巨大的效果。[10]一些非常复杂的社会科学研究证明最差的教师正在造成巨大的破坏，但我们不需要多少研究就能理解为什么人们没有采取行动来解决这个问题。对于任何敢提议采取措施的政客，以各种工会为代表的教师行业既得利益集团都会发出威胁，誓要将其消灭。这样的做法可以理解，但并不道德。

有一些课堂政策似乎有助于解决成绩问题，尽管具体方式不同，意识形态也再次阻碍了分析。除教学外，学生的努力也至关重要，问题是如何以最好的方式诱导最不配合的学生也努力。芝加哥大学的经济学家正在利用实验来测试不同的做法。[11]他们发现，很简单的方法可以产生实质效果。一是任何奖励要实现效果都必须在学生付出努力之后迅速兑现——在几分钟内，而不是在几个月内兑现。至于奖励的类型，给予尊重比金钱更有效（这再次显示出人类更大程度上是社会性动物而不是贪婪的动物）。但奖励并不是最好的激励方式。人类避免损失的动力比获得收益的动力强烈得多［专业术语称此为"损失厌恶"（loss aversion）］，所以针对努力不足的情况，迅速让学生承受与尊重相关的损失可能会产生最大的鞭策作用。然而这一观点在师范学院中并不被倡导。

学生分层问题受到意识形态争议，是一个迫切需要以实用主义态度对待的问题。一个可信的心理学理论是，儿童寻求同伴的尊重，并愿意付出一定努力来获得尊重（或者避免失去尊重）。最有影响力的同伴群体可能是班上的其他学生。如果对年级组进行分层，以使每个班中的好学生和差学生保持较小的能力差距,差学生就会觉得为获取同学尊重值得努力一下,而同样,最强的学生也必须更努力才能保持领先。但如果不进行分层,而是把同年级学生随机分到不同的班级,那么好学生与差学生的能力差距就会很大,在这种情况下,差学生的努力就变得没有意义,好学生则没有必要努力。有一些经验证据支持这个观点,但截至目前我看到的检验还不够,该观点还需要得到更彻底的检验。我们在学校里最需要的不是教条,而是各种各样经过严格、独立评估的试点。

最后是资金问题。目前,公共财政支付的生均补贴的差距可能会**扩大**其他方面的差距。最大的差距是地域:大都市拥有不断扩大的税基和强大的游说团体,破败城市这两项都没有。在英国,这种差距可以想见是非常之大的。截至目前,公共财政支付的生均经费在伦敦是最高的,而我的家乡约克郡和亨伯塞德(Humberside)排在末尾。然而伦敦学生的考试成绩已经是全国最好的了,而我的家乡则是最差的。这个巨大差距是近年来形成的,而且还在不断扩大中。人们肯定会用动机性推理来维护现状。我们应当让仍在维护这种资金严重错配的既得利益者感到羞愧,从而一举击败他们。

学校之外:活动和指导

大多数校外活动是为青少年准备的,但成绩和人生机会方面的分化大多出现在更早的时候。对9—13岁的儿童而言,造成分化的最重要的行为因素极其简单——阅读。受教育程度高的阶层的孩子读书,受教育程度低的阶层的孩子不读书。阅读开启机会之门,而精英的孩子能够获得这些机会。按道理,学校通过教儿童阅读技巧应该能解决这个问题,但这与养成阅读习惯绝不是一回事。我们现在已经知道如何来鼓励父母不读书的孩子养成阅读习惯,但我们还没有在这方面下多少功夫。任何关心这件事的公民团体都可以带来改变,下面我说说要怎么做。

罗瑟勒姆(Rotherham)是一座饱受歧视的城镇,在英国已经成为被边缘化的标志。和附近的谢菲尔德一样,这是一座钢铁和矿业城镇,就业岗位已经消失。*在这场悲剧及随之而来的落魄消沉气氛中,一小群公民决心帮助最被边缘化家庭的孩子提高识字水平。他们搜索可以借鉴的先例,并选择了一个似乎在一座美国城镇奏效的先例。他们根据本地情况对这个先例进行了改良,与谢菲尔德的一所大学合作,在推进这项工作的同时进行量化评估。他们的做法是有效的,从学校的考试成绩上可以体现出来。他们成立了一家慈善机构,选中市中心的一个废弃酒吧(那里有很多这种地方),并说服当地企业将其改造成一个很神奇的场所。我用"神奇"这个词既是比喻,也是写实,因为孩子们可以在这个中心里学习魔术。门上写着这个地方的名字"格林与伙伴"(Grimm and Co),挂着"成年人不得入内"的牌子,窗户全部涂黑,这些都能吸引儿童进来,通常不是拽着他们犹豫不决的父母,就是按照预约和同学一起来。进入中心后他们就能看到一个巨大的豆茎,还有一块牌子写着"请不要吃我们的员工",以及各种各样能让孩子产生魔幻感的东西。这些都只是前奏,最终是要吸引孩子穿过一扇隐蔽的门,登上图书馆的楼梯,经过暂时不在的格林先生的办公室,进入一个房间,那里有格林先生的新故事,它写在未装订成册的纸片上,会被读给孩子听。接着出现了大麻烦:最后一页不见了!需要赶紧把故事补全,请问谁能帮帮忙吗?如果你能把故事写完的话,这里有几支铅笔。

---

* 尽管罗瑟勒姆的人口是牛津的两倍,拼写检查却认为"Rotherham"这个名字是个拼错的单词,真是和"边缘化"的地位很搭;而拼写检查可不会对"Oxford"这个单词提出质疑。

第八章　阶层分化：享有一切的家庭，分崩离析的家庭

结果，孩子们争先恐后，纷至沓来。看到从不主动拿起铅笔的孩子在这里兴奋地写作，有的教师甚至激动得落泪。接下来一切就很顺了：罗瑟勒姆的一些班级出版了诗集，流传到世界各地；皇家莎士比亚剧团（Royal Shakespeare Theatre Company）来为他们演出；鲍勃·吉尔道夫*为他们写了一个故事。孩子们的学习欲望可以被激发出来，习惯可以得到改变。由一位充满激情的女子想出的这个杰出创举可以被推广，并根据不同地方的情况因地制宜。它已经吸引了中国和韩国来的代表团。没错，东亚人在向罗瑟勒姆学习，而不是向汉普斯特德†学习。如果罗瑟勒姆人能做到这一点，你或许也能。[12]

还有许多像这样能在校外帮到孩子的办法。非认知技能不是通过学习形成的，其形成途径包括受信赖的导师的教导，以及运动等可以让孩子学习合作和领导力的团体活动。能否找到一位知识渊博、值得信赖的导师，取决于孩子社交网络的广度，而这又反映家庭社交网络的广度。我职业生涯中最重要的决定是在进入大学前的一个月做出的：我已被法律系录取，但申请转入了经济系。在做出这个决定的过程中，我竭力征求意见，因为我知道这将意味着两种不同的人生轨迹。‡但我家的社交网络里没有任何有相关经验的人。在无望之下，我问了我的牙医（不出意外，他的意见没什么价值）。如今，不同阶层的孩子面临着社交网络广度方面的巨大差异。皮尤研究中心（Pew Research Center）对家庭社交网络中可能存在的九种人进行了调查，受教育程度高的家庭比受教育程度低的家庭在其中八种都认识得更多，受教育程度低的家庭只在清洁工这一种有优势。

---

*　Bob Geldof，爱尔兰歌手、作曲家。——译者注
†　Hampstead，伦敦富人区。——译者注
‡　若读了法律我可能已成为一名寻租的律师，而不是在写书。

八种人中差距最大的是教授，正是我在做那个决定时找不到的请教对象。对我小时候所在的那种家庭而言，"你认识教授吗"这个问题跟"你认识女王吗"一样。但我的孩子能找到很多教授。当我17岁的养子丹尼尔对纳米技术产生兴趣时，他请教的第一个人就是我的邻居。

但是，青少年选择听取导师的意见不仅可以获得信息，还可以从导师那里得到叙事，以指导自己的人生。父母奖惩范围之外的健康叙事能产生高尚的熏陶效果，让误入歧途的青少年返回正轨，因为父母的权力会妨碍孩子听从的意愿。[13]

不同的技能，不同的企业，不同的养老金

学校其实并不是为人生做准备的，而是为将来要接受的培训做准备。学校充其量能培养一些人的认知能力，这些能力可以帮助他们获得技能并在一些职业中产生高生产率。但非认知技能在学校中不会得到同等程度的关注。许多生产性职业更依赖的不是良好的认知能力，而是非认知能力，如毅力。在从学校转向职业培训的过程中，与继续发展认知能力的人相比，从发展认知能力跳跃到发展非认知能力的人，需要克服更多的挑战。

毕业后的技能发展

我们知道怎么做有效，怎么做无效。大多数高收入国家对学生毕业后的技能发展都有一些正确的做法，但各国正确的部分不一样，而且几乎没有彼此学习的意愿。

对拥有最好的认知能力并有兴趣发展这些能力的人来说，美国和英国提供了世界上最好的技能发展途径——优质的大学。两国都有很多好大学——有五所美国大学和三所英国大学位居世界前十。

第八章 阶层分化：享有一切的家庭，分崩离析的家庭

相比之下，欧盟其他27个成员国的大学没有一所跻身世界前十，而这反映了这些国家大学体系的一般性缺陷。差别的根源是大学的管理方式。高水准是通过竞争和分权式管理实现的，现代资本主义的生产率这么高也源于同样的原因。相比之下，法国在标准化、低复杂性的学前教育环境中集中控制的教育管理模式发挥了卓越的作用，但该模式应用到大学层面时，结果就令人失望了。

但是，对没有受过精英教育的大多数人来说，美国和英国的环境不适合发展技能。如前所述，大多数年轻人应当从只加强认知技能的训练，转向发展被忽视的非认知能力的训练。因为这是一个更为艰苦的转型，所以理应成为毕业后政策的首要重点。从年轻学生的角度看，这样的转型意味着跃入未知领域，因而对心理的要求更高。从政府的角度看，因为所需技能与政府通过教育系统的其他部分管理的技能很不一样，所以在组织意义上这也意味着更大的挑战。与攻读大学学位的人相比，政府应当为每名学生提供更多的资金投入。

专业人士知道需要什么：高质量的技术性职业教育与培训。年轻人可以选择走这条路，而不是继续沿着以训练认知能力为重点的轨道蹒跚前行。幸运的是，专业人士甚至知道如何实现这一点，因为德国已经这样做了很长时间，并因此拥有了高生产率和高薪的劳动力队伍。那么德国是怎么做的？他们如何组织这样的培训？他们如何促使无数年轻人实现这样的心理飞跃？更重要的问题是，为什么其他国家没有仿效德国？[14]

德国的关键组织要素是特定行业内企业与大学的地方化合作关系。学校围绕这些技能设计课程，企业派资深员工提供现场工作经验和指导，学生的时间一部分花在大学里，一部分在企业里。学生通常接受三年这样的培训，然后进入企业就职。培训有几个目的，

均非无关紧要，有些很微妙。事实上，成为一名可被聘用的年轻工人需达到的要求听起来几乎和吉卜林（Kipling）著名诗作中对成为男子汉的要求一样高。一项要求是形成常规的专业技能：技能越练越熟，在反馈中不断磨练。另一项要求是在必要时能自主思考：有充足的知识和信心，足智多谋。工匠精神带来一种精益求精的伦理规范，一种把工作做好的自豪感。这种精神可以通过与已成为榜样的人共事学到。此外还有实用能力：计算能力、读写能力、沟通技能和绘图能力。由于大多数工作都在私营部门，年轻人需要像商人一样的态度，包括要认识到使顾客愿意付钱购买自己的产品是自身岗位的基础。与此类似，年轻工人需要自我展示和按时、保质完成任务的能力，这些能力能让他们毕生受益。最后是适应能力：好奇和坚韧的态度，如自信、同理心、自我控制、毅力、协作和创造性。读到这些，牛津大学的普通学生可能感到气馁，但要让天生不具备认知天赋的那一半人口高效地投入 21 世纪的工作，这是必需的。

培养这些技能既是地方任务，也是国家任务。公共政策的效力还有赖于企业的使命感。这里又回到了道德企业的概念：企业的整个团队把一项比个人致富更大的使命内化为自己的追求。道德企业认识到自身对年轻员工承担的责任，投入时间和金钱来提供完善的培训，不只是培训仅限于本行业的技能，还包括德国技术性职业教育与培训所涵盖的广泛能力。在英国，两家零售业巨头约翰·刘易斯和 BHS 代表着企业对员工截然相反的态度；在美国，这样的代表则是丰田和通用汽车。如前所述，讲道德不一定意味着愚蠢。最后破产的是 BHS 和通用汽车，而不是约翰·刘易斯和丰田。

我们也知道什么是无效的做法——脱离现实世界工作的培训。两种常见的公共政策表面上试图解决技能问题，其实不符合实际要求。

第八章 阶层分化：享有一切的家庭，分崩离析的家庭

一些国家的政府为了回应社会对技能缺乏的担忧，鼓励开设表面上具有职业技能培训性质的课程，但课时仅持续几个月，课程内容与未来在特定企业里的工作无关，而且仅限于基础性的职业技能。这些课程无法培养技术工作所需的一般性技能，无法真正符合企业的要求。

同时在大学里，低品质的职业课程大量增加，这种做法更为大张旗鼓，当然也更浪费。在美国和英国，由于学位所带来的光鲜感，目前有一半的年轻人选择上大学。在英国，这些学生的三分之一最终找到的是过去由非大学毕业生做的工作，而这些工作的技能要求没有发生变化。拥有学位并没有提高这些学生的生产率。[15] 在中学里，许多孩子梦想着在社交媒体上看到的光鲜职业。不同职业的出镜率和占总职业的比例之间存在着巨大偏差。孩子们确实应该有梦想、计划和抱负，但总的来说，这些抱负必须与现实相妥协。从梦想落到脚踏实地的工作，是成年过程中要经历的痛苦。正如挪威作家卡尔·奥韦·克瑙斯高（Karl Ove Knausgård）描述 16 岁到 40 岁成长历程的优美语句："现在浩瀚而包裹一切的，将不可避免地萎缩凋落，直至成为一个我们能把握的东西，它不会让我们无比心痛，但也不会像当初那么美好。"[16]

成年人不应该沉瀣一气，从这场转型中牟利。在光鲜行业工作的人（如法医）痛苦地告诉我，大学表面上是为他们的职业提供准备的，但其实是在虚假承诺的基础上招生的。从这些项目中毕业的学生负债累累：在美国，那些在顶尖大学攻读其他有价值学术课程的学生，负债通常比他们少。与梦想职业挂钩的"学位"，把他们引入了一个成本高昂的死胡同，而他们其实只需要一个跳板，借以进入一个高成效但不像前者那么诱人的职业。

在美国和英国，大量缺乏训练的求职者最终进入的是必须依靠

较低生产率和相应的较低薪酬才能盈利的企业。这样的企业通过在需求下降时裁员，不投入足够资金用于培训，以及排斥工会来节省开支。它们学会了应对员工不满导致的高流动率，依赖急切需要工作和容易上当受骗的人来取代那些辞职的人。在一些领域，这种低生产率、低成本模式的利润率高于在企业员工身上投资的高生产率、高成本模式。在这样的领域，低成本企业将把高成本企业赶出市场。这导致人们尽管在作为消费者时获益，却在作为劳动者时受损；因为他们的生产效率变低了，所以他们的收入也变低了。用更正式的语言来说就是，市场在技能形成过程中失灵了。如果大家在消费时多花一点钱，并从劳动中多赚一些钱，那么大家的境况都会更好。但目前没有机制能促使这样的交易承诺链产生，以在总体上带来这种更优的结果。这样表述这个问题并不能解决问题，社会需要采取行动来缓解这个问题。最低工资法、强制培训费和工会权利都有助于限制企业以牺牲生产率为代价压低劳动力成本。举一个关于监管及其后果的简单例子：在巴黎和伦敦营业的同一家连锁餐厅面对的最低工资法存在巨大差异。在最低工资高得多的巴黎，餐厅会对菜单与员工进行规划，并为员工提供处理更复杂服务流程的培训，以使每位侍者能够服务的顾客比伦敦更多。因此，巴黎侍者的生产效率高于伦敦侍者。餐饮的价格没有区别，但平均每位用餐者在巴黎得到的侍者关注比在伦敦少。然而最重要的社会差异是，巴黎的侍者赚得更多。伦敦的确有很多就业岗位，但都不怎么样。

在阐述了良好的非认知技能训练应该是什么样子，以及许多年轻人目前被引上的另一条道路后，我们终于可以转向背后的心理学问题了：年轻人会不会更倾向于这个选择，它是由什么因素决定的？《国富论》所代表的粗糙心理学认为人们只关心钱。《道德情操论》所代表的更准确的心理学则告诉我们，人们也关心自己的社会地位：

第八章　阶层分化：享有一切的家庭，分崩离析的家庭

他们尊重别人，并被别人尊重。关于人为什么事而后悔的证据证实了我们的直觉：人更在意尊重而不是金钱。但即使以金钱为标准，许多英美年轻人也被引入了发展认知技能的死胡同。他们这么做是因为目前这样的选择能带来最大程度的同伴间尊重。当他们告诉朋友自己要上大学时，那些上不了大学的人就一脸羞惭。当他们告诉朋友自己正在攻读法医学时，朋友脑海中浮现的就是影视剧中的光辉形象。问题的核心是，人们过于重视认知技能训练，相对忽视非认知技能训练。这是英美社会普遍存在的深层次观念，其他人告知年轻人的叙事使他们形成了这样的观念。这种观念根深蒂固，以至于你很可能觉得必然如此。但实际并不是这样的。在这件事上，德国的情况也显示人们对这两种技能可以有不同的排序。

我可以在这里列举数据，但我是从更个人化的途径了解到这个情况的。一位很能干的德国互惠生曾在我家住过一年，她正处于需要选择继续上大学还是转向职业培训的人生阶段。如果她愿意，她有足够的认知才能来继续接受学术训练。她收到了一些大学的录取通知书，但她更想参加由她家乡的一家企业和一所学院合办的职业培训。*她准备参加的培训课程很有挑战性，甚至有点令人望而生畏。她选择的职业是市场营销：这家企业生产的是一种技术上很复杂的设备，也是她将要营销的东西。在开始学业的第一周，她和制造该设备的工人一起在车床上工作。第三年她在拉美学习西班牙语。现在她是该公司的雇员，收入丰厚，生活安稳。也许她将与某位英国销售员展开正面竞争，而后者从中学毕业后所得到的训练只是为了得到一个学位。我们当时为她的选择感到惊讶，而她对我们的反应也感到惊

---

* 英国曾有这样的学院，称为理工学院。这些学院都被改成了大学，这暴露出英国太看重学术性声名的弊病。

讶。她选择的道路不仅比继续接受课堂教育更具挑战性，而且更能赢得社会尊重。无论是为获得尊重还是物质回报，她当时都应当走这样的道路。

为了在美国和英国创造同样的风气，我们必须挥别那些象征着认知技能优越性的东西。"学位"这个词需要被祛魅：车床和拉美可以比在课堂上再学三年更光鲜。德国在这方面做得很好，但最领先的是瑞士。瑞士的职业培训是严肃认真的：课程通常持续三到四年；企业会密切参与，因为他们要支付一半的学费，而学费不菲。这种培训也很受欢迎，受到60%的年轻人青睐。一部分原因是学生在学习期间可以得到收入，但另一个原因是通过这样的培训可以获得高级职位。*除了世界一流的职业培训外，瑞士还有一所大学跻身全球前十，这更凸显出瑞士成就的不凡：让非认知技能的培养途径茁壮成长，不一定意味着要削弱对认知技能的培养。

职业培训需要得到更多社会认可，不仅要给参加培训的人，也要给提供培训的人。教授认知技能很容易得到荣誉：我们有像"教授"这样的头衔，从属于某所"大学"。职业培训目前过于分散，因而无法提供这么容易得到的荣誉。也许我们需要给林林总总的职业课程一个共同的更高地位，以表彰其为实现国家的重要目标所做的贡献。我们可以建立国家技能服务体系（National Skill Service），所有该体系的成员都将引以为豪。

稳定工作前景

在得到一份工作后，劳动者应该享有多少就业保障呢？劳动者

---

* 2016年，在英国接受继续教育的学生中只有4,000人获得技术水平奖，不到英国总人口的万分之一。（艾莉森·沃尔夫，英国《金融时报》2017年12月28日）

第八章 阶层分化：享有一切的家庭，分崩离析的家庭

承担着长期债务，如抵押贷款，因此需要尽可能多的就业保障。相反，对企业所生产产品的需求会发生周期性的剧烈变动，所以企业希望尽可能灵活地聘用劳动者。双方的博弈能产生什么样的折中结果，取决于双方的相对议价能力，而这种能力又受到政府政策的深刻影响。以法国为代表的一个极端是，政府立法使就业保障成为就业的一项必要条件。以1920年代的美国为代表的另一个极端是，政府立法限制工会。在这两个极端之间，由于各行业的劳动者通常存在议价权的差异，各行业的博弈结果也就各自不同。每一名教授，无论多么平庸，都有终生的工作保障，因为没有这样的保障可能会引起焦虑，而这可能干扰我们思考大问题的能力（无疑其他教授还会提出更多理由）。然而我那得过奖的当演员的侄子在求职者饱和的演员行业里，一生都会面临失去工作的可能性。

　　在重新思考就业权时意识形态没什么用：左派意识形态分子憎恶劳动力"**市场**"，右派意识形态分子将其神圣化。自由市场派最常见的批评是最低工资会导致失业。失业是出差错最明显的表征，但并不总是最重要的表征。劳动力市场有两个不同功能：其一是将拥有特定技能的求职者与企业为这些技能而设的职位配对，这个**匹配**的过程会影响失业率；另一个功能会影响社会的普遍繁荣，即对培养这些职业技能的**投资**。这两个功能之间存在着固有的张力。如果能做出具有约束力的承诺，投资就会更可行。劳动者需要通过培训获取技能，而培训成本高昂，必须有人付费。在由劳动者付费的情况下，他会担心企业会不会以更高的薪酬在足够长的时间里聘用他，以免自己为培训所做的投资不划算。而在由企业付费的情况下，企业会担心劳动者在受训后马上辞职，去另一家企业寻求薪酬更高的工作。企业承诺工作保障能给予劳动者信心，使其克服第一种担心。工资控制产生的副作用——失业，能给企业以信心，使其克服

第二种担心。所以在这两种机制下，劳动者和企业都更可能增加对培训的投资。但工资控制与企业承诺的工作保障会降低企业雇佣劳动者的动力，因而会妨碍劳动力市场的匹配功能。因此，要解决企业为培训投资不足的问题，更好的做法不是用高失业率来使劳动者不敢辞职，而是政府通过课税来承担培训花费。

但劳动者需要工作保障不只是为了收回其对技能的投资，另一个原因是他们承担着需要用未来的薪水来履行的责任。他们如果有能力承担诸如抚养孩子、购房这样的责任，对社会是有益的，因此工作保障具有社会价值。在需求疲软时期，企业调整对劳动者的付薪义务，这种做法也许比让劳动者承担被解雇的风险更有助于保持经济效率。如果规定企业不得解雇劳动者，企业也许会培训劳动者掌握更多的技能，以便在对某项技能的需求降低时可以把他们调到需要另一项技能的岗位上。

但这样的工作保障必然有其限度。尽管企业应该能应对暂时的波动，但在需求长期性下降的情况下，企业必须裁员，否则无法生存，压力到达极限时就会破产。尽管在这种情况下失去工作不可避免，劳动者的损失依然是实实在在地发生了。对于这类冲击，我们需要一个比企业更大的实体——政府。诺贝尔奖得主让·梯若尔（Jean Tirole）提出了一个聪明的方法，既能让政府引导企业在市场低迷时期留住劳动者，也能让企业在面临长期性的需求收缩时裁员。这个方法就是，就裁员向企业收费，以弥补裁员给政府在福利支出和再培训方面造成的额外成本。

被认为应对此类就业冲击最得力的国家是丹麦和瑞典。它们提出了**灵活保障**（flexicurity）的概念。这项政策与复兴破败城市的挑战密切相关：如果一个产业崩溃，这将对特定地区造成严重冲击，该产业的劳动者将需要再培训。《简斯维尔》（*Janesville*）是一个不

第八章　阶层分化：享有一切的家庭，分崩离析的家庭　　189

多见的案例研究，可供我们观察在一座美国小城的主要工厂关闭后再培训计划能产生的效果。[17]在这个案例中，再培训没有起到作用。参加该计划的失业者找到工作的可能性低于不参加者，即使找到了工作，收入也低于没有接受再培训的人。这项计划为何一败涂地？我认为是因为忽视了三个关键因素，而且这种忽视可以直接追溯到学校教育：失业者从来没有学到过最基本的现代学习技能。在他们受雇于工厂的漫长时期里，这种忽视一直在持续。那家企业从来不用担心（梯若尔建议的）因裁员而被收取惩罚性费用，所以没有动力让工人掌握更广泛的技能；假如有那些技能的话，工人本来可以更容易地找到新工作。但最重要的一项忽视是，再培训并没有与任何旨在吸引新产业入驻该城的针对性刺激措施相配套。相反，集群效应引发了恶性循环，工厂的关闭导致当地其他企业也相应萎缩，所以接受再培训后的劳动者可选的就业机会很少。简斯维尔的经历表明，没有这种高规格的配套措施，再培训就是一个提供虚假希望的陷阱。但很可能出现的情况是，即使失业工人曾受到更好的教育，提前掌握了更广泛的基础技能，政府也大力推动当地形成一个替代性的产业集群，他们也会犹豫要不要花费自己的储蓄来接受再培训（他们因失业而需要储蓄作保障）。芝加哥商学院的两位教授路易吉·津加莱斯（Luigi Zingales）和拉古拉迈·拉詹（Raghuram Rajan）建议向所有劳动者提供终生信用额度，在需要时可以用以支付再培训的花费。*

　　方兴未艾的机器人革命及其后的任何科技革命都将需要很多人接受再培训。我认为机器人技术不太可能使工作岗位减少，因为人类的需求可能是永无餍足的，但它将改变需要人工完成的任务的种

---

*　2018年5月法国政府出台了一项类似的政策。

类。这是一项有益洞见的精髓。我们先把一般的工作看作是由一系列任务组成。即使看起来最常规的工作，也不可避免要在某些时候需要劳动者做出个人判断，拥有与其他人沟通的能力，并采取一些非常规的行动。机器人技术将使一些任务消失，大幅降低生产成本。但仍有一些任务不适于由机器人来完成，且对机器人的依赖还将创造一些新工作，普通工人将转而从事这些工作，他们的生产效率可能大大提高。[18] 因为在不同工作中适合由机器人完成的任务差别很大，所以必需的工作技能可能会不断发生大幅度变化。每隔一段时间，人们就需要接受再培训才能执行新的任务组合。就像巴黎侍者比伦敦侍者收入更高一样，未来的劳动者将比现在的劳动者收入更高，但前提是他们必须像巴黎侍者一样掌握不同的技能。一个必然的推论是，未来需要大规模扩张的一个高度劳动密集型行业将是培训业。

退休保障

我想退休，但最好是先别退休。但我已经知道我将从政府养老金和大学养老金中获得多少收入：我在去世之前将一直有财务保障。但其他许多人不是这样。

风险可以被很容易地分担。大多数类型的风险只要分担起来就会消失。但是由于"道德风险"问题，在分担风险时要谨慎。在一些情况下，一旦风险被分担，每个人都会更冒险。比如，因为我们都有火灾保险，所以我们变得更粗心。但是，许多养老金领取者都要承担的一项风险并不涉及任何道德风险，那就是所有固定缴款养老金计划所包含的总风险。几乎所有企业都认为像我享受的那种固定**收益**计划的成本高得离谱。我享受的为英国大学服务的养老金计划证明了这一点：其累积赤字已达到世界养老基金史上最高水平。

第八章 阶层分化：享有一切的家庭，分崩离析的家庭

对我来说幸运的是，这将由下一代学者和将支付更高学费的学生来承担，不会影响我的权益。他们要是知道我真的很感激，应该会感到欣慰吧。*

而所有其他人都被纳入了固定**缴费**养老金计划，他们因此面临三个风险。一是他们为之缴费的养老金的整体表现可能比其他基金差；与固定收益计划不同的是，资金短缺不由雇主承担责任。二是他们在养老金内选择的投资组合可能比其他雇员的平均选择表现得差。最后一个风险是，在他们退休的那一天，当他们的收益兑现时，市场可能已经跌到长期平均水平之下——股市有时波动剧烈。由于这三个风险，有相同养老金缴费历史的两名雇员最终领到的养老金可能相差很多。

像我享受的那种固定收益计划过于慷慨，把所有风险都转嫁给了社会，但固定缴费计划使人们在最脆弱的老年时期毫无必要地承受本可避免的风险。这种做法不是通过分担来使风险消失，而是把风险抛给个体，让他们在最脆弱的老年时期承担。这是一个明显可以修正的机制设计错误。

但面临最严重的退休保障问题的人，是那些一生在各种极差的企业中工作的人。他们甚至没有积累起享受固定缴费养老金计划的权益。当他们不能工作时就会被抛入社会，成为社会的负担。这也是一种市场失灵：他们的雇主被允许过度削减雇佣成本，不向养老基金足额缴费。像最低工资法的情况一样，法国的政策似乎比英美模式优越：法律规定雇主要缴纳高昂费用，这确保人们只要工作就能积累起领取养老金的充足权益。当然，这一附加条件意味着，必须通过经济的运行为每个人创造足够的工作机会。这是最关键的标

---

* 即使他们不满意我也敢向他们保证，我能在法律上制住他们——感谢上帝赐予我们律师。

准，唯有通过培训计划才能实现；用糟糕的工作来吸收失业者是一种失败，而不是一种合理的替代方式。

归属于社会

我一直强调家庭、工作场所和国家是归属感的基石，但在所有健康的社会里还存在各种网络化群体结成的密网，人们对其有归属感。罗伯特·帕特南的名著《独自打保龄》(Bowling Alone)哀叹了这种形式的归属感在美国的衰落。这样的归属感鼓励人们养成承认互惠义务的习惯，对抗孤立及伴随孤立产生的自尊丧失和抑郁。美国社会归属的衰落既不是不可避免的，也不是西方的普遍情况。在德国，正式注册的公民社会团体（vereine）很常见，而且数量在不断增加。一半的德国人加入了至少一个这样的俱乐部，过去20年里俱乐部的数目增加了三分之一。德国参加此类团体的人口比例约为南欧国家的三倍。[19]

抑制享有一切的家庭

新的受教育程度高的阶层崛起，无疑致使社会不平等的程度扩大了。但让这个阶层得以取得如许成功的大多数行为，并没有以牺牲社会其他阶层为代价。对他们所应采用的策略最好是学习而不是抑制。但该阶层的成功在一些方面是以牺牲其他人为代价的，包括零和的住房需求、零和的工作，以及零和的社会行为。

住房：是家还是资产

人们购房的动机有两种，对大多数人来说这是自己的家，对少部分人来说这是个资产。在1950年的英国，全部住房存量的一半

第八章　阶层分化：享有一切的家庭，分崩离析的家庭

是被当作资产持有并出租给需要住宅的人的，只有30%的人真正拥有自己的房子。社会民主主义的伟大成就之一就是改变这一状况。到1980年，个人租房所占比例急剧缩减，降到10%的低位，而自有住房占比近乎翻倍。1980年代初，公共政策进一步调整，允许居住在社会保障性住房里的租户以折扣价买下房子，自有住房比例因此达到了70%的高点。

自有住房比例从30%升到70%是公共政策不断改进带来的伟大成就。**拥有住房**能增强人的归属感，如前所述，这是一项至关重要的社会之善。归属感是互惠义务的基础，拥有住房还能让人形成与社会更加休戚与共的感觉，并促使他们变得更谨慎：心理学家发现，一旦人们拥有了某样东西就非常不愿意失去它。拥有住房还能让人获得稳定感。牛津的一条街道曾以租住房和自有住房为界，景象完全不同，至今这一差异依然可以察见，因为树的高度不同——只有自有住房者种树。

当时有四项公共政策使中等收入家庭能负担得起房价：地方政府实施的建设计划使住房供给增加，对净移民的限制抑制了家庭数目的增长，对购房出租的限制抑制了纯投资性的需求，对抵押贷款与收入之比的限制压低了购房者的出价。向居住在社会保障性住房的租户转移房产的做法，使低收入家庭能拥有自己的住房，进一步增强了上述政策的效果。

从1980年代末开始，这场进步的势头开始消退。自有房屋比例到现在已降到60%，且仍在下降。年轻家庭再也买不起房。过去20年，房价从居民平均收入的3.6倍跃升至7.6倍。这不奇怪，因为此前抑制房价的四项政策都被推翻了。地方政府停止建设住宅，寄希望于私人企业起到替代性作用（这个希望落空了，原因之一是私人企业要想得到获规划许可的土地要比地方政府难得多）。移民

控制被放松，这成为家庭数量增长的主要推动力。曾经对购房出租的限制性规定被鼓励性规定取代，释放出大量新的投资性购房需求。购房出租住房占住房存量的比例翻了一倍，达到20%左右。最后，政府解除了对抵押贷款融资的限制，接着便出现了贷款狂潮，裹挟各家银行在悬崖边上展开一场渴求额外利润的赛跑。这就是房价暴涨的原因。另外，新的低收入家庭虽不断出现，但已不再有类似于以前的向保障性住房的租户转移房产所有权的计划。

由于高企的房价和无限制的信贷，把住房作为资产的人能够以高价压过想把住房作为住宅的人，后者通常是年轻家庭。20年前，超过一半的年轻家庭申请了抵押贷款，现在该比例是三分之一左右。被挤出的不是高技能水平的伴侣，而是受教育程度低的阶层夫妇。新焦虑的核心是这部分人无力买房，而且买房的可能性越来越小。但以高价压过他们的人是谁？随着房价上涨，每个人都想买房，而能买房的人是能借到最多钱的人。这场竞赛的赢家是受教育程度高的阶层中年龄更大的人，以及充分利用"借款买房再出租"机会的聪明人。一个引人瞩目的例子是，一对教师夫妇辞职后逐渐建立了一个巨大的房产帝国。富人和聪明人获得了双重优势：他们比年轻家庭的借款能力更强，所以可以在购房后收取高于他们要支付的利息的租金。因此随着房价上涨，他们获得了巨额的资产增值。

那么，我们对此能做些什么？在这个问题上，意识形态也会坏事。左派希望恢复1940年代的租金管制；与当时一样，这将把人们捆在他们当前租的房子上，因而会降低工作流动性。右派希望增加为首次购房提供的融资；这会进一步刺激需求，从而进一步推高价格。然而解决这个问题并不难，因为我们知道什么做法奏效过，而且这样的政策还能再次奏效。

合理的做法是增加住房供给，而最可行的途径是打破规划方面

第八章　阶层分化：享有一切的家庭，分崩离析的家庭

的僵局。由地方政府规划新的建设项目是最合适的，同时可以与开发商合作实施规划。地方政府可以规划修建用来自住而非出租的住房。但住房供给的增加需要循序渐进，因为大幅增加可能导致房价暴跌，使许多年轻房主陷入负资产的困境中。相应地，通过恢复对移民的限制来抑制家庭数量的增加也是合理的做法。放松金融管制引发的信贷狂潮并没有引发"涅槃"，而是最终造成银行挤兑，这是监管的耻辱。储户包围北岩银行（Northern Rock）各分行这样的景象还是英国150年来首次出现。和住房建设计划一样，改变需要循序渐进地进行，但方向是明确的：我们需要恢复抵押贷款与收入比率、抵押贷款与存款比例的上限。限制购房出租也是合理的做法。由于拥有住房对社会有正面作用，我们应该更重视那些以房为家的人，而不是以房为资产的人。

上述所有政策都是渐进性的，但在不造成房价下跌的情况下实现自有住房比例的大幅回升是可行的。具体途径就是存量住房转让，类似于1980年代允许以折扣价购买社会保障性住房的做法，当时那种做法提高了住房拥有率。1980年代的社会保障性住房在当前的对应物是被政策吹大的出租房屋。许多这种房屋的房主坐拥巨额却不应得的资产增值。政府应通过立法赋予租户购房权，使存量房屋从房东向租户转移，具体方式或许可以模仿1980年代的大幅折扣。为避免这给房东带来经济困难，可以规定折扣应以抵押贷款余额为上限。* 显然这与房东眼前的利益相冲突，但重新分配房价上涨产生的经济租金，将其中一部分转移给房屋的居住者，既是道德的做法，同时归属感增强为社会带来的好处也与富人的开明自利相协调。

---

*　这将限于该政策首次宣布之日尚未偿还的抵押贷款，以避免房东通过再抵押绕过这一政策。

有目标感地工作

许多受过良好教育、生产率高的人对社会都大有裨益；但也有很多人在利用自己的技能，以牺牲他人利益为代价谋求自己的财富。

金融业和法律业的很多工作就是才能没有用到正确地方的主要表现。我们再来看看金融资产交易的惊人规模。尽管活跃的交易有助于提高资产流动性，但大部分这样的交易是零和性的，假如交易量减少，社会不会蒙受任何损失。既然是零和性的，这些交易为何会发生？答案是，最聪明的人智胜略逊一筹的人。资产市场在很大程度上与"锦标赛"类似，在这样的竞赛中，赢家比输家拥有微小的信息优势。拥有超乎寻常的能力和资源、能够智胜他人者是赢家，并因此赚得惊人的财富。由于信息优势所具有的潜在好处，人们始终有争取获得信息的动力。一家公司投资建造了一条芝加哥至纽约的高速光缆，这条光缆可以使这两个市场之间的价格信息传输时间缩短几毫秒。[20] 这项投资的商业回报依赖于其在电子化的交易中创造微小的优势，因此可以说服几家公司为它投资，它们将从中获益，而仍像以前那样在几毫秒后收到信息的公司将受损。有人投资修建这样的光缆，没人管的桥梁却因为年久失修而倒塌，这样的社会没有分清事情的轻重。

过度的资产交易除了像第四章探讨的那样会损害企业前景，还会造成一些社会成本。一是它会无谓地扩大社会不平等。聪明绝顶的人为自己的利益工作，这正是投资银行奖金制度的含义，投资明星实际上只把个人收益的一小部分支付给企业，以补偿企业提供的服务。德意志银行是为投资明星服务的投资银行中最极端的例子，它为明星员工支付710亿欧元奖金，却只付给股东190亿欧元股息。*

---

* 随着股价暴跌，股东最终承担巨额损失，远远超过这些股息。

第八章　阶层分化：享有一切的家庭，分崩离析的家庭

权力不再掌握在资本所有者手中，甚至不再掌握在替他们管理财富的人手中。养老基金无力支付聘请投资明星所需的巨额薪酬，因此养老基金的管理者是聪明程度略逊一筹的人。随着这两个群体之间展开交易，未来的养老金领取者的财富逐渐被转移到了聪明绝顶的人手中。

另一项社会损失是，这些零和锦标赛锁住了一些社会上最聪明的人，使他们从事对其他人毫无用处的工作。但这些人本可能对社会有巨大的价值。与资产管理对立的光谱的另一端是创新。经济学家估计，创新者通常只获取其创造的总收益的约4%，其余的96%为社会其他成员获得。因此，就市场为无比聪明的人提供的激励机制而言，促使他们把稀缺的能力用于创新的机制太弱，而促使他们把这些能力用于资产交易的机制则太强。我还没看到过任何把这种形式的社会成本量化的尝试，但我感觉这项成本不小，因为创新和资产管理都是庞大的部门——在美国，金融业产生的利润占所有公司利润的30%左右。从另一个角度看，金融业提供的服务被认为能提高经济效率，但若要使金融业与其他经济部门达到平衡，金融业需要带动其他经济部门的利润提高43%*，才能弥补它为自身获取的利润。这似乎不大可能：假使我们的金融业小一些，我们真能注意到有那么大的不同吗？

律师的情况和资产管理者相似。花旗银行前首席经济学家威廉·比特（Willem Buiter）恰如其分地指出：三分之一的律师创造我们称为"法治"的巨大社会价值。还有三分之一的律师在处理本质上是零和博弈的法律纠纷：各方都会为赢得这场博弈而过度投资，所以这些投入对社会无用。法治代表着巨大的公益，但没有任何商

---

* 30除以70约等于0.43。

业律师致力于实现"正义",他们只想努力在博弈中胜出。法律纠纷的当事人购买的最后一小时的律师服务,其产生收益的方式不是创造更多正义,而是以牺牲对方当事人的利益为代价来增加赢得博弈的机会。最后三分之一的律师是社会掠食者:他们受雇借助法律骗局从高生产率者那里分一杯羹,是终极的寻租者。美国发生过一场这样的法律骗局:有人买断多余的专利权,以此来发起不正当的法律诉讼,从创新的企业那里勒索金钱。这场骗局骇人听闻,使已陷入僵局的国会都毅然弥补了这个法律漏洞。在英国,在一种依赖医疗保险骗局的诉讼被法律禁止后,一家专门打这种官司的律师事务所的市值在一夜之间减半。

律师很有价值,但现在律师太多了。众多的激励机制把年轻人吸引到这个行业。我最初选择法律作为专业是因为我天真地想象律师就像现代的牧师,提供建议、裁断、帮助,有时他们就是牧师。但当我发现英国律师70%的收入来自住房交易时,我改变了自己的选择。寻租主宰着这个行业。我不会成为牧师,而是寄生虫。现在,为正义而战的想法吸引了很多年轻人——法庭上的战斗是影视剧里的常见主题。伦敦金融城律师七位数的收入也可能具有一定的吸引力。但律师像演员一样,数量太多了。哈佛大学著名经济学家拉里·萨默斯(Larry Summers)曾提出,一个社会中工程师与律师的人数比与国家的经济增长率存在相关性。这一针见血地指出了一个更大的问题:市场力量无法使掠夺性活动与具有社会价值的活动(例如创新)实现正确的平衡。

那么,我们能做些什么?和针对大都市问题的做法一样,征税是一条解决途径,但这中间有个重要差别。大都市创造的租金是有社会价值的,只是分配得不公正。对大都市里的高技能劳动者征税不是为了抑制他们的行为,而是为了重新分配租金。而资产交易者

第八章 阶层分化：享有一切的家庭，分崩离析的家庭

和律师攫取的租金是不具有社会价值的，这些活动本身需要被抑制。因此应当针对这些活动的目的而不是其发生的地点征税。

已经有很多针对金融交易征税的提议。任何此类税收都要精心设计，以对准该受到抑制的交易类型。例如，股票交易远远比外汇交易更需要被抑制。目前的常态是，大企业的股票通常一年内被换手七次，这对社会毫无益处。

至于对诉讼征税，税制设计应当达到两个目的：减少纠纷数量，减少律师目前依靠纠纷攫取的高额租金。律师并不对自身利益的诱惑免疫。当以合同的字数为依据收费时，律师会认为合同需要写得很长；一旦根据合同件数而非字数收费，合同很快就会变短。诉讼费用不断攀升，吞噬了诉讼中存在的租金。举一场许多英国人熟悉的近期诉讼为例：政客安德鲁·米切尔（Andrew Mitchell）起诉一家报纸诽谤。这场诉讼的实质是要确认，米切尔在与一名阻止他把自行车推过大门的警察发生口角时究竟使用了什么样的言语。由于没有决定性的证人，法官要决定该相信哪一方的证词——是米切尔先生的还是那名警察的。在审理这桩小案件的过程中，双方的律师费都高达300万英镑，将全部由败诉方承担。换言之，这起琐碎的案件消耗的成本，相当于**三个英国家庭一生收入的总和**。我们可以通过对这样的诉讼征税，促使其更多地以更简单的方式解决，同时把一部分过高的律师费所造成的租金转移给社会。律师肯定会用各种理由把这一提议说成是对司法的侮辱。*

还有另一个途径：使其羞愧。正如我们需要**有道德感的公民**施压让企业感到羞愧，督促它们采取更具使命感的行动一样，社会制

---

* 但也不一定，作为对本书求真性检验的一部分，我请一位很有经验的律师评价这些建议。他的回应是："我喜欢这个方案，它把目标对准了富有的伦敦金融城和其他大都市的律师。"但也许他不具有代表性，因为他是一名贵格会教徒。

裁的力量也会剥去寻租行业的光鲜外衣。我们需要让有才华的年轻人直面其职业选择的社会影响，让他们知道巨额收入究竟是如何产生的。

抑制社会分化

1958 年之前，白金汉宫每年为初入社交界的上流社会的新人举办舞会，这是一个英国上流社会的择偶活动。当足够多的人认识到，以这样的方式固化社会分裂有害无益时，这种做法就停止了。显示上层阶级变得更具开放性的标志性事件是威廉王子和凯特·米德尔顿（Kate Middleton）的婚姻，凯特的母亲曾是一名空乘，像凯特这样的人是不会被邀请去参加新人舞会的。然而，旧有上层阶级内部的"配对性择偶"虽然不存在了，但取而代之的新精英的配对性择偶更高效。[21] 威廉王子和凯特在圣安德鲁斯大学（St Andrews）学习时相识，这是一所精英大学。相似者之间的婚姻是造成社会不平等的强大力量。这样的配对性择偶是一种有助于婚姻稳定的力量，也在无意中扩大了阶层分化，然而我们几乎没有办法改变这一现状。

但是，一些行为是具有剥夺性的，并可以得到遏制。在美国，从 1981 年到 1996 年，小学生的学习时间惊人地增长了 146%。[22] 过去十年里，英国大学生的自杀率上升了 50%。由于"虎爸虎妈"所执迷的成功有其零和性的一面，他们的压力不仅会传染给自己的孩子，还会传染给其他人。在一定程度上，这个问题可以在学校里得到解决。学校领导和他们的员工自然会试图建立学校的主流文化。大多数情况下，他们奋斗的目标是给学生的努力程度设定下限，但或许也需要规定上限。虽然英国不能落后于全球水平，但我们不能让青少年的校园时光变成投资银行里残酷竞争模式的翻版。

关于残酷竞争，2013 年登上头条的一则新闻是，一家投资银行

第八章　阶层分化：享有一切的家庭，分崩离析的家庭

的暑期实习生急于给人留下好印象，在连续工作 20 小时后猝然倒地身亡。这是逐底竞争的极端例子，它使很多群体成了工作狂。少工作会使每个人都获益，但没有哪个人敢先行一步，因为这会使他们输掉争取晋升的竞争，而且违反主流规范会使他们失去尊重。这是一个经典的协调问题，有一个直截了当的解决方案——公共政策。可以通过征税来抑制，或者通过监管来减少长时间的工作。法国政府实行了把每周工作时间上限降到 35 小时的举措，却遭到广泛嘲笑。但我记得在一个奉行工作狂文化的组织里，一名疲惫的经理向往地告诉我他的 CEO 正试图推行 35 小时工作制。为了将不断提高的国家生产力转化为国民更美好的生活，逐步减少工作时间并相应延长假期是合理且必要的途径。不采取这些做法及上文提出的政策，社会将进一步分裂为两个对立的阶层：一是工作狂的高技能阶层，有大把金钱但时间很少；二是低技能阶层，有大把时间但金钱很少。

结论：有锋芒的社会母爱主义

工作应该给人生的核心岁月带来目标感。目前，对许多幸运者来说，工作有这样的效果，但并非对所有人都如此。许多人发现自己从事的工作几乎不提供获得尊严感的机会。因为这些工作的技术含量太低，不足以成为自豪的来源；或者这些工作无法让人觉得对社会有贡献，因此无法产生满足感。这才是失败的症结，而不是因为简单的薪酬差异；由于这样的失败，家庭的分化变成了工作的分化。收入不平等问题很重要，而且随着不同人的人生继续推进直至退休，收入不平等会越来越严重。但如果只通过再分配解决这个问题，不仅需要花费巨额的税收和福利，而且目标感（或意义）缺失这个核心问题将变得更加严重。许多人将依赖他人的生产力过活。

目前的挑战是缩小不断扩大的生产率分化。解决这个问题需要我们进行一场长征，首先就要从父爱主义社会管理（国家强制管理拒不服从的家庭）转向母爱主义社会管理（国家以实际支持来为这些家庭提供缓冲）。如前所述，父爱主义社会管理的矛头应该从分崩离析的家庭转向最成功的那一小部分人的破坏性行为。要建设一种使每个人无论生活在哪里都能有尊严地工作的资本主义，这两点都是必需的。

第九章

全球分化：赢家和落后群体[*]

全球化已经成为提高全球生活水准的强大引擎。在许多公共政策问题上有分歧的经济学家也几乎一致这样认为。但公众对经济学家不断提出的建议已经失去了信心。在一定程度上，经济学家由于全球经济危机的爆发丧失了权威。但还有一个更具体的原因：经济学家对全球化的热情太笼统，不够细致。这很奇怪，因为"全球化"甚至不是一个经济概念，它是新闻界对各种差异极大的经济进程的总称，这些进程不可能产生同样的影响，更不用说产生普遍的良性影响了。

经济学家没有谨守专业性，由于担心任何批评都会壮大民粹主义，他们对这些不同进程的负面影响几乎没有进行什么研究。但普通公民对这些负面影响有切身体会，经济学家对这些影响的否认导致人们普遍拒绝听取他们的"专家"意见。为了让经济学重建声誉，

---

[*] 本章受益于与托尼·维纳布尔斯的无数讨论。本章借鉴了 Collier (2018a)。

我们必须提供更为平衡的分析,承认并妥善评估这些负面影响,以便制定缓解这些影响的对策。相比于继续愤愤不平地为全球化辩护,**认错**更有利于经济学的发展。

在贸易问题上认错

认错从贸易问题开始。贸易在各国内部及各国之间导致了有效的财富再分配。

比较优势的主张告诉我们,在各国内部,由于贸易带来了共同的收益,只要**在每个国家里通过再分配进行合适的补偿**,就有可能使每个人的境况都得到改善。而经济学界已经偏离了这一正确的命题,转向了一个明显错误的命题:贸易确使国家里所有人的境况都变好了。国际经济学对各国的内部补偿机制几乎没有表现出任何兴趣。这是一个更重要的问题,因为在简单的模型中有两个特征被忽视了:损失主要通过劳动力市场传递,且在地理上是集中的。当谢菲尔德失去其钢铁业时,尽管英国其他地方的消费增量可能超过了谢菲尔德的失业者所经历的消费损失,但这一点并不能带来多少安慰。

在各国之间,全球贸易推动各国走向不同的专业化。简而言之,欧洲、美国和日本的专长是知识产业,东亚是制造业,南亚是服务业,中东是石油业,非洲是矿业。这使东亚和南亚都以惊人的速度向高收入国家靠拢,以史无前例的方式降低了全球不平等。但自然资源开采面临着特别的治理压力,因为它会产生巨大的租金,其所有权必须以政治方式决定。一些国家成功应对了这样的压力,但许多国家转向了大规模的寻租模式。例如,石油并没有让南苏丹获益,反而引起了武装冲突,并引发饥荒和大规模的流离失所。2000—2013

第九章 全球分化：赢家和落后群体

年全球大宗商品价格的高涨似乎推动了非洲和中东的发展，但这一点现在看起来值得怀疑。新全球数据整理了衡量人均国民财富的综合指标，不仅包括资本存量等传统组成部分，还包括教育和自然财富。[1] 这些数据展现了两幅时代快照——1995年和2014年，恰好包括了大宗商品的超级周期。我们从中可以看出穷国自然资源收入史无前例的暂时性增长是否带来了可持续的收益。数据揭示的是，最穷的国家与其他国家的差距进一步拉大了。低收入国家人均财富增长的绝对值和**百分比**都远远低于中高收入国家，而且在非洲的大部分地区，财富事实上减少了。和贸易对各国内部的影响一样，乐观的模型只是显示出**潜力**。把潜力变为现实有赖于公共政策，而这些模型略去了这样的细节。

在监管问题上认错

企业已经全球化，形成法律关系复杂的子公司网络，这些子公司相互交易，但都受母公司控制。对这样的企业而言，纳税变成了依靠自觉的事情。在英国，星巴克就是这方面的例子。尽管星巴克的英国子公司售出了数十亿杯咖啡，但在整整十年里它几乎没有创造应课税的利润。据发现，位于荷属安的列斯群岛（Dutch Antilles）的另一家子公司尽管没有售出任何咖啡，却创造了极高的利润。这家公司不卖咖啡，只是把使用"星巴克"名称的权利卖给英国子公司。它理直气壮地宣布，它已经在荷属安的列斯群岛缴纳了所有应缴税款，但它没有提的是，那里的税率是零。在欠发达国家，与此类似的情况存在于自然资源开采业。例如在坦桑尼亚，一家金矿公司一边向坦桑尼亚税务当局报告损失，一边向股东派发巨额股息。

企业全球化的一个更恶劣的方面是空壳公司与银行信息保密港

的增多。空壳公司是隐蔽真实所有者的公司，一般由技能高超的律师在大都市（通常是伦敦或纽约）设立。如果这样的公司在保密港管辖区内开设银行账户，账户中的存款会受到双重保护，不会被审查。这种结构已成为包庇腐败与犯罪资金的主要手段。近年来比特币也成为一种选择。

像贸易本身一样，若想要企业全球化的潜在好处成为现实，公共政策必须做出反应。实践中，情况并非如此：企业全球化了，但监管并没有相应地全球化。征税和监管的职权依然牢牢留在国家层面。正如我在第六章中探讨的，我们的超国家协调机制，包括经济合作与发展组织、国际货币基金组织、欧盟、G7和G20，已经丧失了以开明自利为基础构建有约束力的互惠义务的能力。各国都更倾向于加入这场逐底竞赛。这样的治理失败已经成为现代全球化最丑陋的现实。作为这个问题的重灾区，英国在2013年担任G8主席国期间，开始带头解决这个问题。* 例如，英国率先打击律师借以隐瞒资产所有权的"空壳公司"。英国现在规定，所有英国企业的真实所有权必须进行公开登记，这切断了腐败资金的一条主要传输渠道。

在移民问题上认错

企业利益高度影响了经济政策的制定，其关注焦点之一是移民带来的好处。企业显然有理由青睐移民——移民使企业可以招聘的劳动者增多。然而，企业和公民的利益并不完全一致。尽管一些移民对企业和公民都有好处，但有时移民会降低公民的福利，却依然

---

* 我抓住机会为这一努力做出了贡献（Collier, 2013）。

第九章 全球分化：赢家和落后群体

有利于企业。

全球化把贸易和劳动力流动放在一起对待，但这里存在一个根本性的学术差别：贸易是由**比较**优势驱动的，而劳动力流动是由**绝对**优势驱动的。因此，尽管按照标准教科书的假设，移民能在**全球范围**内增进效率，但没有理由期望移民既对接收国有利，也对输出国有利。迁徙带来了第三类受益者——移民自身，他们是唯一肯定受益的群体（假如他们不受益就不会迁徙）。驱动劳动力流动的绝对生产率差异构成他们获得的利益。移民能在全球范围内增进效率，因此理论上，假如移民向其接收国及留在母国的同胞转移财富，所有人的境况都会变好。但在没有这种转移的情况下，移民可能造成两方受损的结果。对他本人来说移民是合理的，但它不一定会使社会整体上获益。例如，假如一名苏丹医生迁到英国开出租车，全球GDP会上升，但这明显是浪费了这位医生的稀缺技能。

一旦在第七章介绍的大都市租金的背景下考察移民问题，移民可能给公民造成的成本就显而易见了。大都市产生的"集聚经济租金"部分流入土地所有者手中，但主要流向那些技能高、住房需求低的劳动者。如果国家向移民开放边界，潜在劳动者的规模将会扩大。对一般规模的国家来说，全球劳动力约为本国劳动力的100倍，因此全面开放边界将带来巨大的影响。许多外国人具有高于本国人的技能水平，而住房需求低于本国人。这些移民有动力去竞争这些高生产率的工作岗位，所以他们将会取代本国人。

这个过程能在全球范围内增进效率：大都市经济增长，集聚经济租金也将随之增多。但这些租金会落于谁手？这一群技能水平较高、住房需求较低的劳动者加入后，租金将从土地所有者向高技能水平工人那里转移，这将使租金更难以被征税。在高技能水平群体中，那些在大都市保住高技能水平工作的现有市民将会获益；通过与技能水平更高的人一起工作,他们会变得更有效率。但竞争失败、丧失大都市高技能水平工作岗位的公民,将失去原本能享有的经济租金。他们将在非都市做效率较低的工作。这使租金从公民转移到移民手中。如果说公民表达的政治态度反映了其自身利益的话,我们可以预期这两种效果的显示方式:大都市高技能水平公民将表现出亲移民情绪,其他地区的公民将表现出反移民情绪。

可以说英国就发生了这样的情况。今天伦敦的人口数量与1950年代一样,但其构成发生了显著变化。2011年,伦敦37%的人口是第一代移民,而1950年该群体少到可以忽略不计。那么假如没有移民,伦敦人口就会缩减37%吗?不大可能,任何大都市都没有发生这样的情况。更符合现实的情况是,比许多市民技能水平高、住房需求低的移民来到伦敦,比过了这些市民,获得了伦敦的就职机会。就全国范围而言,英国脱欧公投揭示了两种身份认同的分歧(第三章中关于"理性社会人"的讨论解释了这一分歧)。但伦敦与英国其他地区的差异,可能反映了移民对伦敦的两个新阶层产生的不同的经济影响。事实上,通过分析英国脱欧公投,我们可以验证两个多少有些违反直觉的预测。* 根据此处的理论可以预测,那些没有被移民抢走工作的受教育程度高的阶层的成员,会因高技能水平的移民流入伦敦而在工作中有更高的效率,因此与非都市地区的受教育程度高者相比,他们投票**支持脱欧的可能性较低**。我们发现这个预测是对的:他们支持脱欧的可能性要低个25%。而属于受教育程度低的阶层、面临来自低技能水平移民的竞争但尚未离开伦敦的

---

* 后文的数据是牛津大学选举学家斯蒂芬·费舍尔(Stephen Fisher)博士基于最可靠的英国脱欧民调数据得出的。我们很晚才意识到可以用这些数据来检验这些假设,所以未能在本书出版前完成论文,但我们计划将研究结果提交专业评审并发表。在此期间,这些研究结果必须被视为临时性结果。

人，事实上因移民流入而受损，因此与生活在英国其他地区的同阶层人士相比，他们投票**支持留欧的可能性应该会较低**。这个预测也是对的：他们支持留欧的可能性要低个30%。因此，"理性经济人"假说也许在伦敦依然符合现实。与流行的大都市视角叙事——非都市居民排外相比，用阶层构成差异和移民对其造成的不同经济影响来解释英国脱欧公投，或许更有道理。

移民给公民带来的另一个很不同的代价是，移民倾向于破坏社会中建立起来的互惠义务。如前所述，1945—1970年人们取得的超凡成就是利用共同身份建立了许多新的互惠义务。生活更好的人接受义务，帮助生活不幸的人。另一个为遵守义务赋予意义的叙事强化了这一关于义务的叙事，那就是命运无常，说不定幸运者的下一代就将沦为不幸者，所以这样做符合每个人的开明自利。这些关于共同身份、互惠义务和开明自利的叙事的形成过程，并没有移民的参与，所以一国公民可能会怀疑移民是否接受了这些叙事。因此，过得更好的公民可能不再像以前那么愿意缴纳既让移民也让本国公民获益的税收。对缺乏技能的忧心忡忡的非都市居民来说，这一情况的影响尤为不利。正当他们需要同胞履行义务时，同胞却因移民而不再管他们了。不幸的是，我们已有令人信服的证据来证明这一效应的发生。

来自欧洲各地的新调查证据记录了收入高于平均水平的人对旨在帮助穷人的再分配性税收的态度。[2] 不奇怪的是，在欧洲各地，与收入低于平均水平的人相比，收入高于平均水平的人对再分配所怀的热情较低。但当我们既考察这些反应，也考察移民占总人口的比例时，一个清晰的规律就出现了：移民占比越高，收入高于平均水平的人支持再分配性税收的意愿就越低。收入高于平均水平的人显然仍对较穷的同胞怀有某种责任感，但外国人的加入导致这一身份鸿沟进一步扩大时，这种责任感就逐渐减弱了。一种新方法是模仿医疗实验,随机把人分为两组,只让其中一组接受某种"待遇"*。两位西班牙研究者用这一全新方法研究同样的问题,问两组人同样的问题,但对其中一组,通过不断讨论移民来"突出"这一问题,让他们对此形成更深的印象,对另一组则突出某个轻松的话题。[3] 他们发现了与上一项研究相同的倾向:一直被提醒要注意移民问题的那一组缴纳再分配性税收的意愿明显较低。

因此,尽管一定规模的移民可能对接收国、输出国及移民自身都有利,但没有理由认为,由市场驱动、追求自利的私人决策所创造的移民规模,是社会意义上最合理的移民规模。意识形态在这个问题上和其他问题一样误导了人们。左派本能地对市场驱动的进程持怀疑态度,只有移民是例外,右派全盘性地为自由市场欢呼,也只有移民是例外。实用主义和实践理性是更巧妙的做法。我们应该问,多大规模以及什么样的移民对社会有利。

结语:经济学家的认错

像我这样的经济学家一直热衷于为全球化辩护,反驳其批评者。这样做的净效果是积极的,但全球化不是一个要么全盘接受要么全盘拒绝的整体现象。全球化是各种经济与社会变化的大杂烩,这些变化都是可以单独拿出来分析的。公共政策的任务是:鼓励全球化中肯定有益的成分;有的成分大体是有益的,但会对某些群体造成重大损失,对这些成分要安排补偿机制;有的成分会导致财富再分配,而我们无法快速地通过补偿机制来纠正这种再分配,对这些成分则应限制。

---

* 英文"treatment"有"待遇"和"治疗"两种意思。——译者注

第四部分

重建包容性政治

第十章

战胜极端派

　　资本主义正在制造分裂的社会，其中的许多人过着焦虑的生活，但它是唯一一种已被证实能创造普遍繁荣的经济体系。近年来发生的情况并不代表资本主义的固有趋势，而是必须纠正的具有破坏性的功能失调。这并非易事，但以审慎的实用主义为指导，基于符合我们当前所处环境的证据和分析，就能制定将逐渐起效的政策。在大萧条之后的时代，务实的政策让资本主义重回正轨，而我们可以让这一幕重演。但这样的政策无法从我们的政治体制中产生。和经济体系一样，我们的政治体制也失灵了。为什么我们不再能务实地寻求问题的解决方案？

　　上一次资本主义运行良好的时代是1945年至1970年。当时，一种社群主义形式的社会民主主义指导着政策，主流政党普遍奉行这一精神。但社会民主主义的伦理基础逐渐瓦解。社会民主主义的源头是19世纪人们为解决当时的焦虑而发起的合作运动。以团结叙事为基础，人们结成不断深化的互惠义务网络，解决了当时的焦虑。但是，社会民主主义政党的领导者逐渐从合作运动变成了功利主义的技术官僚和罗尔斯主义的职业法律人。他们的伦理观让大多数人缺乏共鸣，于是选民逐渐收回了对他们的支持。

各政党为什么没有转向实用主义？选民很可能要为此负责。实用主义要求人们关注具体证据，运用实践理性来评估被提出的解决方案是否真的有效。这需要选民付出努力。知情选民是最佳的公共品，而像所有公共品一样，每个个体提供公共品的动力都微乎其微。大多数其他公共品都可以由国家提供，但这种公共品只能由选民自己提供。

实际发生的情况是，填补社会民生主义崩溃造成的真空的却是一些承诺选民不用付出努力就能解决问题的政治运动。实用主义有两个敌人——意识形态和民粹主义。二者都抓住了自己的机会。左右两派的意识形态都主张不用关注具体情况，不用采取审慎态度、奉行实践理性，某种万能的分析能告诉人们适用于所有情境和时代的真相。民粹主义提供了另一条捷径：超凡魅力领导人，他们拥有显而易见、可以立即见效的解决方案。二者常常融合，变成一股更强大的力量：充满激情、兜售诱人新疗法的领导人把曾经名誉扫地的意识形态重新搬出来用。且来看看他们大展身手的先驱：激进左翼有伯尼·桑德斯、杰里米·科尔宾（Jeremy Corbyn）和让－吕克·梅朗雄；本土主义者有玛丽娜·勒庞和诺伯特·霍费尔（Norbert Hofer）；分离主义者有奈杰尔·法拉奇（Nigel Farage）、亚历克斯·萨蒙德（Alex Salmond）和卡莱斯·普伊格德蒙特（Carles Puigdemont）；娱乐界名人有贝佩·格里洛（Beppe Grillo）和唐纳德·特朗普。

当前政治战场的主要形势似乎是，震惊和愤怒的功利主义与罗尔斯主义先锋队，正在遭受民粹主义意识形态分子的进攻。这是最

第十章 战胜极端派　　215

糟糕的政治局面。要摆脱这一状况，实现根本性变化，需要把一种不同的伦理话语注入我们的政治。但我们的政治体制也发生了一些变化，导致了目前的两极分化，这是我们将在本章探讨的。

政治是如何两极分化的？

我们的政治制度是民主制，但其架构的一些细节使其日益趋向两极分化。大多数西方国家的投票制度都对两个最大的政党有利，因此选民面临的选择取决于这两个政党提供的政策内容。这里最重要的危险步骤是，许多国家的主要政党以增进民主的名义授权其所有成员选举本党领导人。而在过去的体制中，政党领导人是从党内最有经验的成员中挑出来的，并通常由选举出来的代表选出。

最倾向于加入某个政党的人，是已经成为某种政治意识形态追随者的人。因此，上述变化倾向于使更多的意识形态分子被选为领导人。在三种主要意识形态中，事实证明社会民主主义最脆弱，原因我在第一章中已有阐述。它是功利主义和罗尔斯主义哲学的结合，并不是牢固地以我们的共同价值观为基础的。这导致激起两极分化的意识形态主导了政治领域。纳粹大屠杀彻底粉碎了本土主义的声誉，这段历史至今仍历历在目，但当中间偏右的主流政党在移民政策上采取功利主义与罗尔斯主义伦理的混合体时，本土主义政党找到了突破口。[1]

许多选民是实用主义者，但由于意识形态分子的崛起，他们面前的选项是由极端派别选定的。此外，许多人发现这些选项都没有吸引力而脱离了政治，这使领导者的制胜策略发生变化：他们不再试图采取吸引中间摇摆选民的政策，而要确保所有有意识形态动机的选民都参加投票。为了促进"包容"，投票和加入政党的最低年龄可以被下调，但缺乏责任感和经验的青少年最容易受到极端意识形态的影响。那些感觉丧失了自己的利益代表的非意识形态选民，则成为民粹主义者的争取对象。

近年来的几次重大选举表明这一进程正在发生。在2016年的美国大选中，左右两派的意识形态民粹主义者能通过对资本主义失败之处的简单化的批评来主宰选举进程。左派方面，伯尼·桑德斯以微弱劣势受挫，但在这一过程中，他严重削弱了民主党基层选民对典型的罗尔斯主义职业法律人希拉里·克林顿的认同，希拉里则系统性地寻求"受害者"选民群体的支持。[2] 右派方面，作为名人的唐纳德·特朗普利用高超的媒体技巧，战胜了所有更偏中间派的候选人。在赢得各自党派的提名后，特朗普继续进行他简单化的批评，而希拉里未能成功建构一种更成熟的批评，使她看起来更像是当前体制的辩护人。

在2017年的法国大选中，两大主要政党的所有潜在领导人出局。左派方面，时任总统、典型的社会民主主义者奥朗德因认识到自己太不受欢迎而未参加选举。他的总理、另一名社会民主主义者曼努埃尔·瓦尔斯（Manuel Valls）在党内初选中就被淘汰，社会党内的左派意识形态分子贝努瓦·阿蒙胜出。右派方面，前任总统尼古拉·萨科齐（Nicolas Sarkozy）和中间派的阿兰·朱佩（Alain Juppé）都失败出局，共和党右翼的意识形态分子弗朗索瓦·菲永（François Fillon）胜出，他后来在大选中因个人原因而出局。因此要选出两名最终候选人的大选第一轮成为五位非主流领导人激烈角逐的舞台，其中四位是意识形态分子，一位是实用主义者。两个主流政党的候选人都没有进入第二轮，最后的竞争在实用主义者埃马纽埃尔·马克龙和右翼本土主义民粹主义者玛丽娜·勒庞之间展开。然而，只要3%的法国选民在第一轮竞选中做出不同的选择，最后

第十章 战胜极端派

的竞争者就将是两名意识形态化的民粹主义者——右翼的勒庞和左翼的让－吕克·梅朗雄。法国的选举体制差一点就让法国陷入困境。与希拉里·克林顿不同的是,埃马纽埃尔·马克龙对现有体制表达了清晰、非意识形态化但又成熟的批评,把争取对象定位为普通法国公民而不是"受害者"群体,同时揭露了民粹主义者所兜售的药方的空洞性。他的竞选方案是实用主义的典范,运用良好的沟通技巧,他让人们接受了他更复杂的主张,挫败了民粹主义的江湖药方。

在2010年到2017年两次英国选举之间的时期里,工党改变了其推选领导人的程序。2010年,典型的功利主义、社会民主主义工党领导人戈登·布朗作为工党议员毫无争议地成为党首。2017年,领导工党的是民粹主义者杰里米·科尔宾,他在工党议员中获得的支持微乎其微,但由于工党已赋予年轻人轻松入党的权利,热情的年轻理想主义者遂把科尔宾选为党首。这一做法几乎完全改变了工党的组成结构。右派方面,2010年当选的中间派领导人戴维·卡梅隆(David Cameron)在2016年被不为人知的特蕾莎·梅(Theresa May)取代。这是保守党议员为避免遵循新党章而采取的紧急举措。新党章规定党魁应由党员选举产生,这很可能导致某个非主流的意识形态分子当选,2001年首次实行时就导致了这一结果。目前,英国两大主要政党的领袖选举制度几乎肯定会导致这样的结果:选民必须在处于两个极端的意识形态分子之间做出政治选择,不是全素就是全荤。在2017年的选举中,杰米里·科尔宾提出了左派意识形态民粹主义纲领,而特蕾莎·梅未能提出一项逻辑完整的战略,这使选民无从选择,最终导致"无多数议会"(hung parliament)出现。

即使在德国,默克尔总理也曾短暂地尝试过一种罗尔斯式法律主义与民粹主义的奇妙结合,开放德国边界几个月,仅此就导致八分之一的选民在2017年选举中支持一个新成立的本土主义政党。

她的中右翼基督教民主联盟的得票率大幅下滑，降到该党自1949年成立以来的最低水平。但中左派并未从中右派的崩溃中获益，社会民主党的得票率下跌得更多，也降到1949年后的低点。中间派在萎缩，导致民粹主义意识形态分子占据政治舞台。

重建中间派：一些政治机制

我们需要一个促使主流政党重新回到中间立场的进程。有两种改变领导人选拔规则的方式都比当前制度民主得多。

最直接的办法是规定，政党领导人必须来自该党经选举产生的代表。与党员直接选举领导人相比，经选举产生的代表有两个特征使他们更适合选举党魁。首先，他们有吸引广泛选民群体的动力，这促使他们更倾向于选举偏中间派的候选人。其次，作为局内人，他们不太可能被名人的政治把戏欺骗，他们是知情的投票者。例如在英国，2001年的保守党领导人本应是肯·克拉克（Ken Clarke），他是一名中间派，曾在多个部担任部长；假如共和党是由经选举产生的党员代表来选举其总统候选人，唐纳德·特朗普就不会入主白宫。

与普通党员相比，经选举产生的代表更具民主合法性。总的来说，他们所代表的本党支持者的人数要**远远多于**正式登记在册的党员人数。但如果我们仍希望让最多的人参与选举政党领导人，那么也许可以退而求其次：至少对主要政党而言，让所有选民来选举政党的领导人。不过这么做的历史记录并不令人乐观，因为普通选民对候选人所知甚微，所以倾向于选择魅力型民粹主义者。

如果不改革政党领导人选拔机制的话，最安全的替代选择也许是以某种程度的比例代表制为基础重建选举制度。这么做虽然有

第十章　战胜极端派

缺点，但联合政府会限制政党实施其意识形态，并鼓励基于证据的实用主义。长期以来，挪威、荷兰和瑞士都通过比例代表制产生联合政府，三国都没有出现现代资本主义最有害的问题。回头来看，2010—2015年的英国联合政府时期和2011—2017年美国政治的僵局期，都看起来比两国之前和之后的政府略胜一筹。

重建中间派：知情的社会

修补我们的政治体制可能有助于使其以基于道德的务实方式制定策略。但政治是社会的反映，社会不好，政治也不会好。只有当一个社会有足够多的公民要求符合道德和务实的政治时，这样的政治才会产生。正是由于这个原因，本书主要是为公民而非政客写的。足够多的公民并不意味着所有人，而是说人数要多到能给政客以行动的勇气。幸运的是，人们既能用社交媒体来传播坏想法，也能用它传播好想法。作为备忘，我将在下面总结前文提出的能直接解决这些新分化的政策，以及重建家庭、企业、国家伦理的更根本性的策略。

务实的新政策

本书篇幅不长又涉及面广泛，所以无法全面论述新政策的细节。这里的所有建议都是以学术分析为基础，但还需大量的后续工作才能付诸实施。然而，实施中会遇到的障碍更可能是政治上的，而不是技术上的。

扭转大都市和破败城市之间的新分化需要资金。通过对大都市里集聚效应产生的巨大经济租金征税，可以筹集到这笔资金。第七章阐述了为什么大都市的超高生产率是一种经济租金，获取这笔财富的人并不是全靠自己的本事赚来的。但第七章也强调了对这些租金征税的困难：许多租金并不像人们以为的那样被土地所有者获得，而是由高收入的高技能劳动者获得。大都市土地承担的税负应当比其他地方重，基于同样的理由，这些高技能劳动者也应承担更重的税负。我预计自身利益受威胁的人将会愤怒地反击。之后如何以最合理的方式用这笔钱来复兴破败城市呢？关键是要采取协调一致的努力，吸引朝阳产业入驻，也许可以吸引适合各城市传统的产业。协调行动依赖于形成一系列正确的关系：为了形成共同认知，可能入驻某城市的企业需要知道其他企业在做什么；城市也许需要吸引一整群相互关联的企业。培训必须与这些企业的具体需求相关，最好是由企业参与培训项目的管理，这样培训才能有价值。

扭转高技能、受教育程度高者与技能过时、受教育程度低者之间新出现的阶层分化，也需要兼顾两方面的问题。一些人陷入低生产率工作无法转型，他们的劣势通常是从幼时开始并延续一生的。我提出了"社会母爱主义"的策略：为面临破裂风险的年轻家庭提供大量的实际支援和指导，再对上学的儿童提供指导。导师的指导对**社会母爱主义**的意义恰如监控对父爱主义社会管理的意义。但扭转阶层分化不能只靠对受教育程度低者的帮助。高技能者的一些掠夺性行为需要被抑制——赢得"博弈"的能力可能以输家的利益为代价，带来巨大的私人收益。有太多极具天赋的社会成员把他们的能力投入这种零和博弈，而创新等能给全社会带来巨大益处的活动遭遇了人才流失。一些行业最容易出现零和博弈，另一些行业的收益则几乎不会归其从业者所有，前者应当被课以更高的税。

缩小富裕国家与贫穷国家之间的全球差距所需的不仅仅是一颗博爱的心。贫穷、停滞社会中的人做出的个体反应是，富人把钱转移到国外,受教育程度高的人移民外国。这些反应是合乎理性的,但总体来说,它往往会对这些社会造成损害。非洲每年的资本外逃达 2,000 亿美元;海地 85% 的受教育程度较高的年轻劳动者外流。把这些行为定义为"人权"是在轻视这些行为违反的义务。大多数人都不是圣人,尽管人们会认识到自己的义务,但当诱惑摆在面前时,人们就会接受诱惑。当这种情况发生时,引诱者要承担道德责任。几十年来,伦敦的律师和瑞士的银行为资本流出非洲提供了便利。同样,非洲的人力资本外流是由于一些公共政策为其创造了机会。我用一个极端的例子来说明这一点:挪威已经积累了人均 20 万美元的主权财富基金。如果一个五口之家离开贫穷的家乡定居挪威,他们就有权按比例获得价值 100 万美元的资产,远超该家庭成员的收入。其祖国的政府没有任何办法遏制这种移民冲动。然而对这 100 万美元,两个群体有更充分的理由索取:存下这笔钱的挪威人,和本可以分享这笔钱的成千上万的穷人。贫穷国家需要赶上富裕国家,为此,贫穷国家需要从富裕国家得到自己没有的东西——能发挥出人的生产价值的企业。我们还可以做很多努力来鼓励我们的企业在最贫穷的国家创造这一看似平凡的奇迹。

以道德方式重建家庭、企业和国家

本书始于道德问题,也将终于道德问题。我已努力勾勒了道德政治的基础,以改变怪异的和具有分裂性的功利主义道德信条,代之以更深植于人性并能带来更好结果的道德信条。

在功利主义者看来,人都是自主的个体,从自己的消费中获得效用,在计算总效用的宏大道德算术中具有同等的分量,而现实社会与此截然相反,人际关系是其基本构成单位。人并不是自私到变态的"经济人",需要在社会家长制中由柏拉图笔下的"卫国者"

来约束，相反，正常人知道人际关系会产生义务，而履行义务是我们人生使命感的核心。柏拉图笔下的"卫国者"和"经济人"的有害结合已经主导了公共政策。这种思维无情地剥离了人的道德责任，让父爱主义国家来承担义务。像中世纪宗教的诡异翻版一样，普通人被认定为罪人，需要由杰出的道德精英来统治。随着功利主义先锋队的崛起，圣人们纷纷进驻政府。在义务上升至国家的同时，消费权等名目繁多的权利则下沉至民众中——我们现在都是巨婴。

但在这个过程中，国家承担了只有企业和家庭才能充分履行的责任。父母对子女的义务感来源于爱，这种养育远胜于父爱主义国家提供的任何替代品；企业对员工的义务感来源于长期的互惠关系，这远胜于父爱主义国家提供的任何培训。政府应该通过设计总政策发挥作用，力求恢复这些义务的地位。削弱家庭内部义务感的文化变迁是，一心追求满足自身欲望的"**权利个体**"取代了道德家庭。但政府也从优先照顾家庭变为优先照顾个人，通过修改法律、税制、福利政策，纵容了这一转变。现在，政府可以通过改变叙事、法律、税制、福利政策来重建**道德家庭**。削弱企业对员工和社会的义务感的文化变迁是，商学院向一代经理人教授企业版的"经济人"理论，告诉他们企业的唯一目的是为企业所有者创造利润。但追逐季度利润的投资基金经理的崛起推动了物质激励机制的转变，也加剧了这场文化变迁。政府可以利用叙事、法律、税收和补贴来重建**道德企业**。

功利主义父爱主义管理的固有傲慢在应用于全球层面时达到了登峰造极的地步。本应无条件履行的援救义务成为道德帝国主义的工具。原先在特定政策领域内逐步建立互惠义务的国际俱乐部被过度扩张，成为涉及广泛领域的"包容性"组织，互惠性因而逐渐瓦解。

人类历史上从未出现过**道德世界**，但在 1945 年到 1970 年间，我们在实现这一目标的方向上取得了比历史上任何时期都大的进展，而这些进展现在已经逐步瓦解。为了恢复前进的势头，我们需要回到谨慎务实的现实道路上来。为需要救助的人提供有效的救济既是我们能够负担的，也是可行的；应对全球焦虑的最好方式不是功利主义的说教，而是建立国际俱乐部，在富国之间构建起新的互惠义务，以履行援救义务。

因共同归属感而成为可能的互惠义务网络会使各国政府变得更受信任，因而也将更为高效。将林林总总的义务广泛分布于社会之中不仅能让这些义务得到更好地履行，也能让人们在积极履行义务的过程中获得更大的充实感。这样的社会比功利主义的父爱主义社会更幸福。即使以父爱主义管理者自己的目标来看，他们现在的做法也不利于达成自己的目标。"效用最大化"是约翰·凯所说的需要"迂回"达成的例证：靠直接瞄准这个目标是无法实现它的。依靠人们的自愿互惠来实现它是更好的做法。

关于归属的政治

政治主要是国家层面的。要让政治发挥其潜力来打造一个互惠义务组成的密网，一个国家的民众需要接受某种身份认同。要让认同感产生凝聚效果而非分裂效果，作为英国人、美国人或德国人的身份就不能限定于某个特定民族。同时，尽管一些人有一厢情愿的想法，但共同身份的含义也不能是共同持守某些独特的价值观。唐纳德·特朗普和伯尼·桑德斯有哪些能把他们与奈杰尔·法拉奇、杰里米·科尔宾区分开来的共同价值观呢？在同一个文化多元的国家里长大的人拥有的共同身份，只能根据共同的地域和目标来定义。

这种共同身份的构建可以以人和家庭、地域的硬性从属关系为根据，也可以强调有目的的共同行动所带来的共同利益。这是民众形成共同体意识的基础。但道德政治可以通过其他方式增强对共同归属感的本能追求，以及共同目标的合理性。

为实现某个共同目标而进行的集体努力能起到这种增强效果，无论该目标多么微不足道。事实表明连国家足球队的胜利也能起到这个作用。[3]在共享空间中自然发生的相互交织的社会互动能增强共同归属感。完全相互隔绝的群体可能不会有多少共同身份感，因此一定程度的社会融合是可取的，这能遏制由教育、意识形态、宗教等原因导致的文化分离。我们需要接触彼此。但最能起到增强效果的方式是传播关于归属感的支持性政治叙事，这是我们的政治领导人的核心职责。他们现在放弃了基于地域和目标的归属叙事，这就给制造分裂效果的归属叙事创造了机会，它们主张将国民身份认同限定在部分人之内而排斥其他人。

领导人可以推广新叙事，但对政治领袖信任的下降已经使权威发生颠倒；人们更关注处在自己社交网络中心的人，而不是在电视上侃侃而谈的人。但社交网络已经成为自我封闭的回音室，因此我们甚至连交流的共同空间都没有。这非常有害，因为只有通过参与一个共同网络，我们才能形成"我们都在接收同一种叙事"的共同认知。如果没有这个条件，即使传播关于共同身份的叙事，人们也难以相信自己接受的义务将得到他人的回报。回音室不能传播关于共同地域归属的叙事，通常只会诋毁"他者"。2017年在曼彻斯特的一场音乐会上杀害多名儿童的萨尔曼·阿贝迪（Salman Abedi），是在曼彻斯特长大的，但他的成长环境是一个封闭网络，该网络宣传对所谓"卡菲尔"（kaffirs）的仇恨，因此他对周围的人缺乏最基本的同理心。这种回音室对社会结构有毁灭性作用，但要恢复

第十章 战胜极端派

共同的讨论场所，我看不出有什么切实可行的方法。在没有这种场所的情况下，新近在这些回音室里获得影响力的人，包括笑星、演员、宗教人士和好表现的外向者，现在都必须承担起这种责任。他们是去中心化的社会领袖，是在这些分散网络中构建共同地域身份的最佳人选。他们传播的故事应该成为公众关注的焦点。人们应当向其施加压力，制止其兜售那些已成为其专长的分裂性意识形态叙事。

像其他共同身份一样，共同的地域归属感或共同的目的性行动可以支撑起多种义务，所以是极重要的。因为公共政策主要是国家性的，所以政治也主要是国家性的。有些政策是在地方、区域或全球层面制定的，但在所有发达经济体中，国家都极为重要。在美国，尽管人们高度关注州权，但约60%的公共支出是通过国家而非各州完成的；在欧盟，尽管人们高度关注布鲁塞尔的权力，但97%的公共开支是通过国家而非欧盟委员会完成的。国家及其公民是公共政策的基本框架，在可预见的未来也将继续如此。共同身份的首要政治功能是使各国成为不断增长的互惠义务网络的载体。正是由于这种网络受损，资本主义近期的发展所激发的焦虑才不断恶化，演变为我们社会的深重创伤。

正如基于地域和目标的共同归属叙事能增强国民身份认同一样，关于公民互惠义务的叙事也能增强上述伦理网络。不奇怪的是，萨尔曼·阿贝迪从未接受最基本的互惠义务：他的邻居说，阿贝迪的车经常堵住他的车道。开明自利的目的性叙事也可以强化互惠义务。公民会开始认识到这样的因果关系：纳税这类不符合其眼前利益的行为，可以促成符合所有人长期利益的结果。阿贝迪倒是接受了一种叙事：他为升入天堂的前景牺牲了自己的眼前利益。叙事会产生强大影响，而我们应当精心设计更好的叙事。

一言以蔽之：**共同身份会成为远见式互惠的基础**。与基于个人主义或任何复兴主义意识形态的社会相比，成功建立这种信念体系的社会运转得更好。崇尚个人主义的社会丧失了公共品所包含的巨大潜力。复兴主义的意识形态都是基于对社会里某一群外人的仇恨，是导致冲突的死胡同。在健康的社会里，对互惠义务网络的接受是成功者自小经受教育形成的。互惠义务网络还能激发幸运的人对不幸者的支持。成功者会遵守这些义务，因为他们会得到回报——履行义务所带来的自尊和同伴的尊重。针对拒不服从的少数人，更多地使用强制权力将是合法的。

这种道德实用主义可以引导我们的政治从两极分化的失败走向合作，解决困扰我们社会的分歧。我们对很多人有未尽到的照料义务：逃离灾难的难民；在世界上最贫穷的社会里陷于绝望的人；自身技能失去价值的中年人；即将受困于没有出路的工作的青少年；破裂家庭的孩子；因无法获得住房而绝望的年轻家庭。我们必须尽到这些义务。但我们还有一个挑战性大得多的任务：重建曾基于我们共同身份而产生的互惠义务。

这种看起来好像马克思主义的再分配可能让右派骇然。而它承认家庭和国家的独特义务，有违罗尔斯主义和功利主义准则，可能也会让左派骇然。但这两种担忧都是不必要的。

至于罗尔斯主义和功利主义的梦想，无论是奉扬对所有儿童履行平等义务而贬低家庭的义务，还是奉扬对全球受害者承担义务而贬低对本国国民的义务，都无法建起伊甸园。这样会使下一代人滑入"权利个人主义"的深渊。回顾历史，我们应该实事求是地对功利主义和罗尔斯主义主宰中左翼的时期做出评价：傲慢，过度自信，极具破坏性。中左翼若要复兴就应该回归其社群主义的本源，并重新肩负起重建以信任为基础的互惠义务网络和解决工薪家庭焦虑的

第十章 战胜极端派

任务。*同样，在独断个人主义主宰中右翼的时期里，"经济人"概念把一个伟大的传统诱入歧途。当中右翼恢复其道德立场时，它将回归"同一个民族"的政治。这些新的焦虑是很严峻的问题，不能留给极左派去解决。地域归属感是一种强大的力量，如果利用得当会产生很强的建设性，不能留给极右派去操纵。

面对新的焦虑，我们应当看到，真正重要的**经济**威胁是不同地域、不同阶层命运发生的新的严重分化。面对极端宗教与意识形态身份认同的崛起，我们应当看到，真正重要的**社会**威胁是社交媒体的回音室效应导致的对立身份群体的社会分裂。在英国脱欧事件和唐纳德·特朗普崛起后，我们应当看到，真正重要的**政治**威胁是排他的民族主义。自由派放弃共同归属感及本可由这种归属感支持的良性爱国主义，也就是放弃了唯一能把我们的社会团结起来共同寻求解决方案的力量。自由派大意而不负责任地将这种力量交给了江湖骗子式的极端派，他们正得意洋洋地为实现自己的偏激目的而扭曲这种力量。

我们可以做得更好：我们曾经做到过，我们也可以再次做到。

---

* 2017年12月我应邀为丹麦社会民主党人发表演讲。该党杰出的新领袖梅特·弗雷德里克森（Mette Frederiksen）得出的解决方案与此完全一致，她积极推动该党回到合作式社群主义的本源。该党此前长期下滑的得票率已经得到逆转，并逐渐上升，仅在受教育程度高的大都市居民中是例外——"怪异者"（WEIRD）愤愤不平地转向了强硬左派。

致 谢

本书源起于《泰晤士报文学副刊》(Times Literary Supplement)的托比·利希蒂格(Toby Lichtig)邀我为该刊 2017 年第一期写一篇关于"社会状态"的文章。动荡的时代促使一系列诊断各种社会病症的书籍面世,托比允许我依自己的判断借鉴这些书。整个圣诞节期间,我的膝盖上一会儿是书,一会儿是孩子,一会儿是笔记本电脑,最终我做出了诊断:当下我们需要的书是《资本主义的未来》,但不幸的是,还没有人写出这本书。文章发表后引起了极大反响,最终安德鲁·怀利(Andrew Wylie)从纽约带来消息:有三家出版社抢先出价,想买这本我还没说要写的书。我的英国出版社企鹅让我推迟一本已签约书稿的写作,先完成这一本。

在对智识的要求上,这是个艰巨的任务,因为我认为写这本书需要综合道德哲学、政治经济学、金融学、经济地理学、社会心理学和社会政策等学科。这些学科都在自己周围设置了雷区,旨在阻止和摧毁入侵者。我很幸运,一些杰出的学者愿意通读书稿并给予评论。他们的建议无疑使最终稿得到了极大的改进，我对他们深表感激，但这不代表他们要为最终文本负任何责任。

在哲学家中，我要特别感谢这几位：汤姆·辛普森（Tom Simpson），他通读了初稿，并以堪称典范的清晰性和耐心解释了微妙的问题；克里斯·胡克韦，与我就实用主义进行了长时间的讨论；杰西·诺曼，他对亚当·斯密了如指掌；康拉德·奥特（Konrad Ott），与我深入讨论了互惠问题与康德的视角。

在经济学家中，科林·迈耶和我高兴地发现，我们写了两本实际上是姊妹篇的书，并会在同一时间出版，他的著作是《富裕》（Prosperity）。我一直景仰约翰·凯的思想，他既博学又务实，拥有良好的判断力。他仔细通读了初稿，并花了很长时间给我评论和建议。蒂莫西·贝斯利是现代分析经济学的领军人物，令人称奇的是他在道德哲学方面也造诣颇深，他不仅对初稿进行了评论，还在牛津大学万灵学院为本书组织了一场研讨会，并说服艾莉森·沃尔夫作为嘉宾，与我讨论"社会母爱主义"。托尼·维纳布尔斯显然对第七章有深刻影响，他也对整篇初稿进行了详细的评论。最后是基尔世界经济研究所（Kiel Institute for the World Economy）所长丹尼斯·斯诺尔，他不仅对草稿进行了详细的评论，而且就支持和促进我们所说的"第二代行为经济学"的发展发挥了宝贵作用：他努力将社会心理学的见解引入对群体行为的经济分析，以区别于个体决策偏好。我们在"身份、叙事与规范问题经济学研究会"里的同事们将在本书各处看到我在学术上受益于他们的研究。

牛津大学长葆的学术优势有一个常被人轻忽的原因：其学院体系能促成跨学科的随机互动。就我而言，我可以在两个不同学院参与活动，这种不同寻常的优渥待遇使我能更好地利用这种互动。在圣安东尼学院的一次午餐中，研究日本社会学的罗杰·古德曼教授让我了解到日本精英女性对孩子的态度。在三一学院的一次午餐中，英国首屈一指的选举学家斯蒂芬·费舍尔告诉了我检验英国人脱欧态度的方法，我将其用在了第八章中。此外，斯蒂芬针对初稿写的学术评论是所有人中最详尽的，这对我是坚定而慷慨的帮助。企鹅出版社不知疲倦的劳拉·斯蒂克尼（Laura Stickney）提供了同样重要的协助，提升了文稿的可读性。

最后，我要感谢很多基于自身经验贡献了证据的人：基尔大学世界事务论坛（Keele World Affairs）主席比尔·博因顿（Bill Boynton），他为特伦特河畔斯托克城（Stoke-on-Trent）的民众打造了一个精彩的论坛；"格林与伙伴"的中坚力量黛博拉·布利凡特（Deborah Bullivant）；联合工会的保罗·科尼克（Paul Cornick）；社会学家马克·埃尔查杜斯（Mark Elchardus）教授及布鲁塞尔"P&V合作运动"的成员们；伊恩·摩尔（Ian Moore），多年来他在谢菲尔德领导着一群认知行为心理治疗师；欧洲社会党与社会民主党联盟主席吉安尼·皮特拉（Gianni Pittella）及其顾问弗朗切斯科·隆奇（Francesco Ronchi）；律师、贵格会教徒艾伦·汤普森（Alan Thompson）。

好读的书不好写，在我劳心劳力之时，家人与我站在一起。跟以往一样，保利娜（Pauline）既肩扛团结全家人的责任，又以诚实读者的锐利眼光提出建议。我从小受到的教育是不要出风头，所以写这么一本个人化的书是个艰难的决定；但假如没有这些个人化的内容，本书文字中透出的激情锋芒就会显得做作而不自然。

注 释

第一章 新的焦虑

1. Case and Deaton (2017).
2. Chetty et al. (2017).
3. Chua (2018), p. 173.
4. 例如,Mason (2015),以及我对这一最新文献的评论,参见 *Times Literary Supplement*, 25 January 2017。
5. 边沁和穆勒对亚当·斯密开创的经济学分析进行了严重的扭曲,对此的清晰历史记述,参见 Norman (2018), ch. 7。
6. Haidt (2012).
7. *Financial Times*, 5 January 2018.
8. 一本具有可读性的新记述是 Roger Scruton 的 *On Human Nature* (2017)。
9. Chua (2018).
10. 乔治·阿克洛夫是诺贝尔经济学奖得主。我们与雷切尔·克兰顿和丹尼斯·斯诺尔(Dennis Snower)一起成立了身份、叙事与规范问题经济学研究会(Economic Research on Identities, Narratives and Norms)。托尼·维纳布尔斯是一位世界闻名的经济地理学家。过去三年里,我们一直在合作指导一个关于城市化经济学的研究项目。科林·迈耶是牛津大学金融学教授、牛津大学商学院前院长、英国科学院"企业的未来"项目主任。他的著作 *Prosperity: Better Business Makes the Greater Good* (2018) 与本书十分契合。过去三年里,我们一直在共同努力促进对贫困地区的投资。蒂莫西·贝斯利(爵士)教授现在是计量经济学会主席，曾任欧洲经济协会主席、《美国经济评论》编委。我们目前正在联合指导英国科学院"国家脆弱问题委员会"。克里斯·胡克韦教授是全球最著名的研究皮尔斯与实用主义学派源头的学者。他曾任皮尔斯学会会长和《欧洲哲学杂志》（European Journal of Philosophy）编委。他 2015 年退休时，为向他致敬而召开的会议的主题是"实用主义思想"。碰巧，他是我认识最久的朋友。

11. Tepperman (2016).

第二章　道德的基础

1. 有充分的理由证明，就连我们的情感最终也是由社会构建的。参见 Feldman Barrett (2017)。
2. Etzioni (2015).
3. 我刚写完《资本主义的未来》，蒂莫西·贝斯利就把我介绍给了哲学家、政治家杰西·诺曼（Jesse Norman），他也刚刚写完一本关于亚当·斯密思想的书。我们有些忐忑不安地交换了书稿。我从他的书中学到了很多，其中的一些将在后面的注释中反映出来，但我欣慰地发现，斯密若是泉下有知，应该不会反对我对他思想的阐释。
4. Norman (2018).
5. Towers et al. (2016).
6. 这是休谟和康德之间的分歧所在。
7. Haidt (2012).
8. Mercier and Sperber (2017).
9. Gamble et al. (2018).
10. 列宁主义的"民主"集中制概念。
11. 如海特（2012）所说："义务论和功利主义是'单一受体'（one receptor）的道德观，对缺乏同理心的人有吸引力。"
12. Dijksterhuis (2005), Christakis and Fowler (2009).
13. Hood (2014).
14. Thomas et al. (2014).
15. 如 Cialdini (2007)。
16. Akerlof and Shiller (2009), p. 54.
17. Mueller and Rauh (2017).
18. 关于禁忌，可参考 Bénabou and Tirole (2011)。
19. 在 Collier (2016) 中，我更全面地阐述了这些想法。
20. 一部很好的介绍性著作是 Identity Economics, Akerlof and Kranton (2011)。
21. Besley (2016).
22. 如果你对细节感兴趣，我近期对这方面的最新文献做了综述：Collier (2017)。
23. World Happiness Report, 2017.

24. 这分别是约翰·佩里·巴洛（John Perry Barlow）和马克·扎克伯格的感受。
25. 描述这一现象的术语是"同源性"（homology）。
26. 正如麦金太尔（MacIntyre）在 1981 年的开创性研究中阐述的，道德语言的本质是不只把他人当作达到自利目的的手段，而是把他人当作目的本身。参见 MacIntyre (2013)。
27. 我已按分析性顺序解释了共同身份、互惠和目的性行动，但关于这三个组成部分都是道德集体行为的必要条件这一点的实证证据，来自诺奖得主埃莉诺·奥斯特罗姆（Eleanor Ostrom, 1990）及其后继者的研究。
28. 有关基本理论和证据的更全面讨论，参见 Collier (2018d)。
29. 这个现象被称为政治经济周期；Chauvet and Collier (2009)。
30. Putnam (2016), p. 221.

第三章 道德的国家

1. 欧洲各国社会党和民主党的领导人认识到了这一事关生死存亡的危机，邀请我去他们 2017 年 10 月的年会和 2018 年 6 月的青年大会发言。
2. 我在 Collier (2018b) 中更正式地提出了这个模型，并阐述了其规范含义。
3. Wolf (2013), p. 32. 这句话不仅反映了人们的突出身份向工作的转变，也反映了对个人成就的强调，我将在第五章讨论这一点。
4. 参见 Edelman Trust Barometer。其 2017 年年度报告的开头是："信任在世界各地都处于危机之中。" https://www.edelman.com/trust2017/.
5. 为应对焦虑问题而进行互惠合作的范例是合作保险运动，这场运动诞生于罗奇代尔（Rochdale）——英格兰北部的一座工业城镇，类似于谢菲尔德和哈利法克斯。2017 年 11 月，庞大的比利时保险合作社下辖的"P&V 基金"（P and V Foundation）授予我公民奖，我借此机会了解了该机构的起源。罗奇代尔的先驱者们曾来到佛兰德语区的根特（Ghent），推动保险合作运动在比利时生发，而这场运动迅速跨越语言障碍，传播到法语区的瓦隆尼亚（Wallonia），并逐步扩大为全国性运动。颁奖典礼是用三种语言进行的。
6. Elliott and Kanagasooriam (2017).
7. 对国民身份与全球身份之间的这种对比，David Goodhart (2017) 曾有更多阐述。
8. 这句引语来自 Nicholas Crane, *The Making of the British Landscape* (Weidenfeld & Nicolson, 2016), p. 115。
9. Johnson and Toft (2014).
10. Elliott and Kanagasooriam (2017).

第四章 道德的企业

1. 这是英国 2017 年的数据。英国，而不是美国，才是弗里德曼学说及其后果登峰造极的表现。其中的原因会在本章后部探讨金融力量对企业的影响时浮现出来。

2. Gibbons and Henderson (2012).
3. 这些话是一名前高级员工说的，请见报道'The Big Bet', *Financial Times*, 11 November 2017。
4. *Financial Times*, 23 October 2017.
5. 这也是职业道德沦丧的问题。会计行业迷失了自身的道德方向。参见 Brooks (2018)。
6. 占 GDP 的 1.7%，而经济合作与发展组织（OECD）国家的平均占比是 2.4%。
7. Kay (2011).
8. Haskel and Westlake (2017).
9. Hidalgo (2015).
10. Autor et al. (2017).
11. Scheidel (2017).

第五章　道德的家庭

1. 我对家庭规范变化的了解受益于罗比·阿克洛夫。
2. 即使到了 1975 年，像我母亲这样的劳动女性（她高中肄业），花在照顾孩子上的时间也和大学毕业生一样多。到 2003 年二者花的时间都增加了，但现在受教育程度较低者花的时间仅为大学毕业生的一半；Sullivan and Gershuny (2012)。
3. 我要感谢研究日本现代社会学的专家罗杰·古德曼（Roger Goodman）教授，他提供了这一有趣见解。
4. Wolf (2013), p. 236. 这是大学毕业的白人母亲的数据。
5. Ibid., p. 183.
6. Putnam (2016), p. 67.
7. Eliason (2012).
8. Putnam (2016), p. 70.
9. Ibid., p. 78.
10. Heckman, Stixrud and Ursua (2006).
11. Clark (2014).
12. Bisin and Verdier (2000).
13. Brooks (2015).
14. Seligman (2012).

第七章　地域分化

1. Venables (2018a, 2018b).

2. 请见 Jed Kolko 的近期著作。
3. 这一令人不安的事实是基于经济合作与发展组织的研究。对此的易于理解的探讨，参见 *The Economist*, 21 October 2017。
4. 我要感谢蒂莫西·贝斯利确认和澄清这一点。
5. Arnott and Stiglitz (1979).
6. Collier and Venables (2017).
7. Greenstone, Hornbeck and Moretti (2008).
8. Lee (2000).

第八章　阶层分化

1. Wolf (2013), p. 240.
2. Fragile Families and Child Wellbeing Study Fact Sheet: www.fragilefamilies.princeton.edu/publications.
3. 'Effects of social disadvantage and genetic sensitivity on children's telomere length', *Fragile Families Research Brief* 50, Princeton, 2015.
4. Philip Larkin, 'High Windows' (1974).
5. 大卫·布鲁克斯（David Brooks）在 *The Social Animal* (2011) 中对这一命题进行了精彩的讨论。
6. "暂停"有一个网站。访问并加入它。文中的数据取自 http://www.pause.org.uk/pause-in-action/learning-and-evaluation。
7. Wolf (2013), pp. 51-2.
8. Brown and de Cao (2017).
9. Putnam (2016), p. 212.
10. Hanushek (2011).
11. Levitt et al. (2016).
12. 如果你和我一样认为这件事了不起，我鼓励你为"格林与伙伴"捐款，这是一家正式注册的慈善机构。网址是 http://grimmandco.co.uk/。
13. 这方面一个很好的信息来源是 Wilson (2011)，他的书名正是《返回正轨》。
14. http://www.winchester.ac.uk/aboutus/lifelonglearning/CentreforRealWorldLearning/Publications/Post2014/Documents/Lucas%20(2016)%20What%20if%20-%20vocational%20pedagogy%20%20RSA-FETL.pdf，这是下一段的根据。
15. Alison Wolf, *Financial Times*, 28 December 2017.
16. *Dancing in the Dark*, Knausgård (2015), p. 179.
17. Goldstein (2018).
18. Acemoglu and Autor (2011).

19. *Financial Times*, 10 September 2017.
20. Michael Lewis and Dylan Baker (2014), *Flash Boys*.
21. 在英国，基于教育的"配对性择偶"现象大增，其中增幅最大的是大学毕业生之间的婚姻：Wolf (2013), p. 232。
22. Harris (2018).

第九章　全球分化

1. World Bank (2018).
2. 以下结果来自 Rueda (2017)。
3. Muñoz and Pardos-Prado (2017).

第十章　战胜极端派

1. Pardos-Prado (2015).
2. Chua (2018).
3. 人们喜欢认同胜利。Depetris-Chauvin and Durante (2017) 指出，在国家足球队获胜后，国家认同会变得更突出。

参考文献

Acemoglu, D., and Autor, D. (2011), 'Skills, tasks and technologies: implications for employment and earnings'. In *Handbook of Labor Economics* (Vol. 4B). Amsterdam: North Holland/Elsevier, pp. 1043–1171.

Akerlof, G. A., and Kranton, R. E. (2011), *Identity Economics: How Our Identities Shape Our Work, Wages, and Well-Being*. Princeton: Princeton University Press.

Akerlof, G. A., and Shiller, R. (2009), *Animal Spirits: How Human Psychology Drives the Economy, and Why It Matters for Global Capitalism*. Princeton: Princeton University Press.

Arnott, R. J., and Stiglitz, J. E. (1979), 'Aggregate land rents, expenditure on public goods, and optimal city size'. *The Quarterly Journal of Economics*, 93 (4), pp. 471–500.

Autor, D., Dorn, D., Katz, L. F., Patterson, C., and Van Reenen, J. (2017), *The Fall of the Labor Share and the Rise of Superstar Firms*. Cambridge, Mass.: National Bureau of Economic Research.

Bénabou, R., and Tirole, J. (2011), 'Identity, Morals, and Taboos: Beliefs as Assets'. *The Quarterly Journal of Economics*, 126 (2), pp. 805–55.

Besley, T. (2016), 'Aspirations and the political economy of inequality'. *Oxford Economic Papers*, 69, pp. 1–35.

Betts, A., and Collier, P. (2017), *Refuge: Transforming a Broken Refugee System*. London: Penguin.

Bisin, A., and Verdier, T. (2000), '"Beyond the melting pot" : cultural transmission, marriage, and the evolution of ethnic and religious traits'. *The Quarterly Journal of Economics*, 115 (3), pp. 955–88.

Bonhoeffer, D. (2010), *Letters and Papers from Prison* (Vol. 8). Minneapolis: Fortress Press.

Brooks, D. (2011), *The Social Animal: The Hidden Sources of Love, Character and Achievement*. London: Penguin.

Brooks, D. (2015), *The Road to Character*. New York: Random House.

Brooks, R. (2018), *Bean Counters: The Triumph of the Accountants and How They Broke Capitalism*. London: Atlantic Books.

Brown, D., and de Cao, E. (2017), 'The impact of unemployment on child maltreatment in the United States'. Department of Economics Discussion Paper Series, No. 837, University of Oxford.

Case, A., and Deaton, A. (2017), *Mortality and Morbidity in the 21st Century*, Washington, DC: Brookings Institution.

Chauvet, L., and Collier, P. (2009). 'Elections and economic policy in developing countries'. *Economic Policy*, 24 (59), pp. 509–50.

Chetty, R., Grusky, D., Hell, M., Hendren, N., Manduca, R., and Narang, J. (2017), 'The fading American dream: trends in absolute income mobility since 1940'. *Science*, 356 (6336), pp. 398–406.

Christakis, N. A., and Fowler, J. H. (2009), *Connected: The Surprising Power of Our Social Networks and How They Shape Our Lives*. New York: Little, Brown.

Chua, A. (2018), *Political Tribes: Group Instinct and the Fate of Nations*. New York: Penguin Press.

Cialdini, R. B. (2007), *Influence: The Psychology of Persuasion*. New York: Collins.

Clark, G. (2014), *The Son Also Rises: Surnames and the History of Social Mobility*. Princeton: Princeton University Press.

Collier, P. (2008), *The Bottom Billion: Why the Poorest Countries are Failing and What Can Be Done About It*. New York: Oxford University Press.

Collier, P. (2013), 'Cracking down on tax avoidance'. *Prospect*, May.

Collier, P. (2016), 'The cultural foundations of economic failure: a conceptual toolkit'. *Journal of Economic Behavior and Organization*, 126, pp. 5–24.

Collier, P. (2017), 'Politics, culture and development'. *Annual Review of Political Science*, 20, pp. 111–25.

Collier, P. (2018a), 'The downside of globalisation: why it matters and what can be done about it'. *The World Economy*, 41 (4), pp. 967–74.

Collier, P. (2018b), 'Diverging identitites: a model of class formation', Working Paper 2018/024, Blavatnik School of Government, Oxford University.

Collier, P. (2018c), 'The Ethical Foundations of Aid: Two Duties of Rescue'. In C. Brown and R. Eckersley (eds.), *The Oxford Handbook of International Political*

Theory. Oxford: Oxford University Press.

Collier, P. (2018d), 'Rational Social Man and the Compliance Problem', Working Paper 2018/025, Blavatnik School of Government, Oxford University.

Collier, P., and Sterck, O. (2018), 'The moral and fiscal implications of anti-retroviral therapies for HIV in Africa'. *Oxford Economic Papers*, 70 (2), pp. 353–74.

Collier, P., and Venables, A. J. (2017), 'Who gets the urban surplus?' *Journal of Economic Geography*, https://doi.org/10.1093/jeg/lbx043.

Crosland, A. (2013), *The Future of Socialism* (new edn with foreword by Gordon Brown; first published 1956). London: Constable.

Depetris-Chauvin, E., and Durante, R. (2017), 'One team, one nation: football, ethnic identity, and conflict in Africa'. CEPR Discussion Paper 12233.

Dijksterhuis, A. (2005), 'Why we are social animals: the high road to imitation as social glue'. *Perspectives on Imitation: From Neuroscience to Social Science*, 2, pp. 207–20.

Eliason, M. (2012), 'Lost jobs, broken marriages'. *Journal of Population Economics*, 25 (4), pp. 1365–97.

Elliott, M., and Kanagasooriam, J. (2017), *Public Opinion in the Post-Brexit Era: Economic Attitudes in Modern Britain*. London: Legatum Institute.

Epstein, H. (2007), *The Invisible Cure: Africa, the West, and the Fight against AIDS*. New York: Farrar, Straus and Giroux.

Etzioni, A. (2015), 'The moral effects of economic teaching'. *Sociological Forum*, 30 (1), pp. 228–33.

Feldman Barrett, L. (2017), *How Emotions are Made: The Secret Life of the Brain*. London: Macmillan.

Gamble, C., Gowlett, J., and Dunbar, R. (2018), *Thinking Big: How the Evolution of Social Life Shaped the Human Mind*. London: Thames and Hudson.

George, H. (1879), *Progress and Poverty: An Enquiry into the Cause of Industrial Depressions, and of Increase of Want with Increase of Wealth. The Remedy*. K. Paul, Trench & Company.

Gibbons, R., and Henderson, R. (2012), 'Relational contracts and organizational capabilities'. *Organization Science*, 23 (5), pp. 1350–64.

Goldstein, A. (2018), *Janesville: An American Story*. New York: Simon and Schuster.

Goodhart, D. (2017), *The Road to Somewhere*. London: Hurst.

Greenstone, M., Hornbeck, R. and Moretti, E. (2008), 'Identifying agglomeration spillovers: evidence from million dollar plants'. NBER Working Paper, 13833.

Haidt, J. (2012), *The Righteous Mind: Why Good People are Divided by Politics and Religion*. New York: Vintage.

Hanushek, E. A. (2011), 'The economic value of higher teacher quality'. *Economics of Education Review*, 30 (3), pp. 466–79.

Harris, M. (2018), *Kids these Days: Human Capital and the Making of Millennials*. New York: Little, Brown.

Haskel, J., and Westlake, S. (2017), *Capitalism without Capital: The Rise of the Intangible Economy*. Princeton: Princeton University Press.

Heckman, J. J., Stixrud, J., and Urzua, S. (2006), 'The effects of cognitive and noncognitive abilities on labor market outcomes and social behavior'. *Journal of Labor Economics*, 24 (3), pp. 411–82.

Helliwell, J. F., Huang, H., and Wang, S. (2017), 'The social foundations of world happiness'. In *World Happiness Report 2017*, edited by J. Helliwell, R. Layard and J. Sachs. New York: Sustainable Development Solutions Network.

Hidalgo, C. (2015), *Why Information Grows: The Evolution of Order, From Atoms to Economies*. New York: Basic Books.

Hood, B. (2014), *The Domesticated Brain*. London: Pelican.

International Growth Centre (2018), *Escaping the Fragility Trap*, Report of an LSE–Oxford Commission.

James, W. (1896), 'The will to believe'. *The New World: A Quarterly Review of Religion, Ethics, and Theology*, 5, pp. 327–47.

Johnson, D. D., and Toft, M. D. (2014), 'Grounds for war: the evolution of territorial conflict'. *International Security*, 38 (3), pp. 7–38.

Kay, J. (2011), *Obliquity: Why Our Goals are Best Achieved Indirectly*. London: Profile Books.

Knausgård, K. O. (2015), *Dancing in the Dark: My Struggle* (Vol. 4). London and New York: Random House.

Lee Kuan Yew (2000), *From Third World to First: The Singapore Story 1965–2000*. Singapore: Singapore Press Holdings.

Levitt, S. D., List, J. A., Neckermann, S., and Sadoff, S. (2016), The behavioralist goes to school: leveraging behavioral economics to improve educational performance'. *American Economic Journal: Economic Policy*, 8 (4), pp. 183–219.

Lewis, M., and Baker, D. (2014), *Flash Boys*. New York: W. W. Norton.

MacIntyre, A. (2013), *After Virtue*. London: A&C Black (first published 1981).

Martin, M. (2018), *Why We Fight*. London: Hurst.

Mason, P. (2015), *Postcapitalism: A Guide to Our Future*. London: Allen Lane.

Mercier, H., and Sperber, D. (2017), *The Enigma of Reason*. Cambridge, Mass.: Harvard University Press.

Mueller, H. and Rauh, C. (2017), 'Reading between the lines: prediction of political violence using newspaper text'. Barcelona Graduate School of Economics, Working Paper 990.

Muñoz, J., and Pardos-Prado, S. (2017), 'Immigration and support for social policy:

an experimental comparison of universal and means-tested programs'. *Political Science Research and Methods*, https://doi.org/10.1017/psrm.2017.18.

Neustadt, R. E. (1960), *Presidential Power*. New York: New American Library (p. 33).

Norman, J. (2018), *Adam Smith: What He Thought and Why it Matters*. London: Allen Lane.

Ostrom, E. (1990), *Governing the Commons: The Evolution of Institutions for Collective Action*. Cambridge: Cambridge University Press.

Pardos-Prado, S. (2015), 'How can mainstream parties prevent niche party success? Centre-right parties and the immigration issue'. *The Journal of Politics*, 77, pp. 352–67.

Pinker, S. (2011), *The Better Angels of our Nature*. New York: Viking.

Putnam, R. D. (2000), *Bowling Alone: The Collapse and Revival of American Community*. New York: Simon and Schuster.

Putnam, R. D. (2016), *Our Kids: The American Dream in Crisis*. New York: Simon and Schuster.

Rueda, D. (2017), 'Food comes first, then morals: redistribution preferences, parochial altruism and immigration in Western Europe'. *The Journal of Politics*, 80 (1), pp. 225–39.

Scheidel, W. (2017), *The Great Leveller: Violence and the History of Inequality from The Stone Age to the Twenty-First Century*. Princeton: Princeton University Press.

Schumpeter, J. (1942), *Capitalism, Socialism and Democracy*. New York: Harper and Bros.

Scruton, R. (2017), *On Human Nature*. Princeton: Princeton University Press.

Seligman, M. E. (2012), *Flourish: A Visionary New Understanding of Happiness and Well-being*. New York: Simon and Schuster.

Smith, A. (2010), *The Theory of Moral Sentiments*. London: Penguin.

Smith, A. (2017), *The Wealth of Nations: An Inquiry into the Nature and Causes*. New Delhi: Global Vision Publishing House.

Spence, A. M. (1974), *Market Signalling: Informational Transfer in Hiring and Related Screening Processes*. Harvard Economic Studies Series, vol. 143. Cambridge, Mass.: Harvard University Press.

Sullivan, O., and Gershuny, J. (2012), 'Relative human capital resources and housework: a longitudinal analysis'. Sociology Working Paper (2012–04), Department of Sociology, Oxford University.

Tepperman, J. (2016), *The Fix: How Nations Survive and Thrive in a World in Decline*. New York: Tim Duggan Books.

Thomas, K., Haque, O. S., Pinker, S., and DeScioli, P. (2014), 'The psychology of coordination and common knowledge'. *Journal of Personality and Social Psychology*, 107, pp. 657–76.

Towers, A., Williams, M. N., Hill, S. R., Philipp, M. C., and Flett, R. (2016), 'What makes the most intense regrets? Comparing the effects of several theoretical predictors of regret intensity'. *Frontiers in Psychology*, 7, p. 1941.

Venables, A. J. (2018a), 'Gainers and losers in the new urban world'. In E. Glaeser, K. Kourtit and P. Nijkamp (eds.), *Urban Empires*. Abingdon: Routledge.

Venables, A. J. (2018b), 'Globalisation and urban polarisation', *Review of International Economics* (in press).

Wilson, T. D. (2011), *Redirect: Changing the Stories We Live By*. London: Hachette UK.

Wolf, A. (2013), *The XX Factor: How the Rise of Working Women has Created a Far Less Equal World*. New York: Crown.

World Bank (2018), *The Changing Wealth of Nations*, Washington DC.

World Happiness Report, 2017 (2017), edited by J. Helliwell, R. Layard and J. Sachs. New York: Sustainable Development Solutions Network.

索 引

A

阿道司·赫胥黎，《美丽新世界》，1932
年（Aldous Huxley, *Brave New World*,
1932）5
阿兰·朱佩（Alain Juppé）204
埃德森·米切尔（Edson Mitchell）78
爱尔兰投资局（Irish Investment Authority）
151
爱国主义（patriotism）21, 63, 67, 215
艾莉森·沃尔夫（Alison Wolf）52–3, 155
艾伦·贝内特《历史系男孩》（Alan
Bennett, *The History Boys*）7*
埃马纽埃尔·马克龙（Emmanuel Macron）
67, 204
安·兰德（Ayn Rand）32
安德鲁·米切尔（Andrew Mitchell）188
安东尼·克罗斯兰《社会主义的未来》
（Anthony Crosland, *The Future of
Socialism*）17, 18, 19
安格拉·默克尔（Angela Merkel）14, 205
安吉丽娜·朱莉（Angelina Jolie）112
安妮·克鲁格（Anne Krueger）141
安然公司（Enron）80

B

BHS 百货集团（BHS）80, 172
巴黎（Paris）5, 7, 125, 128, 174, 179
巴特茨克主义（'Butskellism'）49*
巴西（Brazil）58
鲍勃·格尔多夫（Bob Geldof）169
保护主义（protectionism）113, 114, 130–31
保罗·卡加梅（Paul Kagame）22
保罗·科利尔《最底层的10亿人》（Paul
Collier, *The Bottom Billion*）27
保罗·克鲁格曼（Paul Krugman）47
保守党（Conservative Party）14, 49, 205, 206
保守主义（conservatism）30, 36
贝茨和科利尔《难民》（Betts and Collier,

Refuge）27

北大西洋公约组织（North Atlantic Treaty Organization，NATO）114, 115, 116, 117

贝尔斯登（Bear Stearns）71, 75, 86

贝努瓦·阿蒙（Benoît Hamon）9, 204

贝佩·格里洛（Beppe Grillo）202

比较优势（comparative advantage）20, 120, 192, 194

比例代表制（proportional representation）206

比特币（Bitcoin）37–8, 193

比亚法拉独立运动（Biafra）58

避孕（contraception）98–9, 102

冰岛（Iceland）63

柏拉图《理想国》（Plato, The Republic）9, 11, 12, 15, 43

伯纳德·威廉斯（Bernard Williams）55*

伯尼·桑德斯（Bernie Sanders）9, 64, 202, 203

不丹（Bhutan）37†, 63

布莱克浦（Blackpool）4

不平等（inequality）

　新精英的配对性择偶（and assortative mating among new elite）99–100, 154, 188–9

　不断扩大的分化（and divergence dynamic）7, 18, 48, 98–108, 154–61, 170–71, 172–80, 181–90

　金融业（and financial sector）185

　地域分化（and geographic divide）3, 7–8, 20, 125

　全球分化（global divide）7–8, 20, 59–60, 191–8, 208

　连续不断（persistence of）106–8

　罗尔斯讨论的弱势群体（Rawls' disadvantaged groups）3–4, 13–14, 16, 50, 53, 121, 203–4, 214

　反抗社会民主主义（and revolt against social democracy）15–16

　程度上升（rising levels of）3–5, 106, 125, 181, 190

　功利主义演算（and Utilitarian calculus）132

C

查尔斯·狄更斯《荒凉山庄》（Charles Dickens, Bleak House）108

朝鲜（North Korea）85

创新（innovation）185–6, 208

D

大都市区域（metropolitan areas）3, 4, 7, 16, 19, 48, 125

　新产业集群的协调问题（co-ordination problem over new clusters）145–50, 207

　聚集效应的经济动态（economies of agglomeration）18, 19, 129, 131, 133–44, 195, 196, 207

　得益于公共品（gains from public goods）134–5, 138–9

　移民（migration to）195–6

　对统治的政治回应（political responses to dominance of）131–2

　规模经济和专业分工（scale and specialization in）126–8, 130, 144–5

　征税（and taxation）131, 132–43, 187, 207

大卫·布鲁克斯《通往人格之路》（David Brooks, The Road to Character）108

大卫·休谟（David Hume）14, 21, 21–2†, 29

大学（universities）

破败城市（in broken cities）151–2

在欧盟国家（in EU countries）170

扩张（expansion of）99–100, 127

知识集群（knowledge clusters at）127, 151–2

低品质的职业课程（low quality vocational courses）172–3

在英国（in UK）170, 172, 175*

在美国（in US）170, 172, 173

大众汽车（Volkswagen）74–5

戴维·卡梅隆（David Cameron）205

黛安娜·诺布尔（Diana Noble）149*

丹·斯珀伯（Dan Sperber）29

丹麦（Denmark）63, 178, 214*

道德风险（'moral hazard'）179

道德和伦理（morality and ethics）

　道德源于价值观而非理性（deriving from values not reason）27, 28–9, 42–3

　经济人（and economic man）10, 19, 25, 26–7, 31, 34–5

　同理心（and empathy）12, 27

　伦理规范的演变（evolution of ethical norms）35–6

　海特的基本价值观（Haidt's fundamental values）11–12, 14, 16, 29, 42–3, 132–3

　市场经济（and market economy）21, 25, 28, 48

　现代资本主义（and modern capitalism）25–6

　新精英（and new elites）3–4, 20–21

　亚当·斯密的理论（Adam Smith's theories）26–8

　用于战略目的（use for strategic purposes）39–40, 41

　功利主义（and Utilitarianism）9–10, 11, 14, 16, 55, 66–7, 209, 214

德国（Germany）

　2017年选举（2017 election）5, 205

　地方性银行（local banks in）146

　纳粹时代（Nazi era）57

　对立性身份认同（and oppositional identities）56–7

　对企业的监管（oversight of firms in）76

　战后的劳资关系政策（post-war industrial relations policy）94–5

　战后解决方案（and post-war settlement）114

　极右翼政党重新出现（re-emergence of far right）5

　难民权利（rights of refugees in）14

　社会市场经济（'social market economy'）49

　技术性职业教育与培训（TVET in）171–2, 174, 175

　公民社会团体（vereine, civil society groups）181

　工人利益反映在企业董事会（worker interests on boards）84–5

德国新选择党（Alternative for Germany, AfD）5

德意志银行（Deutsche Bank）78, 185

邓迪项目（Dundee Project）161–2

地方政府（local government）182, 183

帝国化学工业有限公司（Imperial Chemical Industries, ICI）69–70, 75

帝国时代（age of empires）113

蒂莫西·贝斯利（Tim Besley）18–19, 35

迪特里希·朋霍费尔《狱中书简》（Dietrich Bonhoeffer, Letters and Papers from Prison）108

底特律（Detroit）128, 129, 144
地域分化（geographic divide）3, 16, 18, 19, 215
 作者提出的政策主张（author's proposed policies）19, 207
 英国脱欧公投（and Brexit vote）125, 196
 破败城市（broken cities）4, 7, 19, 48, 125, 129–30, 147–9
 企业园区（business zones）150
 新产业集群的协调问题（co-ordination problem over new clusters）145–50, 207
 地方城市的衰落（decline of provincial cities）4, 7, 19, 48, 125, 129–30, 131, 144–5
 经济力量驱动（economic forces driving）126–30
 教育支出（and education spending）167
 先发劣势（first mover disadvantage）148–9
 意识形态的反应（ideological responses）130–32
 投资促进机构（investment promotion agencies）150–51
 地方大学（and local universities）151–2
 大都市的不屑一顾（and metropolitan disdain）125
 需要政治承诺（need for political commitment）153
 晚近发生且可以逆转（as recent and reversible）152–3
 复兴非都市城市（regenerating provincial cities）19, 142, 144–50
 对每个学校学生的投资（and spending per school pupil）167

1980年开始的裂痕扩大（widening of since 1980）125
电影《光猪六壮士》（The Full Monty）7, 129
动机性推理（motivated reasoning）28–9, 36, 86, 144, 150, 167
东亚（East Asia）147, 192
督查功能（scrutiny role）162
端粒（telomeres）155–6
堕胎（Abortion）99, 102

F

法国（France）7, 63, 67, 114
 幼儿园（écoles maternelles in）164
 劳动力市场（labour market in）176, 189
 养老金政策（pensions policy）180
 总统选举，2017年（presidential election, 2017）5, 9, 204
 大学（universities in）170
 减少一周工作时间（working week reduced in）189
法西斯主义（fascism）6, 13*, 47, 113
《发展公司法》，1981年（Development Corporations Act, 1981）150
法治（rule of law）138–9, 186
房产市场（housing market）181–4
 购房出租（buy-to-let）182, 183, 184
 律师（and lawyers）187
 抵押贷款（mortgages）84, 176, 182, 183–4
 提议存量房屋从房东向租户转移（proposed stock transfer from landlords to tenants）184
菲利普·格林（Sir Philip Green）80
菲利普·拉金（Philip Larkin）99, 156
非裔美国人（African Americans）13

索 引

非政府组织（NGOs）71, 118, 157–8
非洲（Africa）8, 110–11, 192, 193
　资本流出（capital flight）208
　艾滋病感染者（HIV sufferers in）120–21
　需要现代企业（need for modern firms）37
　世界银行和国际货币基金组织（World Bank/IMF）118†
　年轻人憧憬逃到欧洲（youth's hope of escape to Europe）121
芬兰（Finland）63
愤怒管理课程（anger management programmes）162
丰田（Toyota）72–3, 74, 94, 172
弗朗索瓦·奥朗德（François Hollande）9, 204
弗朗索瓦·菲永（François Fillon）204
福利国家（welfare state）9, 48–9
　与贡献脱钩（unlinked from contributions）14
弗农·史密斯（Vernon Smith）28
福特（Ford）70, 71
富裕（reciprocity）9, 19, 31, 212–15
　归属（and belonging）25, 40–41, 49, 53–6, 67, 68, 98, 181, 182, 210–11, 212–13
　社会民主主义的崩溃（and collapse of social democracy）11, 14, 53–6, 58–61, 201, 210
　企业行为（and corporate behaviour）95
　在道德世界（in ethical world）112, 113–15, 116
　战后"俱乐部"的扩张（and expansion of post-war 'clubs'）117–18, 210
　作为支撑的公平和忠诚（fairness and loyalty as supporting）29, 31, 34
　家庭（and the family）97–8, 101, 102
　地域分化（and geographic divide）125
　道德国家的鼎盛时期（heyday of the ethical state）48–9, 68, 96, 196–7, 201
　伊斯兰国（and ISIS）42
　马克龙的爱国主义叙事（Macron's patriotism narrative）67
　19世纪的合作社（nineteenth-century co-operatives）8
　权利与义务搭配（rights matched to obligations）44–5
　三种叙事（and three types of narrative）33, 34, 40–41
　权力转变为权威（transformation of power into authority）39, 41–2, 57–8

G
G20集团（G20 group）118
G7集团（G7 group）118
G8集团（G8 group）194
高盛集团（Goldman Sachs）70†, 83–4, 94
格雷戈里·克拉克《儿子照常升起》（Gregory Clark, The Son Also Rises）106–8
哥伦比亚（Colombia）, 120
个人主义（individualism）
　主张权利的个人和家族义务（entitled individual vs family obligation）99–103, 104–6, 108–9, 210
　通过个人成就实现（fulfilment through personal achievement）28, 99, 100–101, 102, 103, 108–9, 213
　新右派信奉的（New Right embrace of）14–15, 53, 81, 214–15
　近几十年的迅猛扩张（as rampant in

recent decades) 19, 214–15
形成对照的富裕 reciprocity contrasted with, 44–5
空间性社群的萎缩（and withering of spatial community) 61–2
共产主义（communism) 32, 36–7, 85–6
工党（Labour Party) 49, 206
　马克思主义盛行（Marxist take-over of) 9, 204–5
公共品（public goods) 134–5, 138–9, 186, 202, 213
公共选择理论（Public Choice Theory) 15–16
工会（trade unions) 173, 174, 176
功利主义（Utilitarianism) 19, 30, 49–50, 55, 108, 112, 121, 210–11
　反抗（backlash against) 11–13, 201, 202
　从讨论中消失的归属概念（belonging as absent from discourse) 16, 59, 66–7, 210–11
　作为核心价值观的关爱（care as key value) 12
　消费（and consumption) 10, 11, 16, 19–20, 209
　作为核心价值观的平等（equality as key value) 12, 13, 14, 15, 116, 132–3, 214
　被经济学采纳（incorporated into economics) 10–11, 13–14, 16
　对社会民主主义的影响（influence on social democrats) 9, 10, 14, 16, 18, 49–50, 201, 203, 214
　起源（origins of) 9–10
　家长制的守护者（paternalistic guardians) 9–10, 11–13, 66–7, 210
　接管公共政策（takeover of public policy) 10–12, 13–14, 15–17, 18, 49–50, 113, 201
　征税（and taxation) 10, 132*, 133
　功利主义先锋队改变突出身份（vanguard's switch of identity salience) 52, 53, 59
工业革命（industrial revolution) 8, 126
公有化（public ownership) 90
古巴导弹危机，1962 年（Cuban Missile Crisis, 1962) 114
谷歌（Google) 87
关税与贸易总协定（General Agreement on Tariffs and Trade，GATT) 114, 115, 116–17
国家（the state) 19
　伦理能力（ethical capacities of) 11, 20–21, 48–9
　1930 年代的失败（failures in 1930s) 47, 48
　意识形态敌视（ideologies hostile to) 37–8
　学前教育（and pre-school education) 163–4
　繁荣（and prosperity) 37
　公共政策和就业冲击（public policy and job shocks) 177–8
　关于家庭的公共政策（public policy on the family) 21, 154–5, 157–70, 171–3, 177, 209
　公共部门和协调问题（public-sector and co-ordination problem) 147–8
　社会母爱主义政策（social maternalism policies) 21, 157, 190
　功利主义者接管公共政策（Utilitarian takeover of public policy) 10–12, 13–14, 15–17, 18, 49–50, 113, 201

索 引

硅谷（Silicon Valley）37–8, 62, 145, 152, 164
归属感叙事（narrative of belonging）
　　缺乏功利主义论述（absent from Utilitarian discourse）16, 59, 66–7, 210–11
　　被政客避免（avoided by politicians）66–7, 68, 211, 215
　　作为基本驱动力（as a basic drive）27, 31, 42–3, 65, 66
　　信念体系（and belief systems）34, 40–41, 42, 53–6, 211–15
　　在不丹（in Bhutan）37†
　　公民社会网络/团体（civil society networks/groups）180–81
　　共同认知（and 'common knowledge'）32–3, 34, 54, 55, 66, 212
　　家庭作为自然单位（families as natural units for）32, 97–8, 104
　　道德国家的鼎盛时期（heyday of the ethical state）49, 68, 114
　　自有住房（and home ownership）68, 181–2, 184
　　伊斯兰国（and ISIS）42, 212, 213
　　语言（and language）32, 33, 54, 57
　　相互尊重/共同富裕（and mutual regard/reciprocity）25, 40–41, 49, 53–6, 67, 68, 98, 181, 182, 210–11, 212–13
　　基于地方的身份认同（place-based identity）51–6, 65–8, 211–14, 215
　　目的性行动（and purposive action）68, 98, 114, 211, 212, 213
　　突出身份（and salient identity）51–6
国际关系（international relations）
　　二战后领导人取得的成就（achievement of post-WW2 leaders）113–16, 122

　　建立共同身份（building of shared identity）114–16
　　道德世界的核心概念（core concepts of ethical world）112, 113–14
　　道德世界的衰落（erosion of ethical world）116–18
　　战后"俱乐部"的扩张（expansion of post-war 'clubs'）116–18, 210
　　需要新的多功能俱乐部（new, multipurpose club needed）118–19, 122
　　爱国主义叙事（and patriotism narrative）67
　　1945年的形势（situation in 1945）112–13, 122
　　国际货币基金组织（International Monetary Fund, IMF）114, 117
　　国际金融公司（International Finance Corporation, IFC）122
　　国际联盟（League of Nations）116
国籍身份（national identity）
　　世界公民议程（and citizens-of-the-world agenda）59–61, 63, 65
　　受教育程度高的人的蔑视（contempt of the educated for）53, 59, 60–61, 63
　　独特的共同文化（and distinctive common culture）37†, 63
　　建立于童年时期（established in childhood）32
　　获得尊重（esteem from）51–3
　　分化为基于技能的身份认同（fracture to skill-based identities）3–5, 51–6, 78
　　第二次世界大战的遗产（legacy of Second World War）15, 16
　　重建的方法（methods of rebuilding）64, 65–8, 211–15

新的民族主义者（and new nationalists）
　　62–3, 67, 203, 204, 205
爱国主义叙事（patriotism narrative）21,
　　63, 67, 215
基于地方的身份认同（place-based
　　identity）51–6, 65–8, 211–14, 215
社会的两极分化（and polarization of
　　society）54–5
独立运动（and secession movements）58
拆散共同身份（unravelling of shared
　　identity）15, 50, 51–6, 57*, 58–61, 63,
　　215
价值观认同（and value identity）64–5
《国家评论》（National Review）16
国民医疗服务体系（National Health
　　Service，NHS）49, 159

H

哈佛大学和麻省理工学院（Harvard-MIT）7,
　　152
哈利法克斯建房互助协会（Halifax Building
　　Society）8, 84
海地（Haiti）208
韩国（South Korea）129, 130–31
好时（Hershey）77
荷兰（Netherlands）206
荷属安的列斯群岛（Dutch Antilles）193
合作社运动（co-operative movement）8, 13,
　　14, 201
亨利·乔治（Henry George）133–6, 141
亨利·西季威克（Henry Sidgwick）55
胡佛（Hoover）148
《花花公子》杂志（Playboy magazine）99
花旗银行（Citigroup）186
婚姻（marriage）

配对性择偶（assortative mating）35,
　　99–100, 154, 188–9
婚前同居（cohabitation prior to）99, 100
承诺技术（as 'commitment technology'）
　　109, 155–6
离婚率（divorce rates）98, 99, 100–101,
　　102, 103
压迫女性（and female oppression）156
宗教含义（religious associations）109,
　　156
寻租（and rent-seeking）141
奉子成婚（'shotgun weddings'）103
失业（and unemployment）103

J

吉百利（Cadbury）77
既得利益者（vested interests）85–6, 135–6,
　　165, 166, 207
基督教民主党（Christian Democratic
　　parties）5, 14
技术变革（technological change）4
机器人革命（robotics revolution）178–9
空间性社群的萎缩（and withering of spatial
　　community）61–2
也可见"数字网络"词条（see also digital
　　networks）
技术性职业教育与培训（technical vocational
　　education and training，TVET）171–6
加里·瑞贝克（Gary Reback）90
加拿大（Canada）22
嘉南·加内什（Janan Ganesh）125
加泰罗尼亚独立运动（Catalan secession
　　movement）58
家庭（family）19
非洲风俗（African norms）110–11

索引

单亲家庭补助（benefits for single parents）160
克拉克的"家族文化"（Clark's 'family culture'）107–8
主张权利的个人和家族义务（entitled individual vs family obligation）99–103, 104–6, 108–9, 210
平等（equality within）39, 154
相互义务受损（erosion of mutual obligations）101–2, 210
获得身份（identity acquisition）32
意识形态敌视（ideologies hostile to）36–7
失业／贫困的影响（impact of unemployment/poverty）4, 7, 160–61
重要性（importance of）36, 37
寿命延长（and increased longevity）110, 161
对育儿提供实物支持（in-kind support for parenting）161
王朝式核心家庭（nuclear dynastic family）102, 110, 154
单亲家庭（one-parent families）101, 102, 104–5, 155, 160
夫妻共同培育子女（parental hothousing）100, 101, 105–6
1945年后的道德家庭（post-1945 ethical family）97–8, 99–105, 108, 210
年轻父母的压力（pressures on young parents）159–60, 161–3
公共政策（and public policy）21, 154–5, 157–70, 171–3, 177, 209
富裕（and reciprocity）97–8, 101, 102
震惊于1945年后的规范（shocks to post-1945 norms）98–105

大家族缩小（shrinking of extended family）101–2, 109–10, 161
社会母爱主义概念（social maternalism concept）154–5, 157–8, 190
更可取的是双亲家庭（two-parent families as preferable）155–6, 157
也可见"童年""婚姻"词条（see also childhood; marriage）
假新闻（fake news）33–4
简·威廉·冈宁（Jan Willem Gunning）165
监管（regulation）87–90
全球化（and globalization）193–4
劳动力市场（of labour market）174
《简斯维尔》，美国研究（Janesville, US study)178
教育（education）
社会民主主义的崩溃（and collapse of social democracy）50, 52, 53, 54, 55, 59, 63
同理心（and empathy）12
欧洲身份（and European identity）57*
大学规模扩张（expansion of universities）99–100, 127
中产阶级增长（and growth of the middle class）100
财政支付的生均经费不平等（inequality in spending per pupil）167
对认知技能训练和非认知技能训练重视程度不同（mis-ranking of cognitive and non-cognitive training）174–6
需要具有社会融合性的学校（need for socially mixed schools）164–5
毕业后的技能发展（post-school skills development）170–76
入学前的（pre-school）105–6, 163–4

教学质量（quality of teaching）165–6
9—13 岁少儿的阅读（reading in pre-teens）167–9
道德家庭规范受到冲击（and shocks to norms of ethical family）98, 99–105
认知技能优越性的象征（symbols of cognitive privilege）175
教学方法（teaching methods）166–7
职业教育（vocational education）171–6
成功的零和性层面（zero-sum aspects of success）189
杰弗里·乔叟《坎特伯雷故事集》（Geoffrey Chaucer, *The Canterbury Tales*）129
阶级划分（class divide）
　新精英的配对性择偶（assortative mating among new elite）99–100, 154, 188–9
　作者提出的政策主张（author's proposed policies）19–20, 21, 183–4, 187–8, 190, 207–8
　社交网络的广度（and breadth of social networks）169
　英国脱欧公投（and Brexit vote）5, 196
　认知能力发展（and cognitive development）105–6
　不断扩大的分化（divergence dynamic）7, 18, 48, 98–108, 154–61, 170–71, 172–80, 181–90
　对受教育不足者的"精英"视角（'elite' attitudes to less-well educated）4, 5, 12, 16, 53, 59, 60–61, 63
　家庭生活（and family life）20, 98, 99–106, 157–62
　分化为基于技能的身份认同（and fracture to skill-based identities）3–5, 51–6, 78
　自有住房（and home ownership）68, 181, 182–3
　需要具有社会融合性的学校（need for socially mixed schools）164–5
　非认知能力发展（and non-cognitive development）105, 163, 169–70, 171–3, 174, 175–6
　夫妻共同培育子女（and parental hothousing）100, 101, 105–6
　毕业后的技能发展（post-school skills development）170–76
　对困难家庭的预先支持措施 pre-emptive support for stressed families, 20, 155, 157–60, 161–3, 208
　9—13 岁少儿的阅读（and reading in pre-teens）167–9
　最近的民粹主义暴动（and recent populist insurgencies）5
　退休保障问题（retirement insecurities）179–80
　双亲家庭（and two-parent families）155–6, 157
　拆散共同身份（unravelling of shared identity）15, 50, 51–6, 57*, 58–61, 63, 215
　也可见"白人劳工阶层"词条（see also white working class）
杰里米·边沁（Jeremy Bentham）9–10, 12, 13
杰里米·科尔宾（Jeremy Corbyn）202, 204–5
杰西·诺曼（Jesse Norman）21–2†
进化论（evolutionary theory）31, 33†, 35–6, 66
金融业（financial sector）77–9, 80–81, 83–5
信息不对称（asymmetric information）

索 引

88, 185
协调者角色（co-ordination role）145–6
规模经济效应（economies of scale）87
曾经是地方性的（localized past of）84, 146
残酷竞争模式（toxic rivalries in）189
金融资产交易（trading in financial assets）78–9, 84, 184–5, 186, 187
经济合作与发展组织（Organization for Economic Co-operation and Development，OECD）114–15, 125
经济人（economic man）10, 19, 25, 26–7, 31, 34–5, 196, 209, 210, 215
经济租金理论（economic rent theory）19, 91, 133–9, 140–44, 186–8, 192, 195, 207
精神健康（mental health）157, 158–9, 162
巨石阵（Stonehenge）64

K

卡尔·奥韦·克瑙斯高（Karl Ove Knausgård）173
卡莱斯·普伊格德蒙特（Carles Puigdemont）202
卡罗琳·费尔贝恩（Carolyn Fairbairn）79
开发银行（development banks）149–50
开明自利（enlightened self-interest）33, 40*, 97–8, 101, 109, 112, 113, 114, 117, 184, 213
凯特·米德尔顿（Kate Middleton）188–9
科林·迈耶（Colin Mayer）18, 70
肯·克拉克（Ken Clarke）206
空壳公司（shell companies）193, 194
困难家庭支持计划（Troubled Families Programme，TFP）162

L

拉古拉迈·拉詹（Raghuram Rajan）178
拉里·萨默斯（Larry Summers）187
劳动力市场（labour market）
灵活保障概念（flexicurity concept）178
功能（function of）176–7
全球化（and globalization）192, 194–6
移民（and immigration）194, 195, 196
为培养技能而投资（investment in skills）176–7
就业保障（job security）176, 177
低生产率、低成本模式（low productivity–low cost business model）173–4
最低工资策略（minimum wage strategies）147, 174, 176, 180
需要减少工作时间（need for reductions in working hours）189
需要新的工作目标（need for renewed purpose in work）190
监管（regulation of）174, 189
机器人革命（and robotics revolution）178–9
国家的角色（role of state）177–8, 189
也可见"失业"词条（see also unemployment）
勒内·笛卡尔（Rene Descartes）31
雷曼兄弟（Lehman Brothers）71*, 76
蕾切尔·克兰顿（Rachel Kranton）35, 50–51
冷战（Cold War）113, 114, 116
结束（end of）5–6, 115, 203
《联邦党人文集》（Federalist Papers）82
理查德·诺伊斯塔特（Richard Neustadt）39*

李光耀（Lee Kwan Yew）22, 147
理性社会人（rational social woman）31, 50–51, 196
联合国（United Nations）65, 112
    77国集团（'Club of 77'）116
    安理会（Security Council）116
    联合国难民署（UNHCR）115
联合国粮食计划署（World Food Programme）115
联合利华（Unilever）70, 71
脸书（Facebook）87
领导力（leadership）
    信念体系（and belief systems）41–2, 43, 95
    建立共同身份（building of shared identity）39–42, 49, 68, 114–16
    改变角色（changing role of）39
    层级结构扁平化（and flattening of hierarchies）39
    伊斯兰国（and ISIS）42
    战后的政治成就（political achievements in post-war period）113–16, 122
    实用主义哲学（and pragmatist philosophy）22
    企业内部的共同使命感（and shared purpose in firms）39–40, 41, 71–5
    道德的战略性使用（strategic use of morality）39–40, 41
    权力转变为权威（transformation of power into authority）39, 41–2, 57
卢旺达（Rwanda）22
路易吉·津加莱斯（Luigi Zingales）178
伦敦（London）3, 125, 127–8, 165–6, 193
    英国脱欧的影响（impact of Brexit on）131, 196
    移民（migration to）195–6
罗伯特·麦克斯韦尔（Robert Maxwell）80
罗伯特·诺齐克（Robert Nozick）14–15
罗伯特·帕特南（Robert Putnam）45–6, 106
《独自打保龄》（Bowling Alone）181
罗伯特·索洛（Robert Solow）141
罗伯特·伍德·约翰逊（Robert Wood Johnson）39–40, 72
罗伯特·席勒（Robert Shiller）34
罗马尼亚共产主义者（Romania, communist）32, 36
罗纳德·里根（Ronald Reagan）15, 26
罗瑟勒姆的"格林与伙伴"（'Grimm and Co', Rotherham）168–9
律师（lawyers）13–14, 45
    比特提出的三种类型（Buiter's three types）186
    空壳公司（and shell companies）193, 194
    过度（surfeit of）186–7
    对诉讼征税的提议（taxation of private litigation proposal）187–8

M

马丁·塞利格曼（Martin Seligman）108–9
马丁·舒尔茨（Martin Schultz）14
玛格丽特·撒切尔（Margaret Thatcher）15, 26
马克思主义（Marxism）13*, 26, 30, 43, 47, 113, 203, 214
    异化理论（alienation concept）17–18
    家庭（and the family）36–7
    "晚期资本主义"概念（late capitalism concept）6
    接管工党（takeover of Labour Party）9,

204–5
  有用的无知者（and 'useful idiots'）205*
  对国家的看法（view of the state）37
马里奥·德拉吉（Mario Draghi）153
玛丽娜·勒庞（Marine Le Pen）5, 63, 125, 202, 204
迈克尔·桑德尔（Michael Sandel）105
迈克尔·斯宾塞（Michael Spence）41, 53, 95
曼彻斯特恐怖袭击，2017年（Manchester terror attack，2017）212, 213
曼努埃尔·瓦尔斯（Manuel Valls）204
美国（United States）
  道德家庭的崩溃（breakdown of ethical family）104–5
  破败城市（broken cities in）129, 130
  极端政治（extreme politics in）5, 63
  预期寿命下降（and falling life expectancy）4
  金融业（financial sector）83–4, 186
  全球性网络公用事业（and global e-utilities）89–90
  1980年以来不平等加剧（growth in inequality since 1980）125
  道德国家的鼎盛时期（heyday of the ethical state）49
  知识产业（and knowledge industries）192
  劳动力市场（labour market in）176, 178
  曾经的地方性银行（local banks in past）146
  对企业的监管（oversight of firms in）76
  悲观情绪（pessimism in）5, 45–6
  总统选举，2016年（presidential election, 2016）5, 9, 203–4
  公共利益企业（Public Interest Companies）93
  主要是国家性的公共政策（public policy as predominantly national）212
  "儿童权利"概念（'rights of the child' concept）103–4
  罗斯福新政（Roosevelt's New Deal）47
  关于企业的统计（statistics on firms in）37
  征税（taxation in）143–4, 144*
  失业（unemployment in）160
  大学（universities in）170, 172, 173
  维护北约的意愿减弱（weakening of NATO commitment）117
梅特·弗雷德里克森（Mette Frederiksen）214*
媒体名流（media celebrities）6, 112, 204
米尔顿·弗里德曼（Milton Friedman）15, 69–70, 71, 76
民族主义（nationalism）34
  基于种族或宗教（based on ethnicity or religion）62–3
  将国家认同概念认定为（capture of national identity notion by）62, 67, 215
  仇恨叙事（and narratives of hatred）56, 57, 58–9
  对立性身份认同（and oppositional identities）56–7, 58–9, 62–3, 68, 215
  传统形式（traditional form of）62
摩根大通（JP Morgan）71*
目的性行动（purposive action）18, 21, 25, 26, 34, 40*, 53–4, 68, 112, 211–13
  自主与责任（autonomy and responsibility）38–9
  归属感叙事（and belonging narrative）68, 98, 114, 211, 212, 213

在不丹（in Bhutan）37†

道德使命感的衰落（decline in ethical purpose across society）48

社会民主主义的鼎盛时期（and heyday of social democracy）47, 49, 114

叙事（and narratives）33–4, 40–41, 42, 68

在工作场所（in workplace）180

N

奈杰尔·法拉奇（Nigel Farage）202

南非（South Africa）85

难民（refugees）14, 27, 115, 119–20, 213

南斯拉夫（Yugoslavia）58

南苏丹（South Sudan）192

南亚（South Asia）192

尼古拉·萨科齐（Nicolas Sarkozy）204

尼日利亚（Nigeria）58

牛津大学（Oxford university）7, 70, 100

纽约市（New York City）5, 125, 128, 143–4, 193

诺伯特·霍费尔（Norbert Hofer）202

挪威（Norway）63, 206, 208–9

女权主义（feminism）13, 99

O

欧盟，前身为欧洲经济共同体（European Union, EU, formerly EEC）66, 67, 114, 115, 116, 117

英国脱欧公投，2016年6月（Brexit vote, June 2016）5, 125, 131, 196, 215

欧元区危机（Eurozone crisis）153

公共政策主要是国家性的（public policy as predominantly national）212

大学（universities in）170

欧盟委员会（European Commission）57

欧洲（Europe）

基督教民主联盟（Christian Democrats in）5, 14

阶级划分（class divides）3, 4, 5, 125

社会信任度下降（decline in social trust）45

知识产业（and knowledge industries）192

都市城市划分（metropolitan-provincial divides）3, 4, 125

移民（and migration）121, 197

共同身份（and shared identity）57–8, 64, 66, 125

社会民主主义（social democracy in）8–9, 49, 50

欧洲投资银行（European Investment Bank）149

欧洲央行（European Central Bank）153

P

拍卖理论（auction theory）146–7, 148

皮埃尔·特鲁多（Pierre Trudeau）22

皮尤研究中心（Pew Research Center）169

贫穷国家的艾滋病感染者（HIV sufferers in poor countries）120–21

苹果公司（Apple）148

Q

气候变迁（climate change）44, 67, 119

企业（firms）19, 21, 69

CEO薪酬（CEO pay）77–8, 79, 80–81

竞争（competition）21, 25, 56, 85, 86

控制/责任（control/accountability of）75–81, 82–5

良好的企业行为文化（cultures of good corporate behaviour）94–5

索引

英国的"去共同化"（demutualization in UK）83, 84
日益恶化的行为（deteriorating behaviour of）18, 69, 78, 80–81
规模经济效应（economies of scale）17–18, 37, 86–7, 88–91, 126–7, 144–5, 146–7
道德的（ethical）70–71, 172, 209–10
道德公民（and ethical citizens）93–4, 95, 96
失败/破产（failure/bankruptcy of）70, 71, 72, 74, 75–6
扁平化层级结构（flattening of hierarchies in）39
弗里德曼的盈利妙策（Friedman's profit nostrum）69–70, 71, 76, 78–9, 210
全球性网络公用事业（global e-utilities）37, 38, 86–7, 89–90, 91
意识形态敌视（ideologies hostile to）37, 81
低生产率、低成本模式（low productivity–low cost business model）173–4
股东价值最大化（'maximising of shareholder value'）69–70, 76, 79, 82–3
共同企业（'mutuals'）83
需要"过失致银行破产罪"的罪名（need for bankslaughter crime）95–6
新网络化特征（new network features）86–7
维护公共利益（policing the public interest）93–4
公众讨厌的（public dislike of）69, 95–6
公共利益在董事会中有代表（public interest representation on boards）92–3

监管（regulation of）87–90, 174
短期业绩的丰厚回报（reward linked to short-term performance）77, 78–81
使命感（sense of purpose）39–40, 41, 70–75, 80–81, 93–4, 96
股东的控制权（shareholder control of）76–7, 79, 80, 82–3
社会角色（societal role of）81–2, 92–3, 96, 209–10
公用事业（utility services）86, 89, 90
工人利益反映在企业董事会（worker interests on boards）83, 84–5
企业园区（business zones）150
强生（Johnson & Johnson）39–40, 41, 72, 74*, 79
乔纳森·海特（Jonathan Haidt）11–12, 14, 16, 28, 29, 132–3
乔纳森·泰珀曼《国家》（Jonathan Tepperman, *The Fix*）22
乔赛亚·韦奇伍德（Josiah Wedgwood）129
乔治·阿克洛夫（George Akerlof）18, 34, 35, 50–51
乔治·奥威尔《一九八四》, 1949年（George Orwell, *Nineteen Eighty-Four*, 1949）5
乔治·索罗斯（George Soros）15*
乔治·W. 布什（George W. Bush）120–21
权利意识形态（rights ideology）
　　相应的义务（and corresponding obligations）44–5
　　出现于1970年代（emergence in 1970s）12–14
　　人权游说组织（human rights lobby）112, 118, 118*
　　个人主义近几十年的迅猛扩张（individualism as rampant in recent

decades）19, 214–15

律师（and lawyers）13–14, 45

被自由至上主义者使用的（Libertarian use of）12–13, 14–15

自然权利概念（natural rights concept）12, 13

新右派（and New Right）12–13, 14–15, 53

罗尔斯讨论的弱势群体（Rawls' disadvantaged groups）3–4, 13–14, 16, 50, 53, 112, 121, 203–4, 214

"儿童权利"概念（'rights of the child' concept）103–4

功利主义（and Utilitarian atate），12–14

也可见"个人主义"词条（see also individualism）

全球分化（global divide）7–8, 20, 59–60, 191–8, 208

全球化（globalization）4, 18, 20, 126–7, 128, 129, 130–31, 191–8

全球经济危机，2008—2009 年（global financial crisis, 2008–9）4, 34, 71, 160

没有银行高管因之入狱（no bankers sent to gaol for）95–6

"确保开端"计划（Sure Start programme）164

雀巢（Nestlé）70, 71

R

让-吕克·梅朗雄（Jean-Luc Mélenchon）5, 202, 204

让·梯若尔（Jean Tirole）177, 178

认知行为疗法（cognitive behavioral therapy）160

日本（Japan）72–3, 94, 101, 149, 192

瑞典（Sweden）178

瑞士（Switzerland）175, 206

S

萨尔曼·阿贝迪（Salman Abedi）212, 213

赛伊达·瓦尔西女男爵（Baroness Sayeeda Warsi）65

三十年战争（Thirty Years War）56–7

社会服务（social services）159

社会民主主义（social democracy）

　巴特茨克主义（'Butskellism'）49*

　崩溃（collapse of）9, 11, 50, 51–6, 116–18, 201–2, 210

　社群主义的本源（communitarian roots）8–9, 11, 13, 14, 17, 48–9, 201

　群体身份（and group identities）3–4, 13–14, 51–6

　鼎盛（heyday of）8–9, 15, 17, 47, 48–9, 68, 96, 196–7, 201, 210

　住房（and housing）181–2

　功利主义的影响（influence of Utilitarianism）9, 10, 14, 16, 18, 49–50, 201, 203, 214

　自由至上主义的挑战（Libertarian challenge）12–13, 14–15

　被新右派放弃（New Right abandonment of）14–15, 16, 26, 53

　公共选择理论（and Public Choice Theory）15–16

　被社会父爱主义取代（replaced by social paternalism）11–13, 49–50, 209–10

　权利意识形态（and rights ideology）12–14

　独立运动（and secession movements）58

　被利用的共同身份（shared identity

索引

harnessed by）15, 196–7
拆散共同身份（unravelling of shared identity）15, 50, 51–6, 57*, 58–61, 63, 215
功利主义（and Utilitarianism）214
社会父爱主义（social paternalism）
反抗（backlash against）11–13, 15–16
对全球化放心（as cavalier about globalization）20
抚养儿童／家庭（and child-rearing/family）105, 110, 154–5, 157, 158, 159, 160, 190, 209
代替社会民主主义（replaces social democracy）11–13, 49–50, 209–10
"儿童权利"概念（'rights of the child' concept）103–4
功利主义先锋队（and Utilitarian vanguard）9–10, 11–13, 15–16, 18, 66–7, 209
社会母爱主义概念（social maternalism concept）21, 154–5, 190
免费学前教育（free pre-school education）163–4
对儿童提供指导（mentoring for children）169–70, 208
支持承压家庭（support for stressed families）20, 155, 157–60, 161–3, 208
社会心理学（social psychology）16, 54
协调问题（co-ordination problems）32–3
更在意尊重而不是金钱（esteem's trumping of money）174
海特的基本价值观（Haidt's fundamental values）11–12, 14, 16, 29, 42–3, 132–3
叙事（narratives）31, 32, 33–4, 38, 39–42, 49, 53–6

规范（norms）33, 35–6, 39, 42–3, 44, 97–8, 107–8
"义务"和"愿望"（'oughts' and 'wants'）27, 28, 33, 43
个人成就和家庭义务（personal achievement vs family obligation）99–103, 104–6, 108–9, 210
心智理论（'theory of mind'）27, 55
社交媒体（social media）27, 61, 87, 173, 207, 215
社群主义价值（communitarian values）
关爱（care）9, 11, 12, 16, 29, 31, 42, 116
公平（fairness）11, 12, 14, 16, 29, 31, 34, 43, 116, 132–3
层级（hierarchy）11, 12, 16, 38–9, 43, 99–100
左派的放弃（left's abandonment of）16, 214*
自由（liberty）11, 12, 16, 42
忠诚（loyalty）11, 12, 16, 29, 31, 34, 42–3, 116
被新先锋队放弃（new vanguard's abandonment of）9, 11–13, 14–15, 16, 17, 49–50, 113, 116–18, 121, 214
战后的和解（post-war settlement）8–9, 49, 113–16, 122
互惠性义务（and reciprocal obligations）8–9, 11–12, 13, 14, 19, 33, 34, 40–41, 48–9, 201, 212–15
扎根于 19 世纪（roots in nineteenth-century）
合作社（co-operatives）8, 13, 14, 201
圣洁（sanctity）11, 16, 42–3
亚当·斯密和大卫·休谟（Smith and Hume）21–2†

价值观和理性（values and reason）29–30,
43–4
也可见"归属感叙事""义务叙事""富
裕""社会民主主义"词条（see
also narrative of belonging; narrative
of obligation; reciprocity; social
democracy）
身份经济学（Identity Economics）50–56,
65–7
圣安德鲁斯大学（St Andrews University）
189
生态位构建（'niche construction'）35*, 36*
市场经济（market economy）19, 20, 21, 25,
48
 产业集群的崩溃（and collapse of
  clusters）129–30, 144–5
 养老金计划的失败（failure over
  pensions）180
 技能形成过程中的市场失灵（failure over
  skill-formation）173–4
 交换的互利性（mutual benefit from
  exchange）28
市场原教旨主义者（market fundamentalists）
147, 150
世界贸易组织（World Trade Organization,
WTO）116–17
世界卫生组织（World Health Organization）
115
世界银行（World Bank）115, 117, 118,
118*, 122
失业（unemployment）
 1930年代（in 1930s）47
 产业的崩溃（and collapse of industry）7,
  103, 129, 192
 对儿童的影响（impact on children）
  160–61
 年长的工人（older workers）4, 103, 213
 再培训计划（retraining schemes）178
 在美国（in USA）160
 年轻人（young people）4
实用主义哲学（pragmatist philosophy）6, 9,
19, 21, 21–2†, 46, 201
 作者提出的政策主张（author's proposed
  policies）19–20, 21, 207–15
 局限（limitations of）30
 法国的马克龙（and Macron in France）
  204
 移民（and migration）198
 战后解决方案（and post-war settlement）
  113, 116, 122
 社会民主主义（and social democracy）
  18, 201–2
 成功的领导人（successful leaders）22
 征税（and taxation）132, 207
 教学方法（and teaching methods）166–7
 价值观和理性（values and reason）29–30,
  43–4
石油工业（oil industry）192
数字网络（digital networks）
 叙事与空间脱节（detachment of
  narratives from place）38, 61–2
 规模经济效应（economies of scale）86–7
 全球性网络公用事业（global e-utilities）
  37, 38, 86–7, 89–90, 91
 社交媒体（social media）27, 61, 87, 173,
  207, 215
 基于价值观的"回音室"（value-based
  echo-chambers）38, 61–2, 64–5, 212,
  215
斯蒂芬·费舍尔（Stephen Fisher）196*

索引

斯蒂芬·平克（Steven Pinker）12*
斯洛文尼亚（Slovenia）58
斯坦福大学（Stanford University）145, 152
斯托克城（Stoke-on-Trent）129
苏丹（Sudan）8
苏格兰（Scotland）58
苏联（Soviet Union）114, 115, 116, 203
苏珊·奇拉（Susan Chira）52–3

T

坦桑尼亚（Tanzania）193
唐纳德·特朗普（Donald Trump）5, 9, 63, 64, 86, 125, 136, 202, 204, 206, 215
特蕾莎·梅（Theresa May）205
童年（childhood）
  收养（adoption）110–11
  被"抚养"的孩子（children in 'care'）104, 105, 110, 111, 157
  "由狼养大"的孩子（children 'reared by wolves'）31–2
  认知能力发展（cognitive development）105–6, 170, 175–6
  寄养（fostering）104, 105, 111
  获得身份（identity acquisition）32
  父母失业的影响（impact of parental unemployment）160–61
  学习准则（learning of norms）33, 35, 107–8
  非认知能力发展（non-cognitive development）105, 163, 169–70, 171–3, 174, 175–6
  "儿童权利"概念（'rights of the child' concept）103–4
  单亲家庭（in single-parent families）101, 102, 104–5, 155, 160

信赖的导师（trusted mentors）169–70
  也可见"家庭"词条（see also family）
通用汽车（General Motors, GM）72, 73–4, 75, 86, 172
投资促进机构（investment promotion agencies）150–51
退休金（retirement pensions）179–80
托尼·维纳布尔斯（Tony Venables）18, 136, 191*

W

外部性（externalities）145–6
网络化群体（networked groups）
  交换义务的场所（as arena for exchanging obligations）28
  共同认知（and 'common knowledge'）32–3, 34, 54, 55, 66, 212
  公民社会网络/团体的衰落（decline of civil society networks/groups）180–81
  早期人类（and early man）31
  伦理规范的演变（evolution of ethical norms）35–6
  排斥破坏性叙事（exclusion of disruptive narratives）34
  家庭（families as）97–8
  领导人利用的叙事（leadership's use of narratives）39–42, 49
  叙事与空间脱节（narratives detached from place）38, 61–2
  基于价值观的"回音室"（value-based echo-chambers）38, 61–2, 64–5, 212, 215
  也可见"家庭""企业"词条（see also family; firms）
威廉·比特（Willem Buiter）186

威廉·詹姆斯（William James）29*
威廉王子（Prince William）188–9
委内瑞拉（Venezuela）120, 214
威斯敏斯特公爵（Duke of Westminster）136
 白人劳工阶层（white working class）
  "精英"视角（'elite' attitudes to）4, 5, 16
  期望寿命下降（falling life expectancy）4, 16
  悲观情绪（pessimism of）5
维特根斯坦（Wittgenstein）62, 63
沃尔玛（Walmart）87
五星运动（Five Star）125

X
西班牙（Spain）58, 160
西尔维奥·贝卢斯科尼（Silvio Berlusconi）14
希拉里·克林顿（Hillary Clinton）5, 9, 203–4
现代主义建筑（modernist architecture）12
谢菲尔德（Sheffield）7, 8, 126, 128–9, 131, 151, 168, 192
信号传递理论（Theory of Signalling）41, 43, 53, 63, 95
新加坡（Singapore）22, 147
信念体系（belief systems）
 归属（and belonging）34, 40–41, 42, 53–6, 165, 211–15
 企业薪酬委员会（CEO compensation committees）77–8
 克拉克的"家族文化"（Clark's 'family culture'）107–8
 道德的家庭（the ethical family）97–8, 99–105, 108, 109, 210

叙事信息（formation through narratives）34, 40–41, 42, 53–6, 165, 211–15
通用汽车和丰田的比较（GM-Toyota comparisons）72–4
伊斯兰国（and ISIS）42
强生的信条（Johnson & Johnson's Credo）39–40, 40*, 41, 72, 74*, 79
领导力（and leadership）41–2, 43, 95
个人实现（of personal fulfilment）28, 99, 100–101, 102, 103, 108–9, 213
政治制度两极分化（polarization within polities）38, 63, 202–5
学校（and schools）165
信号传递理论（Theory of Signalling）41, 43, 53, 63, 95
信任（and trust）27, 29*, 48, 53–4, 55–6, 59, 63, 73–4, 79, 94–5, 210
也可见"归属感叙事""富裕"词条（see also narrative of belonging; reciprocity）
基于价值观的"回音室"（value-based echo-chambers）38, 61–2, 64–5, 212, 215
也可见"民族主义"词条（see also nationalism）
新人舞会（debutante balls）188
信息不对称（asymmetric information）88, 90, 185
新兴市场经济体（Emerging Market economies）129, 130–31
星巴克（Starbucks）193
幸福和快乐（well-being and happiness）
 归属感和尊严（belonging and esteem）16, 25, 27, 29, 31–3, 34, 42, 51–6, 97–8, 174
赋权个人和家族义务（entitled individual

vs family obligation）108–9

金钱方面的成功（and financial success）
26, 94

生活阶梯（'ladder of life'）25*

非洲的贫困（poverty in Africa）37

有决定性意义的富裕（reciprocity as
decisive for）31

性取向（sexual orientation）3, 45

性行为（sexual behaviour）

避孕药（birth-control pill）98–9, 102

阶级划分（and class divide）99, 102,
155–6

罪的概念（concept of sin）156

艾滋病（and HIV）121

污名化（and stigma）156–8

叙事（narratives）

童年导师（and childhood mentors）
169–70

一致性（and consistency）41, 67, 81, 96

通过语言传递（conveyed by language）
31, 33, 57

通过电子网络与空间脱节（detachment
from place by e-networks）38, 61–2

社会民主主义的鼎盛时期（and heyday of
social democracy）49

形成身份（and identity formation）32

对认知技能训练和非认知技能训练重视
程度不同（mis-ranking of cognitive and
non-cognitive training）174–6

产生道德规范的基本模式（moral norms
generated from）33, 97–8

目的性行动（and purposive action）33–4,
40–41, 42, 68

学校（and schools）165

共同身份（of shared identity）53–6, 81

被领导人使用（use of by leaders）39–42,
43, 49, 80–81

也可见"归属感叙事""义务叙事"词条（see
also narrative of belonging; narrative of
obligation;）

目的性行动（purposive action）

选举制度（electoral systems）206

Y

亚当·斯密（Adam Smith）14, 21, 21–2†,
174

交换的互利性（mutual benefit from
exchange）28

追求私人利益（and pursuit of self-
interest）26–7, 40

基于理性（on reason）29

《道德情操论》，1759年（*The Theory of
Moral Sentiments*, 1759）27, 28, 174

《国富论》，1776年（*Wealth of Nations*,
1776）26, 28, 174

雅各布·祖马（Jacob Zuma）85

雅克·希拉克（Jacques Chirac）14, 120–21

亚历克斯·贝茨（Alex Betts）27

亚历克斯·萨蒙德（Alex Salmond）202

亚马逊（Amazon）87, 91, 146, 147

养老金（pension funds）76–7, 79–81,
179–80, 185

意大利（Italy）4, 58, 160

意大利北方联盟（Northern League, Italy）
58

"以教为先"计划（Teach First programme）
165–6

移民（migration）121, 194–8, 203

由绝对优势驱动（as driven by absolute
advantage）20, 194–5, 208–9

房产市场（and housing market）182, 183
易贝（eBay），87
意识形态（ideologies）
    基于对社会里某一群"外人"的仇恨（based on hatred of 'other' part of society）43, 56, 213, 214
    "历史的终结"必胜信念（'end of history' triumphalism）6, 43–4
    敌视家庭（hostile to families）36–7
    敌视企业（hostile to firms）37, 81
    敌视国家（hostile to the state）37–8
    住房政策（and housing policy）183
    移民（and migration）198
    新右派（New Right）14–15, 26, 81, 129
    关爱与平等规范（norms of care and equality）116, 132–3
    政治上的极端对立（polarization of politics）38, 63, 202–5
    实用主义的回避（pragmatic eschewal of）17, 18, 21, 22, 29–30
    理性原则（and principle of reason）9, 13, 14, 15, 21, 43
    罗尔斯主义先锋队（Rawlsian vanguard）13–14, 30, 49–50, 53, 67, 112, 113, 201, 202, 203, 214
    左派与右派的对抗再次出现（return of left-right confrontation）5, 6, 81, 202–5
    权利（and rights）12–14, 44, 112
    诱惑（seduction of）6
    20世纪的灾难（and twentieth century's catastrophes）5–6, 22
    对于道德的世界的看法（views on an ethical world）112
    也可见"马克思主义""权利意识形态""功利主义"词条（see also Marxism; rights ideology; Utilitarianism）
伊斯兰恐怖主义（Islamist terrorism）42, 212, 213
义务叙事（narrative of obligation）11, 12–13, 16, 19, 29, 33
    社会民主主义的崩溃（and collapse of social democracy）53–6, 210
    赋权个人和家族义务（entitled individual vs family obligation）entitled 个人义务和家庭义务（individual vs family obligation）99–103, 104–6, 108–9, 210
    在道德世界（in ethical world）112, 113–22
    战后"俱乐部"的扩张（and expansion of post-war 'clubs'）117–18, 210
    灌输公平观和忠诚观（fairness and loyalty instilled by）34
    道德国家的鼎盛时期（heyday of the ethical state）48–9, 68, 196–7
    移民（and immigration）196–7
    领导力（and leadership），39, 40–41, 49
    "义务"和"愿望"（'oughts' and 'wants'）27, 28, 33, 43
    独立运动（and secession movements）58
    亚当·斯密（and Adam Smith）27, 28
    也可见"富裕""援救义务"词条（see also reciprocity; duty of rescue）
印度（India）118–19
因果关系叙事（narrative of causality）33, 34
英国（United Kingdom）
    重工业的崩溃（collapse of heavy industry）7, 103, 129, 192
    极端政治（extreme politics in）5
    期望寿命下降（and falling life expectancy）4

索 引

金融业（financial sector）80, 83, 84–5
国际货币基金组织的救助（IMF bail-out, 1976 年）115
曾经的地方性银行（local banks in past）146
英格兰北部（northern England）3, 7, 8, 84, 126, 128–9, 131, 151, 168, 192
股东对企业的控制权（shareholder control of）76–7, 79, 80, 82–3
关于企业的统计（statistics on firms in）37
大学（universities in）170, 172, 175*
职业教育（vocational education in）172, 175†
地域分化加剧（widening of geographic divide）125
英国《公司法》（Companies Act, UK）82
英国工业联合会（Confederation of British Industry，CBI），79
英国君主航空公司（Monarch Airlines）75
英国科学院（British Academy）7
英国联合政府，2010—2015 年（coalition government，UK, 2010—2015）206
英国汽车公司（British Motor Corporation）74
英国脱欧公投，2016 年 6 月（Brexit vote, June 2016）5, 125, 131, 196, 215
英国央行（Bank of England）39
英联邦开发公司（CDC Group）122, 149*
优步（Uber）87
幼儿园（kindergartens）163
游说（lobbying）85, 141
优越的精英（meritocratic elites）3–4, 5, 12–17, 20
罗尔斯主义先锋队（Rawlsian vanguard）13–14, 30, 49–50, 53, 67, 112, 113, 201, 202, 203, 214
功利主义先锋队（Utilitarian vanguard）9–10, 11–13, 15–16, 18, 52, 53, 59, 66–7, 209
也可见"功利主义"词条（see also Utilitarianism）
"怪异的"（"西方的""受过教育的""工业化的""富裕的""发达的"五个词首字母简写）[WEIRD (Western, Educated, Industrial, Rich and Developed)], 3–4, 12, 14, 16, 17, 20, 116, 121, 133, 214*
白人劳工阶层（and white working class）5, 16
雨果·梅西耶（Hugo Mercier）29
雨果·梅西耶和丹·斯珀伯《理性之谜》（Hugo Mercier and Dan Sperber, *The Enigma of Reason*）29
语言（language）31, 32, 33, 39–40, 54, 57
援救义务（duty of rescue）40, 54, 119–21, 210, 213
道德帝国主义的工具（as instrument for ethical imperialism）117–18, 210
不与权利搭配（as not matched by rights）44, 45, 117
战后解决方案（and post-war settlement）113, 115–16
重新自立自强（restoring and augmenting autonomy）121–2
有较大压力的年轻家庭（and stressed young families）163
被定义的概念（term defined）27, 112
关爱的价值观是基础（value of care as underpinning）29

约瑟夫·斯蒂格利茨（Joseph Stiglitz）56
约翰·凯（John Kay）82*, 84, 211
约翰·刘易斯合伙企业（John Lewis Partnership）83, 172
约翰·罗尔斯（John Rawls）13–14
约翰·梅纳德·凯恩斯（John Maynard Keynes）115
《就业、利息和货币通论》,1936年(*General Theory*, 1936) 47
约翰·萨顿（John Sutton）151*
约翰·斯图尔特·穆勒（John Stuart Mill）9–10
约瑟夫·熊彼特（Joseph Schumpeter）21*

Z

"暂停"，非政府组织（Pause, NGO）157–8
战后的城市规划（post-war urban planning）11–12
征税（taxation）
    企业全球化（and corporate globalization）193, 194
    经济租金（of economic rents）91–2, 187–8
    道德准则和效率（ethics and efficiency）132–43
    金融交易（on financial transactions）187
    态度上的代际差异（generational differences in attitudes）59
    亨利·乔治定理（Henry George's Theorem）133–6, 141
    道德国家的鼎盛时期（heyday of the ethical state）49
    应得性问题（issues of desert）132–3, 134–9
    大都市（and the metropolis）131, 132–43, 187, 207
    移民（and migration）197
    自然垄断（of natural monopolies）91–2
    最优税收（'optimal'）10
    对诉讼征税（of private litigation in courts）187–8
    富裕（and reciprocity）54, 55, 59
    重新设计的需要（redesign of needed）19
    再分配（redistributive）10, 11, 14, 49, 54, 55, 60, 197
    集聚效应产生的租金（of rents of agglomeration）19, 132–44, 207
    社会母爱主义政策（social maternalism policies）21, 157
    最高税率大幅下调（substantial decline in top rates）55
    避税场所（tax havens）62
    维纳布尔斯和科利尔的理论（Venables-Collier theory）136–9
政治权力（political power）
    经济租金持有人（and holders of economic rent）135–6, 144
    英国领袖选举制度（leadership selection systems in UK）204–5, 206
    最低投票年龄（minimum age for voting）203
    重建中间派的需要（need to restore the centre）205–7
    政治制度两极分化（polarization within polities）38, 63, 202–5
    政策的空间性（polities as spatial）38, 61–2, 65, 68, 211–13
    共同身份（and shared identity）8, 57–61, 65, 114–16, 211–15
    权力转变为权威（transformation into

索引

　　authority）41–2, 57–8
　对政府的信任（trust in government）4, 5, 48, 59, 210, 211–12
政治上的民粹主义（political populism）6, 22, 43, 58–9, 202
　地域分化（and geographic divide）130–31
　有心无脑（headless-heart）30, 60, 112, 119, 121, 122
　媒体名流（media celebrities）6, 112, 204
　反对民粹主义的实用主义（pragmatism as opposed to）30
　美国总统选举，2016年（and US presidential election, 2016）5, 203–4
芝加哥大学（University of Chicago）166
质量圈（'quality circles'）72–3
知识革命（knowledge revolution）126, 127–8
中东（Middle East）192
中国（China）118–19, 149, 203
种族（ethnicity）3, 20, 56, 62, 64, 65, 211
专业分工（specialization）17–18, 36, 126–8, 130, 144–5, 192
资本主义（capitalism）
　竞争（competition）21, 25, 56, 85, 86
　"创造性破坏"概念（'creative destruction' concept）21
　当前的失败（current failings of）4–5, 17, 25, 42, 45–6, 48, 201, 212–13
　社会信任度下降（and decline of social trust）5, 45–6, 48, 55, 59, 69
　获得繁荣的关键（as essential for prosperity）4–5, 18, 20, 25, 201
　家庭（and families）37
　先发优势（first mover advantage）148

　贪婪（and greed）10, 19, 25–7, 28, 31, 42, 58, 69, 70†, 81, 95
　马克思的异化理论（and Marx's alienation）17–18
　对立性身份认同（and oppositional identities）56, 74
　既得利益者（vested interests）85, 86, 135–6, 207
　也可见"企业"词条（see also firms）
自然垄断（natural monopolies）86–7, 88
　信息不对称（asymmetric information）88, 90
　拍卖垄断权（auctioning of rights）88–9
　征税（taxation of）91–2
　公用事业（utility services）86, 89, 90
自然权利概念（natural rights concept）12, 13
自由至上主义（libertarianism）12–13, 15
　新右派的失败（New Right failures）16, 21
　硅谷（Silicon Valley）37–8
自由主义（liberalism）30
宗教（religion）56–7, 62–3, 109, 156
宗教原教旨主义（religious fundamentalism）6, 30, 36–7, 212, 213, 215
"寻租"概念（rent-seeking concept）140–41, 150, 186, 187–8, 195
总统穆塞韦尼（President Museveni）121
最低工资策略（minimum wage strategies）147, 174, 176, 180

1930年代的大萧条（Great Depression, 1930s）114
3G网络牌照（3G mobile phone network）88

理想国译丛

imaginist [MIRROR]

001 没有宽恕就没有未来
　　[南非] 德斯蒙德·图图 著

002 漫漫自由路：曼德拉自传
　　[南非] 纳尔逊·曼德拉 著

003 断臂上的花朵：人生与法律的奇幻炼金术
　　[南非] 奥比·萨克斯 著

004 历史的终结与最后的人
　　[美] 弗朗西斯·福山 著

005 政治秩序的起源：从前人类时代到法国大革命
　　[美] 弗朗西斯·福山 著

006 事实即颠覆：无以名之的十年的政治写作
　　[英] 蒂莫西·加顿艾什 著

007 苏联的最后一天：莫斯科，1991年12月25日
　　[爱尔兰] 康纳·奥克莱利 著

008 耳语者：斯大林时代苏联的私人生活
　　[英] 奥兰多·费吉斯 著

009 零年：1945，现代世界诞生的时刻
　　[荷] 伊恩·布鲁玛 著

010 大断裂：人类本性与社会秩序的重建
　　[美] 弗朗西斯·福山 著

011 政治秩序与政治衰败：从工业革命到民主全球化
　　[美] 弗朗西斯·福山 著

012 罪孽的报应：德国和日本的战争记忆
　　[荷] 伊恩·布鲁玛 著

013 档案：一部个人史
　　[英] 蒂莫西·加顿艾什 著

014 布达佩斯往事：冷战时期一个东欧家庭的秘密档案
　　[美] 卡蒂·马顿 著

015 古拉格之恋：一个爱情与求生的真实故事
　　[英] 奥兰多·费吉斯 著

016 信任：社会美德与创造经济繁荣
　　[美] 弗朗西斯·福山 著

017 奥斯维辛：一部历史
　　[英] 劳伦斯·里斯 著

018 活着回来的男人：一个普通日本兵的二战及战后生命史
　　[日] 小熊英二 著

019 我们的后人类未来：生物科技革命的后果
　　[美] 弗朗西斯·福山 著

020	奥斯曼帝国的衰亡:一战中东,1914-1920	
	[英]尤金·罗根 著	
021	国家构建:21世纪的国家治理与世界秩序	
	[美]弗朗西斯·福山 著	
022	战争、枪炮与选票	
	[英]保罗·科利尔 著	
023	金与铁:俾斯麦、布莱希罗德与德意志帝国的建立	
	[美]弗里茨·斯特恩 著	
024	创造日本:1853—1964	
	[荷]伊恩·布鲁玛 著	
025	娜塔莎之舞:俄罗斯文化史	
	[英]奥兰多·费吉斯 著	
026	日本之镜:日本文化中的英雄与恶人	
	[荷]伊恩·布鲁玛 著	
027	教宗与墨索里尼:庇护十一世与法西斯崛起秘史	
	[美]大卫·I.科泽 著	
028	明治天皇:1852—1912	
	[美]唐纳德·基恩 著	
029	八月炮火	
	[美]巴巴拉·W.塔奇曼 著	
030	资本之都:21世纪德里的美好与野蛮	
	[英]拉纳·达斯古普塔 著	
031	回访历史:新东欧之旅	
	[美]伊娃·霍夫曼 著	
032	克里米亚战争:被遗忘的帝国博弈	
	[英]奥兰多·费吉斯 著	
033	拉丁美洲被切开的血管	
	[乌拉圭]爱德华多·加莱亚诺 著	
034	不敢懈怠:曼德拉的总统岁月	
	[南非]纳尔逊·曼德拉、曼迪拉·兰加 著	
035	圣经与利剑:英国和巴勒斯坦——从青铜时代到贝尔福宣言	
	[美]巴巴拉·W.塔奇曼 著	
036	战争时期日本精神史:1931—1945	
	[日]鹤见俊辅 著	
037	印尼Etc.:众神遗落的珍珠	
	[美]伊丽莎白·皮萨尼 著	
038	第三帝国的到来	
	[英]理查德·J.埃文斯 著	

039 当权的第三帝国
　　　[英] 理查德·J. 埃文斯 著

040 战时的第三帝国
　　　[英] 理查德·J. 埃文斯 著

041 耶路撒冷之前的艾希曼：平庸面具下的大屠杀刽子手
　　　[德] 贝蒂娜·施汤内特 著

042 残酷剧场：艺术、电影与战争阴影
　　　[荷] 伊恩·布鲁玛 著

043 资本主义的未来
　　　[英] 保罗·科利尔 著